幼儿园绘本教学活动设计

主　编：赵　娟　　沈永霞
副主编：胡朋蕾　　王　玉
编　委：王　玉　　王　娜　　王豆豆　　王雅娜　　吕惠聪
　　　　朱福芳　　任玉姣　　刘　俊　　刘金霞　　闫丹丹
　　　　孙嘉奕　　李　敏　　杨　蕾　　沈永霞　　张　俊
　　　　范佳婧　　庞晓丽　　周　宇　　赵　娟　　赵媛媛
　　　　胡朋蕾　　禹肖肖　　顾宜萱　　高焕焕　　郭美杉
　　　　董媛荷　　韩　梅　　霍少静

图书在版编目(CIP)数据

幼儿园绘本教学活动设计 / 赵娟，沈永霞主编. 北京：北京大学出版社，2025.3. --（21世纪学前教育专业规划教材）. -- ISBN 978-7-301-36011-8

Ⅰ．G613.2

中国国家版本馆CIP数据核字第2025FM4326号

书　　　名	幼儿园绘本教学活动设计 YOUERYUAN HUIBEN JIAOXUE HUODONG SHEJI
著作责任者	赵　娟　沈永霞　主编
责任编辑	于　娜
标准书号	ISBN 978-7-301-36011-8
出版发行	北京大学出版社
地　　　址	北京市海淀区成府路205号　100871
网　　　址	http://www.pup.cn　新浪微博：@北京大学出版社
微信公众号	通识书苑（微信号：sartspku） 科学元典（微信号：kexueyuandian）
电子邮箱	编辑部 jyzx@pup.cn　总编室 zpup@pup.cn
电　　　话	邮购部 010-62752015　发行部 010-62750672　编辑部 010-62767857
印　刷　者	北京圣夫亚美印刷有限公司
经　销　者	新华书店
	787毫米×1092毫米　16开本　13.75印张　275千字 2025年3月第1版　2025年3月第1次印刷
定　　　价	55.00元

未经许可，不得以任何方式复制或抄袭本书之部分或全部内容。

版权所有，侵权必究

举报电话：010-62752024　电子邮箱：fd@pup.cn

图书如有印装质量问题，请与出版部联系，电话：010-62756370

内容简介

"绘本教学"是学前教育专业的新兴课程,也是目前学前教育专业课程建设中比较薄弱的领域。全书共分五章:第一章是认识绘本,介绍了绘本的起源和发展,以及绘本在幼儿发展中的作用;第二章根据不同年龄阶段幼儿的特点介绍了适宜的阅读指导策略;第三章从分析实际存在的问题入手来说明当前幼儿园绘本教学的现状,进而总结出绘本教学的模式;第四章具体分析了教师在进行绘本教学时使用的指导策略;第五章是优秀教学活动展示,按照幼儿的不同年龄阶段和绘本教学活动所涉及的不同领域,精选了15本优秀绘本来做教学活动展示。

本书是一部融理论、实践、视频资源为一体的立体化教材,在文字内容的基础上,融入了鲜活的视频学习资源,还为师生准备了成套的课件资料,形成了较完备、实用且使用便捷的特色资源库,让使用教材的师生能够立体化地开展教学活动。

本书可以作为高等师范院校学前教育专业及幼儿师范的"绘本教学"课程的教材,也可作为幼儿教师职业培训、幼儿教师转岗培训的参考用书。

作者简介

赵娟,河北大学教育学院学前教育系副教授,硕士生导师。研究方向为幼儿语言教育、教师教育发展。

本书资源

扫描右侧二维码,关注"博雅学与练"微信公众号,即可扫描本书所有的二维码观看视频学习资源。

一书一码,相关资源仅供一人使用。

读者在使用过程中如遇到技术问题,可发邮件至 yunana1219@163.com。

任课教师可根据书后的"教辅申请说明"反馈信息,获取教辅资源。

前　　言

　　绘本到底是什么？绘本与小人书、漫画书的区别是什么？绘本阅读要读什么，怎样读？绘本教学又是什么？当你看到"绘本"这一概念的时候，你的脑海中是否也会浮现出这些问题。二十多年前，当我第一次接触到绘本，我的脑海中同样也闪现出这样的一堆问题，但同时也伴随着惊讶和惊喜。惊讶于世界上竟然还有这么一种书，而我小时候却没有看到过；惊喜于绘本太棒了，简直就是送给孩子们的礼物。那个时候，很多人对绘本是陌生的，对绘本教学更是一无所知。但是这些年来，伴随着学界对绘本、绘本教学研究的逐渐深入，越来越多的人开始爱上绘本，开始解读绘本，并开始使用绘本。

　　为了很好地解答上述这些疑问，尤其是这几年我在幼儿园参与一线教师们的绘本教研活动，从而引发了我创作这本书的动机。之所以把书名定为《幼儿园绘本教学活动设计》，是因为绘本除了用于阅读和欣赏之外，还可以运用到幼儿园的教学活动中，而本书也是偏重于探讨教师在幼儿园组织各领域活动时，对绘本的解读和使用。因此本书的编写目的在于帮助学前教育专业的学生和新入职、经验不足的幼儿园教师，迅速提高绘本教学素养，为他们提供绘本教学的思路和一些技巧，并通过一些案例来展示具体的解决办法，因而本书有普及和提高的双重目的。

　　全书共分为五章。第一章是认识绘本，介绍了绘本的起源和发展，以及绘本在幼儿发展中的作用；第二章根据不同年龄阶段幼儿的特点介绍了适宜的阅读指导策略；第三章从分析实际存在的问题入手来说明当前幼儿园绘本教学的现状，进而总结出绘本教学的模式；第四章具体分析了教师在进行绘本教学时使用的策略；第五章是优秀教学活动展示，按照幼儿的不同年龄阶段和绘本教学活动所涉及的不同领域，精选了15本优秀绘本来做教学活动展示。

　　本书由河北大学赵娟、保定市直属机关第一幼儿园沈永霞任主编，石家庄幼儿师范高等专科学校胡朋蕾、宣化科技职业学院王玉任副主编。本书的文字稿编写分工如下：第一章由李敏、赵娟、沈永霞、闫丹丹、顾宜萱编写；第二章由刘金霞、吕惠聪、王豆豆、胡朋蕾编写；第三章由王娜、任玉姣、孙嘉奕编写；第四章由韩梅、赵媛媛、董媛荷、高焕焕编写；第五章由张俊、杨蕾、刘俊、王玉、郭美杉、范佳婧、朱福芳编写。本书的视频录制由胡朋蕾、周宇、霍少静、庞晓丽、王雅娜、禹肖肖完成。全书由赵娟统稿并定稿。

感谢保定市直属机关第二幼儿园、保定市新华园所有参与教研活动的老师,无论本书中是否出现了你们的名字,我都会永远记得你们在教研活动中的辛勤付出。感谢北京大学出版社的于娜编辑对我们这个团队的认可和支持,并在此期间给了我们很多有益的建议。在此,对大家的支持一并表示谢意。

由于编写人员学术能力所限,谬误之处在所难免,恳请广大读者朋友批评指正。

赵　娟
2024 年 8 月

目　　录

第一章　认识绘本 ··· 1
　　第一节　绘本的起源和发展 ·· 1
　　第二节　绘本在幼儿发展中的作用 ·· 3
　　小结 ·· 6
　　问题与思考 ··· 6

第二章　不同年龄阶段幼儿的阅读指导 ·· 7
　　第一节　小班幼儿的阅读指导 ·· 8
　　第二节　中班幼儿的阅读指导 ·· 15
　　第三节　大班幼儿的阅读指导 ·· 20
　　小结 ·· 25
　　问题与思考 ··· 26

第三章　绘本教学的现状与模式 ··· 27
　　第一节　绘本教学的现状 ··· 27
　　第二节　绘本教学的模式 ··· 30
　　小结 ·· 75
　　问题与思考 ··· 75

第四章　教师的指导策略 ··· 76
　　第一节　制定活动目标 ·· 76
　　第二节　组织活动内容 ·· 81
　　第三节　规划活动细节 ·· 90
　　第四节　开展教学反思 ·· 95
　　小结 ·· 99
　　问题与思考 ··· 99

第五章　优秀教学活动展示 ·· 100
　　第一节　健康领域 ·· 100
　　　　一、小班案例:《小熊不刷牙》 ·· 100

1

附：小班绘本教学活动操作指导 ················· 105
　　二、中班案例：《鳄鱼怕怕 牙医怕怕》 ············· 106
　　附：中班绘本教学活动操作指导 ················· 111
　　三、大班案例：《菲菲生气了》 ··················· 112
　　附：大班绘本教学活动操作指导 ················· 118

第二节　语言领域 ································· 119
　　一、小班案例：《猜猜看！这种花纹是谁的？》 ······· 119
　　附：小班绘本教学活动操作指导 ················· 125
　　二、中班案例：《想吃苹果的鼠小弟》 ·············· 127
　　附：中班绘本教学活动操作指导 ················· 132
　　三、大班案例：《没有耳朵的兔子》 ··············· 134
　　附：大班绘本教学活动操作指导 ················· 139

第三节　社会领域 ································· 141
　　一、小班案例：《抱抱》 ························· 141
　　附：小班绘本教学活动操作指导 ················· 146
　　二、中班案例：《狼和七只小羊》 ·················· 148
　　附：中班绘本教学活动操作指导 ················· 153
　　三、大班案例：《小黑鱼》 ························ 155
　　附：大班绘本教学活动操作指导 ················· 161

第四节　科学领域 ································· 163
　　一、小班案例：《好饿的毛毛虫》 ·················· 163
　　附：小班绘本教学活动操作指导 ················· 167
　　二、中班案例：《肚子里有个火车站》 ·············· 169
　　附：中班绘本教学活动操作指导 ················· 175
　　三、大班案例：《一园青菜成了精》 ··············· 176
　　附：大班绘本教学活动操作指导 ················· 181

第五节　艺术领域 ································· 182
　　一、小班案例：《柠檬不是红色的》 ················ 182
　　附：小班绘本教学活动操作指导 ················· 187
　　二、中班案例：《母鸡萝丝去散步》 ················ 189
　　附：中班绘本教学活动操作指导 ················· 194
　　三、大班案例：《我是一条快乐的鱼》 ·············· 195
　　附：大班绘本教学活动操作指导 ················· 201

参考文献 ·· 203

第一章 认识绘本

绘本也被称为"图画书",是一种以图画为主要表现内容的书籍,通过图画和文字的共同作用来讲述一个完整的故事。不过有些绘本通篇都是由图画构成,没有文字,也被称为"无字书"。

对于儿童来讲,图画不是对文字的简单图解,它具有更大的阐释意义。日本著名图画书作家、理论家松居直先生曾经说过:"我想请那些不太认同图画书价值的人阅读图画书,特别是那些我前面提到的图画书。这些图画书的世界,是一个只有用插图才能表现、讲述的世界。图画书的精髓就体现在这样的作品中。……那些否定图画书的人们,是在剥夺孩子们的快乐世界。图画书的世界就是孩子们最想看的世界。"[①]

本章的主要内容围绕绘本的起源和发展,以及绘本在幼儿发展中的作用展开讨论,希望大家能够了解绘本从而爱上绘本。

第一节 绘本的起源和发展

绘本是一种独特的儿童文学样式,是文学情境与艺术美感的集合体,不仅小朋友们喜欢读,也深受很多成人的喜爱。绘本画面精美、内容具体生动,也成为现在很多幼儿园开展教学活动的重要载体之一。那么,绘本到底是一种什么样的儿童文学读物?绘本具有哪些特点,跟我们经常提到的小人书和漫画到底有什么区别呢?我国的绘本发展又经历了一个怎样的阶段呢?带着这些疑问,我们开始本节的学习。

一、绘本的起源

"绘本"英文译为 picture book,中文直译为"图画书",是最早兴起于欧洲的一种儿童文学形式。"绘本"一词是从日本引进的叫法。被称为日本"绘本之父"的松居直认为图画书是用再创造的方法,把语言和绘画这两种艺术,不失特性地综合在一起,形象地表现为书这种独特的物质状态。我国台湾出版才子郝广才认为图画书是

---

① 〔日〕松居直.我的图画书论[M].郭雯霞,徐小洁,译.乌鲁木齐:新疆青少年出版社,2017:21.

运用一组图画,去表达一个故事,或一个像故事的主题。① 我国学者彭懿在其著作《图画书:阅读与经典》中指出:"图画书是用图画与文字共同叙述一个完整的故事,是图文合奏的。说得抽象一点,就是通过图画与文字这两种媒介在两个不同的层面上交织、互动来说故事的一门艺术。在我们所说的这类图画书里,图画不再是文字的附庸,而是图书的生命,甚至有很多图画书是一个字也没有的无字书(wordless books)。"②

总之,绘本是利用图画和文字这两种不同的媒介相互交织,共同讲述一个完整故事的特殊的儿童文学门类。

绘本至今已有上百年的历史,它起源于欧洲,后来在美国繁盛,在20世纪五六十年代传入我国的台湾,进入21世纪后大陆开始进行绘本阅读。需要注意的是,被读者们熟知的有插图的书、连环画、漫画书不能被称为严格意义上的"绘本"。虽然上述艺术形式也都运用了文字和绘画艺术这两种媒介(材料)进行创作,但上述艺术形式是把图画作为对文字的补充和说明,或者加上图画是为了吸引孩子,因此不能被称为"绘本"。③

松居直指出:"图画书是文章也说话,图画也说话,文章和图画用不同的方法都在说话,以此来表现同一个主题。""假如用数学公式来写图画书表现特征的话,可以这样写:文+图=有插图的书,文×图=图画书。"

二、我国绘本的发展历程

明清以前,图文结合的文学作品就已经出现。但由于观念的落后,直到民国时期,随着现代出版业的发展,带有大量插图的图书和杂志开始进入日常家庭,中国才出现了绘本的萌芽。中华人民共和国成立之后,中国的现代教育逐渐发展,绘本也获得了初步发展。

从其发展的历程来看,大致可以分为三个时期。

(1) 清末民初及现代时期

清末民初,随着现代出版业的发展,大量带有插图的书籍和杂志开始出现。当时的《儿童世界》曾刊载《图画故事》栏目,用图画来讲述故事,图画清新朴素,文字朗朗上口,深受广大儿童的喜欢。民国时期,开明书店的国语课本也带有很多插图,被认为是现代图画书的雏形。还有张乐平的《三毛流浪记》《三毛从军记》《东郭先生》,张光宇绘制的《西游漫记》和丰子恺的儿童漫画,既是我国连环漫画的代表作,也是本土图画书的开拓性作品。

---

① 郝广才.好绘本如何好[M].南昌:二十一世纪出版社,2009:12.
② 彭懿.图画书:阅读与经典[M].南昌:二十一世纪出版社,2006:10.
③ 苏书巧,陈蕊.幼儿园绘本阅读教程[M].石家庄:河北少年儿童出版社,2020:4.

（2）中华人民共和国成立后至改革开放前

中华人民共和国成立后的20世纪五六十年代是原创图画书发展的重要时期,专业儿童出版社和美术出版社出版了大量优秀连环画,它们大多数运用民间艺术手法,或以版刻、壁画的形式,或以国画水墨及工笔重彩为主。这一时期,原创图画书以连环画的形式得到了快速发展。上海人民美术出版社等出版了大量的连环画,它们以图画和故事有效地匹配,宣扬主流价值观,直接为儿童读者服务,也给儿童读者提供了一个独特的审美空间。

（3）改革开放至今

随着我国儿童出版业的发展,插图书、绘本和画报期刊得到蓬勃发展,涌现出不少优秀的作品。如20世纪80年代出版的俞理的《老鼠嫁女》、于大武的《哪吒闹海》,20世纪90年代出版的刘巨德的《九色鹿》、杨永青的《神笔马良》等,是一代又一代读者美好的童年记忆。进入21世纪以来,在国外优秀图画书引入热潮的刺激下,我国本土作家的原创绘本也越来越多地进入人们的视野中。如2009年吴带生创作的《小熊掰玉米》、2005年熊亮创作的《京剧猫》、2006年周翔创作的《一园青菜成了精》等优质绘本。这些作品超越了简单的插画艺术和连环画艺术,从而形成了真正的原创现代绘本。[1]

第二节　绘本在幼儿发展中的作用

绘本对幼儿的发展具有极其重要的意义,通过阅读绘本,幼儿能够拓展思维、发展想象力、提高审美能力和语言表达能力。因此,很多家长和教师都非常重视幼儿对绘本的阅读,从而有了家庭中的亲子阅读和幼儿园中的绘本教学活动。我国台湾儿童文学作家方素珍在其研究中指出:"阅读对开发神经元之间的连接有很大的帮助,也就是说当眼睛看到某个字词时,大脑中的神经回路便会迅速活化,阅读越多,神经元的连接就越紧密,越能触类旁通,举一反三。"[2]北京师范大学的康长运教授也曾系统地研究过绘本,并提出:"图书阅读可以培养幼儿全面、细致、深刻的观察力、想象力和理解力,从而促进幼儿思维能力及审美能力的发展。"[3]总之,研究发现:"对于儿童来说,早期开始的阅读为儿童的阅读和学习能力奠定了基础,提高了儿童入学之后的表现,增强了儿童在今后就业和健康方面的优势,还增加了孩子与家长之间的高质量互动时间。"[4]

---

[1] 谭旭东.中国绘本的过去、现在和未来[N].中国教育报,2013-08-26(10).
[2] 方素珍.绘本阅读时代[M].杭州:浙江少年儿童出版社,2013:29.
[3] 康长运.幼儿图画故事书阅读过程研究[M].北京:教育科学出版社,2007:45.
[4] 周兢.零岁起步:0—3岁儿童早期阅读与指导[M].深圳:海天出版社,2016:7.

幼儿在阅读中能学到什么呢？在教师、父母的陪伴下共读，幼儿学会聆听、互动与交流，而且其情绪感知、语言表达、社会交往、逻辑思维等能力都会有明显提高，并且绘本阅读对幼儿的想象力、创造力、视觉素养以及爱的能力都有促进作用。

一、培养良好的视觉素养

所谓视觉素养，就是视觉阅读能力，是通过图画来实现沟通和理解，从视觉刺激中解读信息并获得意义的过程。就绘本而言，视觉素养就是要求读者在掌握基本的视觉元素的基础上，理解绘本中插图的意义。

绘本的核心是"读图"，学前期是培养幼儿读图能力的最佳时期。其实说是培养，不过是给幼儿天生具备的这种能力增加一些锻炼的机会。幼儿天生是有读图能力的，成人只不过是需要给他提供更多的机会来发展这种能力。但是在日常工作和教学中，我们发现教师并不会特别注重引导幼儿观察画面，而是把重点更多地集中在文字的讲述上，使绘本教学沦为了看图讲述。而家长在给自己的孩子读绘本时，经常会问道：这个故事是什么？通过这个故事，你明白了什么道理？其实这种互动方式忽略了对幼儿读图能力的培养。我们不应该过早地只注重培养幼儿读文字的习惯，而是要引导幼儿观察图画，从图画中获取信息进而理解故事内容，发挥绘本在培养幼儿良好的视觉素养方面的促进作用。

二、强化语言表达能力

语言表达能力在当今社会发挥着越来越重要的作用，我们在社会中无论是学习还是生活，都需要借助语言。学前期是幼儿大脑发育最迅速的时期，同时也是幼儿语言发展的关键期。有研究指出，幼儿语言的发展大致分为三个阶段：1.5岁之前是语言的准备阶段；1.5—3岁是语言的发展阶段；此后是语言的完善阶段。3—6岁幼儿在语言领域的学习和发展分为倾听与表达、阅读与书写准备两个领域。《幼儿园教育指导纲要（试行）》（以下简称《纲要》）明确要求"利用图书、绘画和其他多种方式，引发幼儿对书籍、阅读和书写的兴趣"。教育部印发的《3—6岁儿童学习与发展指南》（以下简称《指南》）指出，应"为幼儿提供丰富、适宜的低幼读物，经常和幼儿一起看图书、讲故事，丰富其语言表达能力，培养阅读兴趣和良好的阅读习惯"。绘本图文并茂的形式深受幼儿的喜欢，绘本教学活动也受到越来越多的教育研究人员和一线教师的关注，幼教界以及各类社会团体都对绘本给予了不同形式的关注。

例如，对于小班幼儿来说，阅读绘本《鳄鱼怕怕 牙医怕怕》对于发展幼儿的语言表达能力有重要作用。《鳄鱼怕怕 牙医怕怕》的作者是日本著名绘本作家五味太郎，讲述了鳄鱼和牙医之间的一场心理较量，是蛀牙把他们联系到了一起。凶恶的鳄鱼因为牙疼不得不乖乖地听从牙医的"摆弄"，而尽职尽责的牙医也只能壮着胆子给鳄鱼看病。这种反差对比强烈的故事情节不禁让人开怀大笑。小班幼儿特别喜欢模仿,绘本用简单、反复的语句刻画了鳄鱼和牙医每时每刻戏剧性的心理变化。例如绘本中的句子"我一定得去吗?""我已经做好最坏的打算了"等等,是鳄鱼和牙医都会用到的句子,深受幼儿喜欢,幼儿正是在这种趣味性的情境中练习了语言的表达。

对于中班幼儿来说,安东尼·布朗创作的《我爸爸》这本绘本,通过简单朴实的语言和精心设计的排比句式,以孩子的口吻描绘了一位强壮、勇敢、高大但又温柔的爸爸,中班幼儿可以利用绘本中"我爸爸什么都不怕,连……都不怕,他可以……"来进行故事的创编,从而提高语言表达能力。

对于大班幼儿来说,绘本《米莉的帽子变变变》通过主人公米莉的想象,每个人的头上都戴着一顶神奇的帽子,大班幼儿在读了绘本之后,可以通过想象练习"……头上仿佛戴着一顶帽子,这是一顶……的帽子"来锻炼其语言表达能力。

三、激发想象力和创造力

学前期是激发想象力和创造力的关键时期,大班幼儿以再造想象为主,这一时期的幼儿可以读一些开发想象力和创造力的绘本。绘本《我的幸运一天》讲述了一只小猪由于敲错房门来到饥肠辘辘的狐狸家,从而发生了一系列极具戏剧性的故事。教师可以通过高层次的预测性提问"你猜一猜狐狸是什么样的表情?小猪又是什么样的表情呢?",引导幼儿表演小猪和狐狸的表情,培养幼儿的想象力。

《跑跑镇》全书幽默诙谐,故事构思巧妙,以出人意料的结果,让幼儿阅读以后忍俊不禁。这是一本创意游戏书,可以唤起幼儿奇妙的想象力,但是创意并不是天马行空的想象,而是通过两个不相关的东西快跑、碰撞在一起后,变成"新"事物;幼儿可以通过观察周围不同物体的特点,进而联想出两个或多个角色碰撞后可能产生的新变化,通过阅读此类绘本可以激发幼儿的创造力。

四、培养爱的能力

爱是人精神投射的一种正能量,是灵魂的共鸣,如阳光般温暖,包含了亲情、友情、爱情。在幼儿的绘本中,以亲情为主题的绘本最多,《猜猜我有多爱你》这本绘本中的小兔子就是个典型的例子。小兔子认真地告诉大兔子"我好爱你",而大兔子回应小兔子说:"我更爱你!"大兔子和小兔子通过动作的比划来把爱更加具体化,幼儿正是通过这种具体化的语言,体会到大兔子的爱肯定比小兔子的爱要来得多、来得高、来得深、来得远。在友谊类的绘本中,《乖乖兔找朋友》通过描写乖乖兔与小猴、小猪以及小白鹅交朋友的故事可以让幼儿明白:人既有优点,也有缺点,没有谁是十全十美的,所以我们没有理由要求我们的朋友十全十美,告诉幼儿交朋友要学会宽容。

绘本《鳄鱼爱上长颈鹿》《搬过来,搬过去》以及《天生一对》主要讲述了鳄鱼和长颈鹿的爱情故事,这是一套关于"恋爱"的绘本,也许有的家长不愿意将有关"恋爱"的绘本讲给幼儿听,怕他们单纯的思想受到"影响"。其实大可不必担心,因为生活中本来就有"恋爱"的事例,而且他们看过的经典童话书里也存在描述公主和王子相恋到结婚的过程。幼儿心目中的"恋爱"是相当纯洁的,在他们看来,"恋爱"其实就是最好的友谊,就是和最好的朋友在一起,这套系列绘本可以告诉幼儿,爱要坚持不懈。

 小结

本章主要对绘本的概念、绘本的起源和发展,以及绘本在幼儿发展中的作用进行了详细的阐述。绘本在中国大陆地区也是二十多年前才逐渐兴起的,虽然时间很短,但其迅速蓬勃发展之势已经席卷全国,成为家长和幼儿园必备的教育资源。在这种形势下,绘本是什么,绘本有何作用是急需明确的。本章有助于幼儿园教师全面了解绘本的来龙去脉,了解绘本的作用和价值,从而为开展绘本教学活动打下良好的基础。小小的绘本往往具有大大的智慧,很多棘手的问题,也许通过简单的绘本就能轻松搞定,这就需要教师重视绘本资源,重视挖掘绘本的教育价值,重视绘本的阅读与教学。

 问题与思考

1. 绘本与漫画书和连环画有何区别?
2. 你对绘本的定义是什么?
3. 你读过哪些绘本?你对哪个绘本印象最深刻?和大家一起分享一下吧!

第二章　不同年龄阶段幼儿的阅读指导

绘本在幼儿的精神建构、价值形成、智力提升等方面有至关重要的作用,逐渐受到家长、教师、幼儿的喜爱。在幼儿园的绘本教学中,教师会根据幼儿不同年龄阶段的发展需要,为他们准备符合其身心发展特点的绘本。3—6岁的幼儿由于识字量少,阅读绘本时注意力主要集中在图画上,那幼儿园不同年龄阶段的幼儿,他们是如何读图的?关注点在哪里?能否理解画面背后的意义?这就需要教师对不同年龄阶段幼儿的读图特点具有充分的了解。

什么叫读图呢?绘本读图能力主要是指在进行绘本阅读时,教师和幼儿能够根据画面的上下左右顺序,观察画面由哪些部分构成、运用了哪几种色彩、主要采用什么样式的线条、画面中角色有哪些举动等,并且能够看到每张图和每张图之间的内在联系,进而能够理解绘本内容并将图画符号转化为语言,然后表达出来。幼儿读图能力的发展,会进一步促进其日常语言表述的发展,这便是绘本早期阅读的核心价值。

幼儿有着敏锐的感知能力,他们善于寻找并发现成人易忽视的图画细节,他们的阅读往往充满惊喜,能体验到愉悦和成就感。他们阅读主动、观察仔细、想象积极、思维活跃,会以更敏锐的感觉和注意力捕捉图像信息,来挖掘作者刻意留给孩子们的"秘密记号",成就感和愉悦感又会进一步激发他们读图的欲望。较为年幼的孩子,对圆润柔和的线条、略带夸张和变形的人物造型表现出更浓厚的兴趣,更倾向于欣赏单纯、明朗、清晰的图案以及明亮的色彩,往往忽略图画之间的逻辑关系。教师要抓住幼儿读图时的这种特点,从培养幼儿观察力入手,引导他们细致地观察图与图之间的关联性。

每一个年龄阶段的孩子的读图特点不同,使得教师为幼儿提供的绘本不同,进而引导幼儿读图的策略与指导方法也不同。幼儿读图能力的发展,能够促进幼儿认知能力和理解力的不断进步。例如,小班幼儿容易对直观事物产生兴趣,优质的、符合小班幼儿年龄特点的绘本可以为小班幼儿的想象力提供较大的发展空间,激发他们的读图兴趣。各年龄阶段的幼儿对绘本画面的观察重心都不一样,在教师的合理引导下,读图可以帮助幼儿关注细节,并根据自己的思考用语言表达出来,促进思维能力和推断能力的提高。

第一节　小班幼儿的阅读指导

绘本是一种图文结合的读物，具有直观形象的特点。对于图画的描述是绘本的重点内容，幼儿通过理解图画来理解绘本所要表达的内容。本节内容主要围绕小班幼儿读图特点、绘本的选择、小班幼儿读图的指导策略三个方面进行讨论。

一、小班幼儿读图特点

（一）对画面认知能力较弱

小班幼儿对于各种事物的认知能力较弱，只能对图画中的单个事物进行指认与命名。比如在绘本《好饿的毛毛虫》活动中，大部分幼儿都会对图画中的绿色"毛毛虫"进行命名，却不能兼顾图画中的其他事物，也无法对其进行命名。

（二）注意力和注意分配能力较低

小班幼儿在注意力发展方面，仍以无意注意为主，有意注意正在逐步增加，而且有意注意一般只能维持 3—5 分钟。因此在读图时，小班幼儿注意力主要集中在零散、个别的现象和事物上，很难把握图画中事物之间以及事物与环境之间的关系。例如，绘本《好饿的毛毛虫》中出现了许多事物，如苹果、梨子、李子、草莓、橘子、蛋糕等，但是幼儿自身是无法将绘本中的这些事物联系起来的，只能进行个别事物的联系；同时由于小班幼儿的注意转移、分配能力也比较弱，在读图过程中只能注意到图片中主要的、鲜明的部分从而忽视其他部分。

（三）观察画面的无序性

小班幼儿的空间知觉能力以及观察能力发展还不完善，对于图画的观察具有无序性的特点，无法全面获取图画中的相关信息。小班幼儿在观察图画时，常常是零零星星的，而且常会用手指头帮忙，用手指来指着图片和事物进行观察。

（四）观察的坚持性较差

小班幼儿观察画面时坚持性较差，难以长时间对图画进行观察。而且小班幼儿比较好动，还没有建立规则意识。在教学活动的过程中，还会出现随意走动、随意说话的现象，因此教师要针对小班幼儿的这一特点进行引导。

（五）讲述意愿强烈但无逻辑性

小班幼儿在读图过程中，往往会与成人、小朋友之间出现有趣的"集体讨论"现象。表面上他们似乎很热烈地交谈着，但实际上其谈论的内容是毫无联系的，或者由他人的谈话很自然地联想起自己所要说的内容，但其中却没有任何逻辑顺序。这时,幼儿已经有了向别人独立表达思想、讲述自己经验的愿望,但他们常常不敢或不善于在大家面前讲话,所以说起来断断续续,带有很强的情境性。另外,他们的讲述还表现出明显的无逻辑性,如主题不明确,只罗列具体事物或现象等。

二、绘本的选择

(一)选择符合幼儿读图特点的绘本

根据幼儿读图的特点,应该为小班幼儿挑选色彩鲜明而不紊乱、画面为大块色彩和小块色彩相结合的绘本,其中运用大块色彩来突出故事的主要角色。故事中的角色要形象可爱,或是动态夸张,从而诱发幼儿的好奇心,内容短小有趣,最好是单页单幅的绘本,比如绘本《抱抱》。

图 2-1 《抱抱》

绘本《抱抱》是一本主题突出、色彩鲜明、情节简单、角色分明、感染力十足的图画故事书。简短而精悍的故事内容,通过展现小动物亲子间相互拥抱的画面,能够充分地让小班幼儿理解什么是爱。对幼儿来说,"抱抱"这一简单的动作是最直接、最温暖的传递爱的方式。

(二)选择符合幼儿语言发展特点的绘本

小班幼儿处于语言发展的关键期,因此绘本中含有重复的语言是非常适合小班幼儿在发现、模仿的基础上深入阅读的,比如绘本《你好》。

绘本《你好》中语言大量重复,主要重复的词语是"你好",这本绘本主要是鼓励幼儿积极主动地与人交往,发展幼儿的社会交往能力,让幼儿知道应该怎样有礼貌地跟别人打招呼。通过绘本故事中反复出现"你好"的情节,让幼儿熟练掌握这一词语,并且能够运用到生活中。

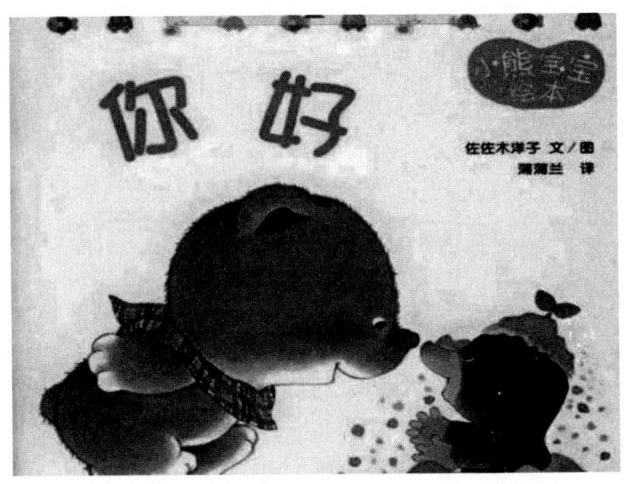

图 2-2 《你好》

(三) 选择发展幼儿思维的绘本

小班幼儿的思维以具体形象思维为主,大部分的认知经验都来源于实际生活。幼儿的已有经验是其与绘本中的图画碰撞的依据,它能够让幼儿与画面中的角色产生共鸣。共鸣的过程会让幼儿在产生欣喜的同时刺激幼儿的读图兴趣,因此要选择贴近幼儿生活的绘本故事内容,并且情节变化起伏,最好有重复的情节,比如绘本《月亮的味道》。

《月亮的味道》是一本关于吃的绘本,不过这次吃的可是月亮。海龟爬到山顶没能够到月亮,于是先后叫来了大象、长颈鹿、斑马……它们用叠罗汉的方式,最终齐心协力吃到了月亮。夜晚的月亮对幼儿来说既熟悉又神秘,绘本中的动物也是幼儿比较熟悉的,语言方面非常适合小班幼儿,几乎每一页的句式都是一致的,幼儿会在重复的语言中感受习得语言的乐趣,而且幼儿能够通过图画推断出下一个是哪个动物出场,从而可以很好地发展幼儿的思维能力。

(四) 选择激发幼儿好奇心的绘本

由于小班幼儿对周围世界充满浓厚的兴趣,对新鲜事物具有强烈的好奇心,喜欢向成人提出各种各样的问题,虽然这些问题比较肤浅、幼稚,但对他们理智感、求知欲的发展有极大的启迪作用。因此可以选择有悬念的绘本,激发幼儿主动探索和想象,比如绘本《谁咬了我的大饼》。

《谁咬了我的大饼》主要讲述的是一只小猪为自己做了一块大饼,因为很累而睡着了,醒来却发现大饼不知道被谁咬了一口,并且大饼上留下了一个很奇怪的牙印。小猪开始询问身边的朋友,每问一位朋友,就会在饼上留下一个牙印,眼看大饼就快要被分掉,小猪饿得不行了,边吃边想:"究竟是谁咬了我的大饼呢?"此绘本具有很强的悬念性,可以激发幼儿跟着故事情节进行探索。

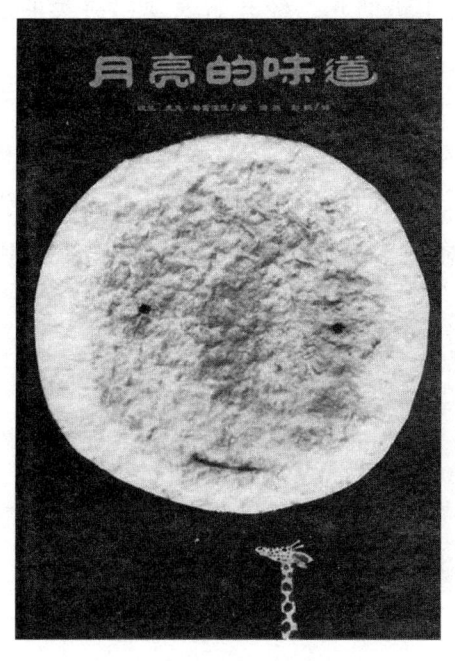

图 2-3 《月亮的味道》

图 2-4 《谁咬了我的大饼》

(五) 选择富有时代气息的绘本

虽然小班幼儿还比较小,但是对于时代的变化也会有所感知。因此可以选择一些富有时代的气息、体现当代文明和未来幻想的绘本,从而使幼儿从小感受时代的气息,比如绘本《你猜我看到了什么》。

图 2-5 《你猜我看到了什么》

《你猜我看到了什么》是一本现代儿歌绘本,富有时代的气息,主要是反映当下的儿童生活,而且具有很强的韵律感和美感,小班幼儿已经开始表现出对美的感知和探索的欲望。

(六) 选择游戏性或动作性较强的绘本

小班幼儿对游戏非常感兴趣,并且正处在肢体运动发展的关键期,也喜欢模仿绘本中的人物及其动作。因此在选择绘本时,可以选择一些游戏性强或是动作性强的绘本,演一演、动一动,唤醒幼儿的感官知觉和运动知觉,比如绘本《会说话的手》。

图 2-6 《会说话的手》

《会说话的手》是一本非常具有创意的绘本,我们的手能说话,你知道吗?通过不同的手势来代表不同的含义,幼儿在阅读时会不由自主地学习图画中的手势,并了解使用该手势的场景或场合,从而在阅读中学到社会交往的技能以及锻炼幼儿的小肌肉发展。

三、小班幼儿读图的指导策略

(一) 丰富阅读方式

绘本通常是由封面、环衬、扉页、主页与封底构成,而且当前绘本的制作也非常精美,版式设计也非常别致,最主要的是大多数绘本中都有鲜明的图画设计,容易吸引小班幼儿的注意力。教师在绘本阅读中丰富幼儿的阅读方式,能够激发幼儿的阅读兴趣,同时提高幼儿的读图能力。对于小班幼儿,教师可以采用如下阅读方式。

1. 遮挡法

遮挡法是指教师呈现给幼儿的图画不是完整的,其中有部分图像是被遮挡的,适合运用于篇幅短、页数少的绘本。这样做有利于激发幼儿的好奇心与想象力,从而发挥积极的引导作用。将幼儿的已有认知经验融入绘本当中,引导幼儿根据已有经验进行想象,鼓励幼儿表达自己的想法。通过对大量的教学活动观察发现,往往绘本中被遮盖的部分,是幼儿兴趣最浓、印象最深的部分。

2. 有序读图法

由于小班幼儿读图无序性的特点,因此教师应该引导幼儿按照绘本的内容顺着翻页的方向逐页读图,做到不跳读、不漏读。

3. 反复研读绘本法

教师带领幼儿针对一本绘本进行反复回翻阅读,从而加深幼儿对图画的理解,再次巩固故事的发展情节,这种反复让幼儿熟悉绘本的方法有利于提高幼儿的读图能力。

4. 观察法

教师要引导幼儿对绘本中角色的表情、动作以及故事背景图的变化进行观察,从而发现绘本故事的线索和脉络。

(二)创设读图环境

1. 巧用墙面环境创设

在幼儿园进行环境创设时,对于墙面的创设是非常重要的。墙面在环境创设中占有很大的比例,而且也是非常明显的外部环境。因此,教师可以巧妙利用墙面的设计给幼儿创造一个良好的读图氛围。比如适合小班幼儿的绘本《小蓝和小黄》,讲的是好朋友小蓝和小黄共同经历一次奇妙冒险的故事,具体内容涉及了颜色的融合以及颜色的分解,而且绘本的颜色非常鲜明,符合小班幼儿的读图特点。教师可以组织幼儿收集各种颜色的图片,共同探索颜色融合以及颜色分解的秘密。教师还可以利用墙面做主题墙饰,创设关于"颜色"的主题墙面,从而与绘本图书进行融合,这样幼儿在自由活动的过程中随时都会看到图画,也随时都能够跟身边的小朋友、教师、家长讲一讲。这种温馨的读图氛围、舒适愉悦的环境,能够大大提高幼儿的读图兴趣。

2. 创设图书区角

教师在进行班级环境创设时,可以专门为幼儿创设一个图书区,方便幼儿在自由活动时能够自主阅读绘本,并且绘本的种类要丰富多样,可以供幼儿挑选,以激发幼儿的阅读兴趣和新鲜感。在图书区中幼儿可以和其他小朋友一起自主读图,每当幼儿将自己理解的绘本图画解读出来时,就会欣喜不已。在这个过程中,读图能力强的幼儿可以有效带动读图能力弱的幼儿,幼儿之间形成积极有效的互动。幼儿园在设置图书区时可以布置可爱的地垫、沙发、美丽的抱枕、五颜六色的墙上书架,还可以在电脑上储存图书区域专用的轻音乐……

(三)设置问题情境

小班幼儿正处于求知欲很强的阶段,对身边事物充满了好奇心,而且喜欢问"为什么",因此教师要抓住这一特点,为幼儿设置问题情境,而问题要来自绘本图画,从而引导幼儿读图。问与答的过程能够让教师与幼儿之间发生互动,在这种师幼互动的过程中,教师可以帮助幼儿提升各项能力。需要注意的是,教师创设的问题情境要增加趣味性、运用提问技巧,不要让幼儿觉得整个过程枯燥无聊。良好的提问氛围能大大调动幼儿读图的积极性;相反,如果教师每次都是枯燥的提问,幼儿渐渐就会对问题失去兴趣,甚至会无法集中注意力。比如在绘本《谁咬了我的大饼》活动中,教师可以引导幼儿观察画面,对幼儿进行提问:"小朋友,图画中的大饼是完整的吗?""那它为什么不是完整的?""那是被谁咬的呢?小朋友们想不想知道?"而且之后的每张图画都会出现一个新的小动物,大饼上也会多出牙印。教师应该引导幼儿对这些图画的细节进行解读,提前创设问题情境,激发幼儿的好奇心和兴趣。

(四)体验生活情感

教师选择一些情感类绘本,将绘本中的情感与幼儿的实际生活结合起来,让幼儿亲身感知绘本中所表达的情感,体验绘本中图画的用意,激发幼儿的读图兴趣,提升幼儿对绘本画面内容的理解,比如绘本《猜猜我有多爱你》。

《猜猜我有多爱你》绘本故事　　　　　　图 2-7 《猜猜我有多爱你》

《猜猜我有多爱你》是一本情感类绘本,讲述了大兔子和小兔子用身体、动作、语言开展的一场谁爱谁多的比赛。在开展这本绘本的教学活动时,教师可以鼓励幼儿对绘本中小兔子的动作进行模仿,比如鼓励幼儿像小兔子一样张开手臂并高举,用自己的方式表达爱。通过这样的方式使得整场教学活动的气氛更加活跃、有趣,让幼儿充分理解绘本中的画面内容,融入绘本故事当中,获得真切的体验。

第二节　中班幼儿的阅读指导

本节内容主要是从中班幼儿读图特点、绘本的选择、中班幼儿读图的指导策略三方面展开论述。

一、中班幼儿读图特点

（一）规则意识开始萌芽

在集体生活中，4—5岁的幼儿开始表现出自信，规则意识也开始萌芽，在生活中懂得要排队洗手，自由活动中也知道依照次序玩玩具等，这对中班幼儿的读图也有很大影响。相比小班幼儿，中班幼儿读图的时候会变得有序，开始意识到单页图画的各部分是有联系的；但是相比大班幼儿来说，还不能做到完全独立地有序读图。中班幼儿也开始意识到单页图画各部分之间是有关系的，不是独立的，也开始能够两页或是多页同时进行观察，比如绘本《方格子老虎》。

图 2-8　《方格子老虎》

《方格子老虎》讲述了一只小老虎出生后身上条纹发生变化的故事，从画面内容来看，小老虎前后身上的条纹是不一样的，因此幼儿需要对多页图画进行观察、对比，从图画的变化中理解故事内容的发展。教师在组织教育活动时，应该引导幼儿学会对多页图画同时进行观察、比较。

（二）读图注意力有所增强

4—5岁的幼儿有意注意行为增强，注意力也比小班幼儿更加集中，注意力能集中15—20分钟。中班幼儿在读图时注意力会集中，开始注意观察画面的细节，能够发现关键线索，但是不能将所有线索进行串联，比如阅读绘本《搬过来，搬过去》。

《搬过来，搬过去》的主要故事情节是长颈鹿和鳄鱼原本各自住在不同高度的房子里，可是他们想住在同一间房子当中共同生活，每天早起能够看见对方。但无论长颈鹿住在鳄鱼的房子里，还是鳄鱼住在长颈鹿的房子里，两个小动物都觉得有不便之处。因此，幼儿在阅读此绘本时，要将前面长颈鹿住在鳄鱼房子里和鳄鱼住在长颈鹿房子里的两处情节联系到一起，说明它们需要建造一个可以共同生活的地方。中班幼儿在阅读此绘本时大多不能将前后细节进行串联，比如幼儿能够观察到长颈鹿在鳄鱼家吃饭、睡觉、上卫生间等多处情节，但是幼儿无法将其进行串联，得出生活不便的结论。

图 2-9 《搬过来，搬过去》

图 2-10 《我的幸运一天》

（三）开始关注画面细节

中班幼儿开始关注细节并尝试给每个细节赋予意义，能发现关键线索但不能贯穿始终。这个年龄阶段的幼儿逐渐能就某一个主题展开谈话，并注意事物之间的联系和讲述的重点。幼儿能独立讲故事或叙述各种事情，连贯性、完整性也有所增强，在叙述事物时也具有时间、地点、起因、经过与结果的概念，比如绘本《我的幸运一天》。

《我的幸运一天》主要讲述的是一只饥饿的狐狸正要准备出去找午餐，而此时一只小肥猪敲响了狐狸家的门，小肥猪利用自己的智慧和勇气逃脱了狐狸的魔爪。在这个绘本故事中有清晰的起因、经过、结果，中班幼儿能够根据这些将绘本故事连贯地读完。

综上所述，可以发现中班幼儿的读图特点如下：由以单页整体观察为主，逐渐过渡到两页或多页同时观察；对细节感兴趣，但无法区分重要细节和无关细节；能够发现重要线索，但是无法将线索进行串联；观察图画从无序向有序过渡。

二、绘本的选择

中班是培养幼儿读图能力的关键期,若能够抓住这一时期对幼儿进行培养,则有利于提升幼儿的读图能力,而培养幼儿读图能力的关键一步就是要选择适合中班幼儿的绘本。

(一)选择情节紧凑、内容丰富的绘本

中班幼儿读图从无序逐渐向有序发展,而且能够意识到单页图画各部分之间是有联系的。因此,可以选择图画内容稍微丰富的、故事前后情节联系比较紧密且有转折的绘本,比如绘本《小猪变形记》。

图2-11 《小猪变形记》

《小猪变形记》绘本解读

《小猪变形记》主要讲述的是小猪总觉得很无聊,认为做小猪很无聊。于是,他一会儿装扮成长颈鹿,一会儿装扮成斑马,一会儿装扮成鹦鹉……同时,他也遭遇了许多滑稽有趣、荒诞搞笑的事情,但最后,他发现还是当一只小猪才是最快乐的。这本绘本前半部分讲的是小猪觉得自己很无聊,不想做小猪;后半部分的情节发生转折,小猪最后还是做回了自己。这种前后故事情节紧密联系并且发生转折的绘本故事,能够激发幼儿的阅读兴趣,同时加深幼儿对于图画的深层次理解。

(二)选择细节较多的绘本

中班幼儿读图更加关注细节,因此可以多选择一些细节性较强的绘本,更有利于培养幼儿观察细节的能力,比如绘本《花格子大象艾玛》。

图 2-12 《花格子大象艾玛》

《花格子大象艾玛》是一本幽默有趣的绘本,色彩鲜明,情节极富想象力。其中有许多细节,比如花格子大象和其他大象有一些不同点,可以引导幼儿对其观察、比较。这本绘本也蕴含着一个道理,让幼儿懂得每个人都是不同的,每个人都有自己与众不同的特点,这些特点无所谓好坏之分,幼儿应学会认可、接纳自己的独特之处,同时也要包容他人的不同之处。

(三)选择能让幼儿进行表达的绘本

对于中班幼儿,教师可以选择一些文字较少、画面主体明显、有相应的配角、有事件发生的环境背景的绘本,能激发幼儿运用复合句、完整句来表达物与物之间的联系,并且产生情境性语言,比如绘本《跑跑镇》。

图 2-13 《跑跑镇》

《跑跑镇》主要讲述的是跑跑镇的居民都比较喜欢跑,而且它们撞在一起会发生奇妙的变化,可以鼓励幼儿根据事物特征进行大胆的猜想和想象,猜测、感受碰撞之后发生的神奇现象。此绘本中蕴含着复合句型,可以帮助幼儿提升语言表达能力,用流畅的语言表达自己的想法。

总的来说,选择适合中班幼儿的绘本时应该考虑到故事情节生动有趣、逻辑性较强、故事有转折、情节或人物个性发生比较大的变化,例如:《蚂蚁和西瓜》《小猪变形记》《子儿,吐吐》《石头小猪不服输》。

三、中班幼儿读图的指导策略

(一)注重幼儿的身心发展特点

4—5岁的中班幼儿相比小班幼儿,在心理方面有了更大的进步与发展。此时的幼儿开始具有规则意识,而且更为活泼,对绘本当中的新奇人物形象,具有非常强烈的好奇心。中班幼儿还不具备抽象思维能力,以具体形象思维为主。在注意力方面以无意注意为主,并逐渐向有意注意发展,观察和阅读绘本时注意力只有十几分钟,观察持续时间较短,注意力经常分散,但是在教师的提醒和鼓励下又可以将注意力集中在绘本上。幼儿能够说出绘本中的人物,能看出绘本中的角色简单的行为,但很少了解这些角色为什么要这么做,也就是其动作的含义。另外,中班幼儿想象力丰富,很难分清自己的假想和现实。

在语言发展方面,中班幼儿处于语言表达能力迅速发展的时期,这一阶段的幼儿可以表达自己的想法,但是在语言表述上并非很连贯。这就需要教师在中班这个时期,让幼儿进行大量的词汇积累,此时的绘本阅读指导就显得尤为重要。教师可以利用绘本帮助幼儿丰富词汇,增强幼儿的表述能力,这也是中班绘本阅读指导的重点。教师可以在中班这一阶段,引导幼儿了解不同的文学体裁,比如诗歌、儿歌、童谣等,引导幼儿理解作品的意思,并且能够简单地复述故事,促进幼儿语言和思维能力的发展。

(二)教师的自身示范

对于中班幼儿来说,教师的示范作用对促进其思维意识的发展具有很大的影响。所以,幼儿教师对于绘本阅读的认识,在一定程度上会影响中班幼儿的阅读活动。教师如果经常在幼儿面前看书,也会影响到孩子的阅读习惯,起到潜移默化的作用。良好的绘本阅读指导能够提高幼儿的表达能力,增加幼儿的词汇量,培养幼儿的阅读兴趣。通过绘本阅读,幼儿可以从中获得信息,感受绘本画面色彩的变化,理解绘本内容。

在绘本阅读的指导方法上,教师可多采用提问法,根据绘本的故事情节,对幼儿进行开放式或封闭式的提问,还可选择情境导入的方法或者是游戏法、猜测法等。通过对中班幼儿的提问与引导,能够帮助幼儿更完整地理解绘本内容。

（三）教学媒体的运用

随着科学技术的进步与发展，计算机媒体教学得到了广泛的运用。在许多幼儿园的班级当中，都有电脑或投影仪等设备。教师开展绘本阅读活动之前会播放有趣的音乐进行导入，引起幼儿的注意力和兴趣，可以在绘本阅读过程当中播放背景音乐，更容易带动幼儿的情绪。

（四）创设适合的阅读环境

除了运用多媒体教学以外，为幼儿提供丰富的且符合年龄特点的绘本书籍，提供自由的阅读空间，更能培养幼儿的自主阅读能力，激发幼儿的阅读兴趣。如果教师在幼儿阅读绘本时置之不理，那么幼儿的阅读行为将无法得到有效的指导，从而也无法获得良好的阅读环境。教师应该适时地介入幼儿的绘本阅读，对幼儿的阅读能力以及阅读习惯产生积极的影响。同时，幼儿教师应该根据中班幼儿的阅读能力和阅读水平，为他们选择合适的绘本。

（五）激发幼儿的阅读兴趣

中班幼儿的年龄特点和认知发展规律显示出幼儿的阅读水平非常稚嫩，需要教师通过各种方法与手段激发幼儿的阅读兴趣。例如，教师运用跌宕起伏或长短不一的声音、丰富夸张的肢体动作和面部表情来引起幼儿倾听的兴趣。同时，将中班幼儿的绘本阅读活动与区域活动有效结合，作为集体阅读教学活动的延伸和补充，将游戏与阅读融合，调动幼儿参与游戏的积极性，提高阅读能力。此时，教师对幼儿阅读指导便起到了非常重要的铺垫作用，他们会模仿教师的动作、表情和语气进行绘本表演或故事讲述。

教师根据中班幼儿的年龄特点设置表演区域，通过边阅读绘本边表演故事的活动形式，让中班幼儿体验绘本中人物的心理状态以及动作含义。在这种区域表演活动当中，幼儿的语言表达能力、阅读能力以及表现力都会有所提高。

在活动结束后，教师可以引导幼儿进行经验交流与分享，让幼儿知道读图的重点和顺序，鼓励幼儿大胆讲述自己的表演感受以及对故事的理解，拓展幼儿的思维，锻炼口语表达能力，从而更加激发了幼儿的阅读兴趣。

第三节　大班幼儿的阅读指导

本节内容主要是从大班幼儿读图特点、绘本的选择、大班幼儿读图的指导策略三方面展开论述。

一、大班幼儿读图特点

根据瑞士著名儿童心理学家皮亚杰（Jean Piaget）的认知发展阶段理论，大班幼儿的认知发展处于前运算阶段的末期——直觉思维阶段,具有"自我中心"的特征,所以大班幼儿在读图时会以自己的立场理解故事。同时,他们开始运用象征性符号进行思维,但主要还是依赖具体事物进行表征。

(一) 观察能力增强

观察力是一种有目的、有组织、有计划、比较持久的知觉。幼儿所获取的信息有80%是通过感知觉得来的。大班的幼儿对画面的观察和解读的组织性较好,能够从图画中获取细节信息,解读完整的故事,把握单页图画中各个部分的联系。此时的他们不仅仅喜欢观察,还通过小班和中班的学习与生活掌握了观察的方法,例如从左到右、从上到下等。幼儿不会在画面的信息上有过多的注意和描述,而是尝试对画面信息进行分析、解释和推断,并开始探索图画呈现的结构。他们能够发现成人经常忽视的细节,并且很愿意追问教师"为什么",但对于页与页之间的整合解读仍较差,要想了解整个故事的情节,还需要反复阅读。

(二) 注意力更为集中且记忆力加强

大班幼儿相对于中班和小班的幼儿,在绘本阅读过程中,注意力保持的时间有了显著提高,他们对感兴趣的绘本能保持较长时间的注意,看书的时间能保持在15—30分钟,且对自己喜欢的绘本会不厌其烦地反复阅读,也会和同伴分享自己读的绘本。

大班幼儿能认识少量的文字,喜欢用手指着字阅读,虽不了解词义,只是根据自己的记忆和理解大概明白文字在说什么,但为幼儿自主阅读奠定了良好基础。此时幼儿记忆力也明显加强,他们会记住自己阅读过的绘本中有趣的人物行为或特征、故事的主要情节,甚至会复述自己喜欢的绘本故事。5—6岁幼儿语言表达的连贯性、逻辑性更为突出,也能逐渐掌握和运用一些讲述的技巧,如表情、语调、语速等,所以在这一时期,有些幼儿已经能够生动、有感情地描述故事了。

(三) 关注新奇的图画或故事内容

大班幼儿仍旧以具体形象思维为主,他们的想象力相对于中班和小班幼儿有了较为迅速的发展,对绘本中鲜明的人物形象和怪诞的故事情节表现出了极大的喜爱。他们的关注点更偏向于具有冒险精神的故事情节、热闹且色彩浓郁的画面,更倾向于根据自己的已有经验去理解画面,这也印证了"自我中心"的特点。

(四) 感情丰富且情绪表达强烈

大班幼儿对故事内容有着粗浅且自我的见解,他们已经能够较好地用语言表达读图后的情绪情感,对绘本中有趣的情节能够表达出喜爱情绪,对自己不喜欢的人物或情节会表现出厌恶。大班幼儿可以关注到画面中主要人物的状态,包括表情、姿态等,会根据自己的生活经验来理解绘本中主角的心理状态。大班幼儿在读图之后,会对绘本中人物的特征、品质进行价值观的评判,并说出自己的理由。对于相对简单的绘本中主角的行为状态,大班幼儿可以根据前后画面的联系讲述出现这种状态的原因,反复阅读绘本后,会对书中传递的内容和含义进行思考,并可以进行简单的复述。

二、绘本的选择

加拿大著名学者佩里·诺德曼(Perry Nodelman)提出,大众认为幼儿读图时,图画比文字更容易被理解的看法是错误的,对于幼儿来说,文字和图画都是抽象的,图画本身所传递的美感和其中所蕴含的情节信息,才构成了图画的完整价值。优质的绘本不仅仅讲述了精彩的故事,同时也会吸引幼儿对画面的兴趣,丰富幼儿的想象力,提升其观察能力。大班幼儿正处于阅读敏感期,他们读图时依靠感官感受世界、判断事物,他们喜欢捧着绘本专心阅读,对文字的书写也表现出极大的热忱,对绘本的"吸收"是出于兴趣和认知发展的本能。大班幼儿选择绘本阅读时,关注点在于画面,所以教师在为大班幼儿选择绘本时需要充分考虑文字多少以及图画的完整,选择能够吸引大班幼儿阅读的绘本。

(一)选择画面丰富的绘本

大班幼儿的观察力较中班和小班幼儿已经有了较大的提升,教师可以为这个年龄阶段的幼儿提供画面丰富、色彩鲜艳、生动形象的绘本,鼓励幼儿反复阅读并发现细节,锻炼幼儿的观察能力与推理能力。例如,绘本《天啊!错啦!》画面丰富、情节有趣、动物形象生动,很符合大班幼儿观察、探索的需求。

图 2-14 《天啊!错啦!》

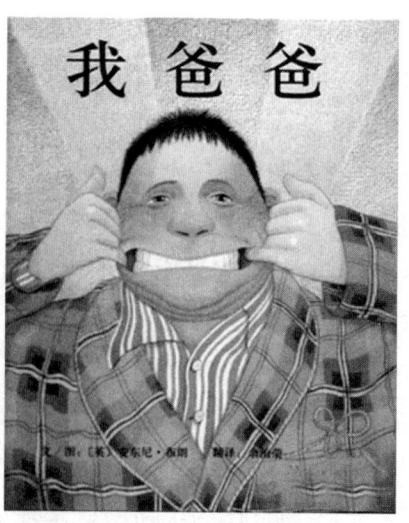

图 2-15 《我爸爸》

(二)选择"图文结合"的绘本

大班幼儿开始接触简单文字,对文字表现出探索的兴趣。"图文结合"的绘本可以让幼儿在读图的基础上适当理解文字的含义,将认知发展逐渐过渡到具体运算思维阶段。例如《我爸爸》这本绘本中细节众多,每幅图都配备了一句富有节奏感的语句,教师为幼儿选择类似这样的绘本,不仅可以帮助幼儿促进对画面的理解,还可以在读图的过程中满足大班幼儿对文字的兴趣和探索。

(三)选择类型多样的绘本

大班幼儿喜欢探索新奇事物,在选择绘本时可以有较为复杂的情节、转折和冲突。在绘本类型上也可以追求多样,除了上述提到的"图文结合"的绘本,还可以选择能够激发幼儿想象力的无字书;可以选择小开本的,也可以选择大开本的;可以选择横开本的,也可以选择竖开本的。在幼儿读图的过程中,充分满足他们的探索需求,丰富大班幼儿的认知。

(四)选择情节丰富的"系列"绘本

在"系列"绘本中,主人公一直是不变的,变化的是故事情节,很容易引起幼儿的兴趣与猜测。例如"女巫温妮"系列、"弗洛格"系列、"霸王龙"系列、大卫·香农的"大卫"系列、安东尼·布朗的"威利"系列等。系列绘本能够看到人物的发展轨迹,能够了解绘本角色的性格和特点,有助于理解绘本内容,产生情感共鸣等。

图 2-16 《女巫温妮》

三、大班幼儿读图的指导策略

(一)引导幼儿学会读图

大班幼儿有了一定的阅读经验和自主阅读的想法,教师应该根据幼儿的读图特点逐步引导大班幼儿以两页对比观察或多页连续观察为主,帮助幼儿实现从物体特性顺序向逻辑顺序过渡,培养大班幼儿边观察、边思考的能力,读图与想象、理解同步。在读图指导上,教师运用两页对比或多页连续观察,让幼儿对整个画面信息有更细致的把握,同时采用整体性或深层次提问,引导幼儿尝试多种阅读顺序,了解图画呈现的结构。

除了观察顺序,教师可以引导大班幼儿在阅读中将注意力放在细节上,包括关键的人物形象、典型的场景变化、细微的表情。绘本作为儿童文学作品的类型,包含作者信息、线条、色彩、风格、主旨等丰富的内容。大班幼儿虽然开始注意绘本中的文字信息,但是这些细节是绘本中独特的表现形式,幼儿往往会忽视。教师首先要对绘本有准确的把握和解读,在引导幼儿读图时,从线条、人物表情等方面让幼儿观察,多引导幼儿通过对比表情或环境的差异发现细节,久而久之,幼儿读图能力也会进一步得到发展。

在时间充裕或师资充足的情况下,教师可以多采取个别指导的方式,较为细致地引导幼儿读图,及时地解答问题。每天为幼儿安排一定的阅读时间,帮助他们形成良好的阅读习惯,熟练掌握读图技能。

(二)多种方式提升幼儿读图能力

除了引导幼儿如何观察绘本,教师还可以开展各种活动,在愉快的游戏中发展幼儿读图能力。例如在"看图猜故事"的小游戏中,教师利用绘本中的细节片段,让幼儿通过仔细观察、猜测画面引导幼儿深入阅读,让幼儿感受绘本的完整性,完成对绘本的深度解读。同时也可以选择遮挡部分图画,让幼儿猜出剩余部分,用语言描述出来,这样不仅可以更加了解大班幼儿的读图能力,还可以促进幼儿语言表述能力的发展。除此以外,大班幼儿具备了较强的讲述能力,能够看图讲述和续编故事,教师可以在幼儿熟读绘本的基础上,让幼儿用较为复杂的语言创编新的故事。

大班幼儿已经开始对文字、书面符号有了一定的兴趣,教师可以帮助幼儿建构起画面与文字之间的联系,让幼儿对绘本有完整、充分的了解。大班幼儿主要靠视觉接收绘本信息,而中班和小班幼儿主要靠听觉,所以教师应该恰当地把握画面与文字之间的关系,有效地帮助幼儿理解绘本。

教师还可以通过"有效提问"帮助幼儿关注和理解画面之间的关系。大班幼儿在读图时可能会走马观花,教师的提问和适当点拨会引发幼儿思考,提升他们的观察力和理解力,进而提升他们对阅读的积极性。

除此之外,创设绘本的具体情境,让幼儿亲身体验绘本中所描绘的意境,可以帮助幼儿更准确地理解绘本内容。创设好情境后,可以指导幼儿进行"角色扮演",大班幼儿语言表达能力有所发展,情感表达也更加丰富。通过这种活动,幼儿加深了对绘本的理解,在之后的读图过程中,会提取自己的相关感觉经验,更好地感知绘本。例如在《彩虹色的花》绘本教学活动中,让小朋友自愿挑选自己想表演的角色,运用书中花朵和小动物的语气来展现。为了演好角色,幼儿会深入解读绘本,仔细观察画面及情境,进而读图能力得到发展。

(三)引导幼儿自制图书,设立小图书馆

大班幼儿对画面和文字的关系较为敏感,能够根据一段文字描绘出一幅画,也可以根据自己的画讲述一段文字。根据大班幼儿对已读绘本的认知经验,教师可以让他们凭借记忆,自己进行绘本的再创作,然后在全班小朋友面前讲述,不仅有助于加深大班幼儿的记忆力、想象力和语言表达能力,也能在一定程度上了解他们读图的能力发展到什么水平。教师将幼儿的这些自制绘本与他们喜爱阅读的绘本整理收纳,建立一个小的图书馆,鼓励幼儿分享交流图画中的秘密。

 小结

本章主要对小班、中班和大班从读图特点、绘本选择和指导策略三方面进行了阅读指导。在绘本阅读中,读图是幼儿主要的阅读方式,学前期正是培养幼儿读图能力的最佳时机。与其说是培养,不如说是给幼儿天生具备的这种能力增加一些锻炼的机会,同时不使它过早地被读文字的习惯所取代。及时锻炼、发展幼儿的读图能力,对于培养幼儿的阅读习惯有很大的帮助。在掌握了绘本的阅读方法之后,绘本阅读就会从表象浏览进展为意义探索的过程,帮幼儿储备起深度阅读的能力,并在持续而广泛的阅读中积累丰富的知识。这样在日后阅读任何一本绘本时,幼儿都能用这些丰富的储备知识进行探索与联想,响应绘本中的内容。

优秀的读图能力包含着对画面内容的理解,能够捕捉到画面的关键信息以及掌握图画前后的联系,进行简单的推理。从优质绘本的选择,到教师有方法地去培养幼儿的读图能力,到最终幼儿拥有较好的读图能力,这期间的过程是渐进而有效的。首先,优质绘本的选择,要符合幼儿的年龄特征,贴近幼儿的生活经验,吸引幼儿且具有一定的游戏性,这是培养各年龄阶段幼儿读图能力的基础。其次,教师专业且多样的读图指导,是提高幼儿读图能力的保障,如若教师不能够根据幼儿特点选择适合他们的绘本,也不能对幼儿读图过程中出现的问题进行有针对性的指导,对读图活动缺乏支持,那么幼儿的读图能力也得不到有效的提升。

在学龄前期掌握优质的读图方法,是提高幼儿阅读能力的基础,为小学阶段开展大量阅读、进一步提升阅读能力做好准备,阅读能力也是人们持续发展与终身学习的基本技能。《纲要》中明确将早期阅读纳入语言教育的目标要求下,提出"利用

图书、绘画和其他多种方式,引发幼儿对书籍、阅读和书写的兴趣,培养前阅读和前书写技能"的要求。此外,《指南》中指出"为幼儿提供丰富、适宜的低幼读物,经常和幼儿一起看图书、讲故事,丰富其语言表达能力,培养阅读兴趣和良好的阅读习惯,进一步拓展学习经验"。

根据皮亚杰的认知发展阶段理论,3—6岁的幼儿处于"前运算阶段",拥有表象思维能力,他们的思维方式是直观的,而绘本要通过直观的画面来给幼儿传递信息。虽然绘本的创作者是成人,但他们将童年、情感和社会用最适合幼儿的、最简单清晰的方式展现出来,伟大的人能够把复杂的道理用最简单的方式表达出来,是最大的智慧。① 无论从审美角度看,或是从幼儿未来发展方向看,优秀的读图能力是必不可少的,对画面的观察,对故事中人物惟妙惟肖的模仿,对精彩情节的认真聆听与推测,都让他们年幼的生活充满乐趣。在逐渐掌握读图方法后,幼儿会爱上阅读,喜欢探索书中的奥秘,能够丰富知识,增加对于色彩、线条、构图等诸多方面的敏感性,提升学习品质。

 **问题与思考**

1. 小班、中班和大班幼儿的读图特点有何不同?
2. 对于一个不爱读书的中班幼儿,你打算如何选择绘本,让其逐渐爱上阅读呢?
3. 如何提高大班幼儿的读图能力?

---

① 姚苏平.读图时代我国幼儿绘本的特质[J].江苏教育学院学报:社会科学版,2009(5):26.

第三章　绘本教学的现状与模式

绘本教学关注的是幼儿对绘本的整体理解，帮助幼儿在故事情境中充分观察、猜测想象、感受理解、参与表达，在读懂主要画面的基础上通过多种途径表达理解，促进幼儿阅读综合能力的提升。绘本教学已经成为幼儿园的常规教学活动，但是幼儿园教师对绘本教学的认识和实践上仍然存在很多问题。本章就当前的绘本教学现状进行剖析，进而提供三种教学模式，分别是体验式、探究式和合作式，以期能够指导教师突破传统的绘本教学模式，充分发挥绘本资源的价值，促进幼儿综合能力的提升。

第一节　绘本教学的现状

关于绘本教学的定义，存在着不同的观点。苏书巧认为绘本教学是指将绘本作为阅读文本，教师充分挖掘、利用绘本中的丰富资源，有目的、有组织地开展的幼儿园集体教学活动。[1] 汤雅黎则认为绘本教学指的是在幼儿园的特定教学环境下，教师通过运用绘本图文并茂的特性，透过图画来叙述故事，让幼儿从图画及文字汇总了解一本图画的内容这种正式的教学形式。[2] 张雅楠认为绘本教学是将绘本作为教材，教师面向全体幼儿有目的、有组织、有计划地开展集体教学活动并完成相应教育目标的过程。在幼儿吃饭、过渡环节中以及放学前的幼儿独立阅读活动都不是绘本教学；教师单纯给幼儿讲故事，无师幼互动的阅读也不能称之为绘本教学。[3] 郭纤认为绘本教学指的是教师以绘本作为教学的素材，对绘本的主题与价值进行深入挖掘和利用，并根据学生身心发展的阶段特征来科学地制定教学计划，有目的、有计划、有组织地完成课程开发和设置，通过合理的教学流程设计与实践来提高幼儿的认知能力和实践能力，并利用反馈与调整逐步实现课程目标的过程。[4] 由此可知，绘本教学关注的是幼儿对绘本的整体理解。

---

[1] 苏书巧.幼儿园中大班教师绘本教学的现状及策略研究[D].石家庄:河北师范大学,2012:10.
[2] 汤雅黎.幼儿园绘本教学的现状调查及改进策略研究——以湖北省武汉市为例[D].黄石:湖北师范大学,2016:3.
[3] 张雅楠.河南省幼儿园绘本教学现状调查及教育建议[D].新乡:河南师范大学,2018:3.
[4] 郭纤.幼儿园绘本教学的问题及对策研究——基于武汉市八所公立幼儿园的调查[D].武汉:华中师范大学,2018:10.

但是笔者在多年参与幼儿园绘本教学教研活动中发现,在当前很多幼儿园中,教师在组织本班幼儿开展绘本教学活动时,由于对绘本的重要性认识不足、教学准备仓促、教学行为质量低等问题,造成绘本教学开展效果差强人意,具体呈现出下面四种情况。

一、教师对绘本教学认识不足

实际观察发现,幼儿园游戏活动的组织与开展、游戏材料的设计与制作、环境创设、观察记录、总结报告、各级各类检查督导以及家园共育等工作让教师们应接不暇。幼儿教师阅读学前教育相关书籍的时间较少且种类单一,主要集中在学前教育五大领域的教学实践指导以及班级管理方面,对于优质绘本的阅读量较少,甚至有部分教师认为"绘本教学"就是普通的"讲故事",不能深刻地解读绘本。但是,大多数幼儿教师能够认识到图画才是绘本中的主体,认识到绘本是图文合奏的文学作品。尽管幼儿教师能够较为全面地认识绘本,但教师自身缺乏对图画及文字乃至内容的判断,尽管知道一些相关的绘本教学理论,但在实际的教学活动中,不能很好地运用这些教学理论,缺少专业的指导。

二、教师对绘本教学准备仓促

幼儿教师在绘本教学活动前对绘本的选择,主要是根据园本教案或园内的主题活动,没有联系到本班幼儿的学习经验以及个体差异。侧重于选择教育主题明确的绘本,没有深入地挖掘绘本的教学价值。在绘本教学活动设计方面,幼儿教师会直接采用网络下载的教案或教师用书上的教案,从效率上来说更加方便,减轻了幼儿教师的工作量;从质量上来说也许更加全面,是成熟优质的教案,但从儿童本位的理念出发,通过这些途径收集到的教案并不一定适合本班幼儿的身心发展特点。幼儿教师只有充分地观察幼儿,非常了解自己所在班级幼儿的身心发展特点,才能设计出有助于幼儿成长发展的好教案。这种仓促的、生搬硬套的绘本教学准备,必然会导致儿童本位教育理念在绘本教学开展过程中的缺失。

三、教师的绘本教学行为低效

在绘本的导入环节中,教师通常会通过观察绘本的封面、口头提问、猜谜语的形式进行导入。绘本的封面直观形象,观察封面是幼儿教师比较喜欢的导入行为,但并不是所有的绘本都适合用封面解读法,幼儿教师应该根据绘本本身的内容来进行绘本的导入,而目前教学中采用的绘本教学导入方式较为单一。

在绘本教学活动过程中,幼儿教师通常采用讲授法带领幼儿一起学习绘本,主要以教师为主导,幼儿的主动提问次数较少。在提问对象方面,教师们都偏向于要求幼儿集体回答和个别幼儿单独作答,很少采用分组讨论后回答和自由回答的方式,不利于幼儿进行高水平和多元化的思考。分组讨论后回答和自由回答的方式需要教师具有丰富的知识储备以及良好的应变能力,能应对各种天马行空的答案,所以这也是教师不愿意采用这种提问形式的原因。此外,教师还更偏向于提问积极举手的幼儿和乖巧活跃的幼儿,这种现象就使得幼儿回答问题机会不均等,不利于绘本教学活动的有效开展。

在绘本内容方面,教师们会忽视对绘本封面和正文以外的构成要素的关注,其实绘本每一个部分都隐藏着作者创作的秘密动机。完整的绘本构成包括护封、勒口、书腰、封面、环衬、扉页、版权页、正文和封底。在幼儿园绘本教学中,教师通常利用幻灯片的形式进行绘本故事的讲述,很少专门针对绘本中的构成要素进行提问,这样不能保证做到完整阅读,甚至会因遗漏部分信息而得到与绘本主题相反的结果。而且观察发现,教师的提问过分偏重于教育意义的传递,在绘本教学快要结束时,大部分教师会问:"读了这本绘本,你觉得有什么收获呀?如果遇到类似的情景,你会怎么做啊?"……这些过分偏重于教育意义的提问,在一定程度上既限制了幼儿的思维,又窄化了绘本的本质,这种功利性的绘本教学会让幼儿失去阅读的兴趣。有些绘本并没有明显的教育意义,教师过多的教育意义的提问反而使得绘本内容支离破碎。

在教师提问类型方面,调查显示,从问题的开放程度出发,无论是新手教师还是熟手教师在幼儿园绘本教学活动中,封闭式提问所占比例很高,都达到60%以上;从问题的高低层次出发,教师所提的观察性问题和理解性问题等低层次的问题居多,需要幼儿去应用、分析、综合、评价的问题较少;从问题的有效性出发,教师在提问中经常会使用"是不是""好不好""对不对"等低级问题,提问的有效性较差。

在教师反馈幼儿方面,调查显示,教师在回应幼儿时多采取积极的、正面的回应方式,但追问比例较低。绘本教学中有些问题的答案是多元的,但在实际教学中,幼儿回答问题可能会存在片面的现象,建议教师要及时追问并重视引导,给予幼儿思考问题的机会。教师对幼儿的评价较为笼统,缺乏针对性,建议教师有针对性地评价幼儿。当幼儿的回答有偏差时,教师可以重新向幼儿复述提出的问题,鼓励幼儿先倾听其他小朋友的回答,再尝试进行回答,从而实现教师回应的有效性。

四、教师对绘本教学欠缺延伸

一个好的绘本教学活动要讲究教学的完整性,延伸活动有助于幼儿深入理解绘本的内容。在绘本教学活动之后,幼儿们最想做的那件事,就是通过各种形式表达他们对绘本的理解。

无论他们理解的是绘本的主旨,还是绘本中某个具体的经验,都是属于幼儿自己的理解。在延伸活动中,常见的活动方式主要有续编故事结尾、开展与绘本内容相关联的游戏或美术活动。如果能通过优秀的绘本设计出好的延伸活动,那么就能够适合于幼儿当前的发展水平。然而通过对幼儿园绘本教学活动的观察发现,多数绘本教学活动的结束与延伸活动方式单一,开展形式随意,而且部分幼儿教师常常忽视延伸活动的开展。大部分幼儿教师在绘本讲读过程中投入大量的时间,最后只能以总结主题、复述故事等高结构化的形式结束教学活动,不利于幼儿对绘本进一步进行探索。

针对当前绘本教学中存在的问题,教师更需要了解不同年龄阶段幼儿的读图特点并选择适当的绘本进行指导,探索多样化的教学模式以及设计出适合幼儿发展的绘本教学活动,发挥绘本在促进幼儿的视觉素养、语言表达能力、想象力、创造力、爱的能力等方面发展的重要作用。

第二节　绘本教学的模式

虽然绘本种类日益丰富,但是绘本教学模式的发展却不尽如人意,大部分幼儿园教师,在绘本教学中并不能充分利用绘本的人物角色、人物关系、情绪变化等,仅仅停留在传统教学模式,很难促进幼儿的综合能力发展。本节将提供三种教学模式供教师参考,分别是体验式、探究式和合作式。

一、体验式教学模式

(一) 体验式教学模式的含义

体验式教学认为,体验是学习者成为学习中心的基础。体验式教学模式是一种有别于传统教学模式的新教学模式,在这种教学模式下,幼儿不再被动地从教师的讲述中接受知识,而是幼儿自主自发地投入学习活动中,并在体验中进行观察、感悟、思考、拓展,将其所学知识运用到幼儿的真实生活和学习实际中去。

(二) 体验式教学模式的价值

体验式教学模式能够激发幼儿的好奇心、发挥幼儿的主体作用、丰富幼儿的社会经验,也有助于教师更新教学方法,提升教学水平和效果。

(三) 体验式教学模式的基本策略

为了明晰体验式教学模式的教学步骤,达到理想的教学效果,我们将从以下三个步骤进行绘本教学,即导入环节、导读环节、拓展环节这三个部分,并且将具体阐述每个部分的体验式是如何实施的。

1. 导入环节

从幼儿的身心发展特点来看,3—6岁幼儿的注意力处在由无意注意向有意注意发展的阶段。教师在创设情境的过程中一定要与绘本里的某一件事或某一个人物联系起来,通过创设适宜的情境带动幼儿的情绪,激发幼儿阅读绘本的兴趣。

(1) 核心技巧:情境体验

苏联著名教育家苏霍姆林斯基说:"让学生体验到一种亲身参与掌握知识的情感,乃是唤起少年特有的对知识的兴趣的重要条件。"①这里所说的体验如果放到绘本教学过程中,是指教师要有目的地创设具有一定感情色彩的、以形象为主体的生动情境,帮助幼儿进行情感体验。

(2) 具体方式

① 幼儿情感渲染

在绘本教学中,教师需要关注幼儿情感的渲染,调动幼儿的情绪,来达到理想的教学效果;教师需要准确把握情感,并用丰富的五官表情、抑扬顿挫的声音来准确地表达情绪,将幼儿的情绪带进绘本的情感世界中,使幼儿和教师产生情感共鸣。例如,中班绘本教学案例《猜猜我有多爱你》。

案例 3-1

《猜猜我有多爱你》

步骤一:利用歌曲、图片的形式,进行情感渲染

预备活动开始时师幼互动,幼儿跟随音乐《幸福拍手歌》拍手,感受音乐带来的美好情感,并播放妈妈和幼儿相亲相爱的图片,创设生动的情境,激发幼儿表达爱的欲望。"小朋友,能说说你们爱谁吗?有多爱?"(引导幼儿用"很""非常""最"等形容词来表达自己爱的程度)最后教师进行小结。

步骤二:导入情境故事

说了这么多,我们都想把"有多爱"说清楚,能不能说得更清楚呢?播放各种类型动物间相亲相爱的图片。有一只小兔子和一只大兔子也在讨论这个问题,播放相应的图片进行情境创设。一起来欣赏故事《猜猜我有多爱你》。

案例分析:《猜猜我有多爱你》是经典的绘本阅读,在步骤一中教师通过图片、歌曲为活动的开展创设适宜的情境,促使幼儿在情境中更大胆地表述自己的爱;在师幼互动中,幼儿通过拍手来感受《幸福拍手歌》的愉悦,在此情境下,幼儿感受到热烈真挚的母爱,激发幼儿强烈的表达爱的欲望。

---

① 转引自:邹小丽,范雪贞,王林发.绘本教学策略的探索与实践[M].重庆:西南师范大学出版社,2018:56.

在步骤二中,教师借用图片来呈现各种动物之间有爱的瞬间,为激发幼儿爱的情感表达渲染了良好的情境氛围,加深幼儿对爱的印象,使这种抽象的爱变得更为形象,更易理解;引导幼儿进行正确的情绪表达,在此情此景中,使幼儿理解绘本知识,学会感恩父母。

② 师幼联想,共画情境

创设优美、合适的情境是情境创设式绘本教学赖以开展的手段,同时是它的重要"构件"。没有教学情境的支撑,就难以开展情境创设式绘本教学。① 在想象中画图,在图画中感悟,教师引导幼儿在绘本所赋予的知识中,通过情境的再现,促使幼儿更加深刻地理解绘本内容。例如,小班绘本教学案例《首先有一个苹果》。

案例 3-2

《首先有一个苹果》

步骤一:教师围绕"苹果"提问

教师提问"你们有没有吃过苹果呀?""小朋友们喜不喜欢吃苹果呢?"以此调动幼儿学习的情绪和兴趣。"那么苹果有什么颜色的呢?""是什么形状的呢?圆形?方形?"鼓励幼儿回答。

步骤二:教师画出苹果

引导幼儿想象苹果的样子,并在黑板上根据幼儿的回答,一点点画出苹果的简笔画,包括形状和颜色。那么接下来我们来看一看书中的苹果是什么样子,以及发生在它身边的故事吧!

案例分析:在步骤一中教师与幼儿进行积极的师幼互动,调动幼儿已有的生活经验,促使幼儿进行想象与联想,对实际生活进行回忆,锻炼幼儿的记忆力和逻辑思维能力,训练幼儿对生活的观察能力。

在步骤二中,对幼儿在步骤一中的回答进行肯定,并将幼儿的回答在黑板上进行重现,在幼儿不同的回答中,教师可以画出多个不同颜色和形状的苹果,肯定幼儿的回答,增强幼儿自信心,师幼共同联想、共画情境既可以调动幼儿在课堂上的积极性,同时也可以促使幼儿创新联想的思维,从而促使幼儿更加深刻地理解绘本中所要表达的内容和道理。

---

① 邹小丽,范雪贞,王林发.绘本教学策略的探索与实践[M].重庆:西南师范大学出版社,2018:131.

2. 导读环节

绘本中的图画都具有丰富的意义,此环节要注意调动幼儿的主体能动意识。教师可以通过逐图讲述的方式帮助幼儿充分解析和挖掘绘本里的内容。需要注意的是,这里不是教师逐图直接讲述给幼儿听,而是通过提问的方式一步一步引导幼儿看懂图意,这一过程不但可以发挥幼儿的想象力,还可以锻炼幼儿的语言表达能力。绘本教学中的提问也是有技巧的,首先让幼儿说一说这幅图上有什么,在干什么,教师根据幼儿的回答加以追问,拓展幼儿的思路,训练幼儿的语言表达能力。

(1)核心技巧:引导与感悟

伟大的物理学家爱因斯坦说:"一切关于实际的知识,都是从经验开始,又终结于经验。"因此在绘本教学中,教师应引导幼儿结合经验来理解知识,并且通过实践来验证知识。只有这样,才能帮助幼儿借助绘本所呈现的概念,建构知识意义,引导幼儿结合生活经验,运用已有概念学习绘本中的知识。例如,小班绘本教学案例《爸爸的手影戏》。

案例 3-3

《爸爸的手影戏》

步骤一:倾听故事,感悟故事内容

1. 观看课件,教师完整讲述故事

教师:爸爸也有一双能干的手,咦,爸爸的手会发生什么事呢?我们一起来看一看。

教师:故事的名字叫"爸爸的手影戏"。

2. 边讲边问

(1)小鸡找谁一起种麦子呢?爸爸的手势看起来像哪个小动物呢?(小鸭子)

小鸡找谁浇水呢?爸爸的手势又变了,变成了什么动物呢?(小猪)

小鸡找谁收麦子呢?看影子猜一猜是哪个小动物呢?(小狗)

小鸡找谁磨面粉呢?会是哪个小动物?是谁呀?你猜小兔子会同意吗?它会怎么说?

小鸡找谁做面包呢?是谁呀?(狸)

它们做的面包可真香呀,你们闻到香味了吗?使劲闻下,香喷喷的,面包的香味飘满了整个农场,把所有的小动物都吸引来了。

(2)还记得小鸡第一个遇到的那个动物朋友是谁吗?(会嘎嘎叫的小鸭子),小鸡第二个遇到的是谁呢?(小猫)接着又遇到谁了?(小狗)之后又遇到了谁?(小兔子)最后遇到的是?(狸)小鸡一共遇到了几个动物朋友?(5个)

(3)教师:小鸡想:我到底应不应该和动物朋友们一起分享面包呢?看故事里的小鸡是怎样做的?小动物们在吃什么呢?它们的表情是什么样的?

(4)教师:宝贝们,你们有好吃的东西,会怎么办呢?

(5)故事的名字叫什么?

教师:爸爸的手有趣吗?他会变成什么?

步骤二:结合手指游戏,再次讲述故事,理解故事情节

教师:爸爸两手一握,墙上出现了什么?

——这是一只怎样的小鸡?

——小鸡要种麦子,它请谁帮忙?小鸭子愿意吗?

——勤劳的小鸡撒下种子后找到小猫说了什么?小猫怎么回答的?

——小鸡找小狗做什么?小狗同意了吗?

——小鸡找小兔子磨面,小兔子要做什么?

——谁来帮助小鸡一起做面包?它们做的面包好吃吗?

——小动物们闻到香味都赶来了,小鸡会和它们分享吗?

步骤三:玩手指游戏,体会游戏的快乐

教师:手指真有趣,我们也来和爸爸学一学吧!

教师:手指还能变出什么有趣的造型呢?等会儿我们到太阳底下再去试一试。

案例分析:在步骤一中,结合生活实际,联系身边人物。利用父亲的角色及手影来吸引幼儿兴趣,激发幼儿求知欲。同时边讲边问,不断吸引幼儿有意注意,训练幼儿逻辑思维,在情境中不断激发幼儿的反应力和联想力,感悟故事所带来的角色、人物、线索和引起的结果。在步骤二中,巧用手指,重温故事。教师模拟绘本中爸爸的手势,一边变换手势,一边讲述故事,并且在不断地引导提问下,一个个活灵活现的小影子生动地告诉我们手势如何变成动物。就这样,科学成像的原理、光与影之间的密切关系在画面中一览无余。步骤三,到太阳底下玩手指游戏,则是教师对课堂绘本教学的一个很好的延伸活动。

（2）具体方式

① 联系生活，情感体验

意大利著名幼儿教育家蒙台梭利认为："3—6岁是幼儿感觉形成期，此时若能把握住机会帮助幼儿感官的自然发展，将同时掌握儿童全面性的自我教育。"因此，应该让幼儿处在真实具体的生活情境中，以体验、感悟的方式完成认知的初级积累，是幼儿感官感受和情感共鸣的认知方式。

② 角色体验，实现共情

在角色游戏中，孩子们通过对现实生活的模仿，再现社会中的人际交往，练习社会交往的技能，不知不觉中就提升了人际交往能力。在游戏中，孩子们的行为要与所扮演的角色行为相吻合，要把自己放在角色的位置上。从角色的角度看待问题，必须学会共同拟定和改变游戏活动的计划和规则。为了使角色游戏成功地继续下去，幼儿之间就要合作协商，讨论由谁担任什么角色，使用什么象征性物品及动作；游戏中常常要改变计划，这就需要幼儿之间共同合作，学会从他人角度看问题，更好地解决人与人之间的交往问题，同时能够有效培养孩子的情绪自控能力。例如，中班绘本教学案例《母鸡萝丝去散步》。

 案例 3-4

《母鸡萝丝去散步》

步骤一：引导阅读，想象练说

1. 教师：在一个晴朗的午后，母鸡萝丝要去散步了，我们陪着它一起去，好吗？

2. 教师：它快乐地走着，可在这快乐的背后，却藏着危险。看！（出示有狐狸尾随的完整封面）母鸡萝丝知道背后的危险吗？猜猜它最终被狐狸吃掉了吗？（请幼儿大胆猜想）

3. 萝丝走过院子时，狐狸扑上来啦！猜猜：狐狸抓到母鸡了吗？如果没有，是什么让它逃离了危险呢？引导幼儿观察图中的钉耙，会不会和钉耙有关系呢？狐狸一脚踩到了钉耙，钉耙一个反弹，狠狠地打到了它的脸上。哎！真是虚惊一场！那母鸡萝丝知道身后发生的可笑的事情吗？（不知道）

4. 萝丝继续往前走，绕过池塘，瞧，狐狸这次离它更近了，当时还有哪些小动物在场？（蝴蝶、青蛙、小鸟）把你自己当作它们，想想它们当时会怎么说？（提醒幼儿大胆表达）可是，当时的场景太吓人，它们紧张得一句话也说不出来了。这只可怜的母鸡，这回估计没救了。突然，狐狸脚下一滑，扑通一声，一头栽到池塘里，水花四溅，差点把狐狸淹死。这只倒霉的狐狸啊！没捉到母鸡，倒弄得自己像个落汤鸡。

　　5. 接着，母鸡又到哪些地方散步呢？又经历了哪些惊险的故事呢？我们看着图片一起来说说，出示画面，引导幼儿讲述画面背后的故事。

　　步骤二：重温故事，角色扮演

　　教师：我们再一起来欣赏一下这个故事，邀请两个小朋友来扮演。

　　案例分析：在步骤一中，教师将母鸡萝丝在农场的生活场景进行了重现，将绘本与实际生活相联系，发展幼儿想象、联想的能力。通过情境再现来帮助幼儿回忆母鸡的形象，并设置悬疑，提出问题，同时通过积极的互动，紧紧跟随故事情节，并通过图片方式，创设情境，使幼儿有身临其境的感觉，加强幼儿的体验感，推动幼儿的情绪，训练幼儿的观察力。教师需要运用抑扬顿挫的语调、丰富的面部表情以及丰富的语言，来不停地吸引幼儿的有意注意，促进幼儿的共情发展。在步骤二中，通过角色扮演，模仿狐狸和母鸡的动作，以及补充狐狸的内心独白，让幼儿在表演中体验绘本角色的情感情绪。

3. 拓展环节

　　拓展环节是教学活动的升华部分，在这部分仍要以幼儿为主体，发挥幼儿的主观能动性，在了解绘本大概内容的基础上，充分发挥体验式教学优势。教师要明白体验式教学应体现寓教于乐的原则。体验的主体是幼儿，教师应以饱满的热情全身心地投入活动中，活动应成为具有浓厚艺术氛围且具有道德感化力的创造性活动，幼儿沉醉于此，教师在"欣赏"中促进幼儿情感渲染能力和创造能力的发展。文学接受理论中强调：文本意义必须靠读者通过阅读参与后才能实现文学的核心，从作家作品转移到读者。接受理论对于文本和读者关系的见解，有助于教师在设计文学作品教学时，在幼儿和绘本故事之间建立一种"对话"关系，并且这场对话最终以幼儿对绘本故事意义的深入理解而告终。体验式教学能够使幼儿深刻地理解和把握，体现了文学接受理论。我们要在充分理解绘本的基础上发挥教师的主导作用，体现幼儿的主体意识。在情境中提升幼儿的思维能力，不断完善幼儿思维、促进幼儿全面发展。

（1）核心技巧

① 角色分配，生活拓展

在拓展环节中，要选好角色。只有丰富的生活积累才能使幼儿获得更多的生活体验，教师要时刻注意让幼儿观察生活、品味生活，以达到能够体验生活的目的。曾有这样一个大班教学案例：一位教师在讲《袋鼠宝宝小羊羔》时，其语言平淡无奇、看似难以激起幼儿的学习兴趣，而这位老师把自己在生活中的"父子"或"母子"的情感体验讲给幼儿听，启发幼儿去体会故事绘本中的母爱，那充满人间至爱的母子之情，便从平淡朴实的文字中奔涌而出。有一名幼儿联系自己的生活体验进行朗读，当读到教师进行拓展环节中所说的"其实爱不仅仅表现在一个人的外表上，更在于他们的内心，那一颗爱妈妈，爱宝宝的心"时，幼儿不由自主地流下了泪水。教师见此情景眼圈也湿了，于是让那个幼儿说说自己的感受，幼儿说："这位母亲的爱使我联想到我妈妈无私的奉献，生活中无数个我任性的片段浮现在眼前，是妈妈用她爱的胸怀包容了我，我深深地体会到母爱的伟大。"他的讲述也感染了其他幼儿，使课堂教学得到很好的效果，正是因为教师进行了积极的情感渲染，使得幼儿带入了自己的情感，使幼儿对生活的体验与文中的内容发生了共鸣，所以才能达到这种效果。可见，生活积累对体验式教学的开展是很重要的。例如，大班绘本教学案例《我永远爱你》拓展部分。

 案例 3-5

图 3-1 《我永远爱你》

> **步骤一：角色分配，创设情境**
> 1.（出示图片）请大家分小组合作，选择其中任意的一组图，尝试用"那如果……你还爱我吗？""我永远爱你，不过……"的方式相互对话，注意前后图要对比起来看。
> 2. 小组轮流来进行对话表演。
>
> **步骤二：联系生活，情感升华**
> 故事中谁永远爱谁？是呀，正是这份执着的母爱，这份伟大的母爱，这份血浓于水的母爱，让阿力真真切切地感受到了：世上只有妈妈好，有妈的孩子像块宝！小朋友们，你们的妈妈爱你吗？谁能举一个例子，妈妈是怎么爱你的？（幼儿发言）
> 你们爱自己的妈妈吗？（爱）爱就要大声地说出来，谁想在大家面前表达你对妈妈的爱呢？（幼：妈妈，我永远爱你！）

案例分析：在步骤一中，教师为每个幼儿分配角色，创设相应情境，帮助幼儿理解母爱。在步骤二中，教师让幼儿联系生活，用具体的实例说明妈妈对自己的爱，让抽象的母爱变得具体，最后让幼儿大声地表达爱，加深幼儿对母爱的理解，培养感恩的心。

② 情境表演，恰当设问

苏联教育家维果茨基提出了有关儿童教育发展的最近发展区理论。他认为学生的发展有两种水平：一种是学生现有的发展水平，指独立活动时所能达到的解决问题的水平；另一种是学生可能的发展水平，也就是通过教学所获得的潜力。两者之间的差异就是最近发展区。教学应着眼于学生的最近发展区，为学生提供带有难度的内容，调动学生的积极性，发挥其潜能，超越其最近发展区而达到下一发展阶段的水平，然后在此基础上进行下一个发展区的发展。

这需要教师利用绘本创设情境，同时要找准时机，善于寻找幼儿思维的最佳突破点，适时点拨，点燃幼儿学习的热情和激情。通过营造一个良好的氛围，使得幼儿在良好情绪下理解绘本故事的基本内容。教师要深入细致地分析教学内容，抓住时机设问，教师要准确把握问题在整个绘本故事的作用，时刻记住课程目标，帮助幼儿深刻理解故事内容，同时要看准幼儿的最近发展区，利用维果茨基的"鹰架教学"，使每个问题都变成一个适合本班幼儿学习发展的支架，这个支架的高度，就是在教师帮助下，幼儿可以达到的新的发展高度，这也意味着这个问题要难易适中，时机适宜，只有这样，教师才能帮助幼儿发展到一个新的高度，同时鹰架教学强调，教师需要走在教学前，要有心理预设，不应忘记以幼儿为主体，时刻关注幼儿的反应，不断发现幼儿的最近发展区。这也就是在恰当的情境下，提出问题的魅力。例如，中班绘本教学案例《嘘！保密》。

 **案例 3-6**

图 3-2 《嘘,保密》

步骤一：营造探秘情境

1. 代表国王身份的王冠不见了,到底是谁把它藏起来了？
2. 小组讨论,分享交流。(出示动物的图片,猜想王冠的下落,大胆表达猜测的方位,为学习绘本语言做好铺垫)
① 调皮的动物可能把王冠藏在身体的哪个部位呢？请你来猜猜看！
② 分小组动手贴一贴王冠所藏的方位,相互交流说一说方位。
③ 小组展示,说方位。(引导孩子用"可能在什么动物的什么方位"的句式表述方位)

步骤二：恰当设问,逐步释疑

出示国王寻找王冠的图片,请你来说一说国王在什么动物的什么方位找到王冠？和你猜的一样吗？

案例分析：在步骤一中,教师在绘本情境中营造寻找王冠的紧迫氛围,从而激发幼儿的探秘兴趣。采用小组讨论、分享交流的形式,锻炼幼儿的语言表达能力。在步骤二中,教师图文结合,带领幼儿逐步探秘。

(2) 具体方式

① 角色带入,情感渲染

教师可以在教学中运用角色游戏促进幼儿想象力与思维能力的发展。通过角色游戏更容易将情绪带入情境中,同时教师应注意角色所赋予我们的情绪,需要我们用抑扬顿挫的语气、丰富的面部表情来对幼儿进行情感渲染。通过角色扮演,幼儿运用创造力和想象力反映现实生活,这是幼儿按照自己的意愿进行的一种活动。游戏是具有象征性的,它以假设和想象为条件。在游戏中,幼儿常说:"你假装是爸爸","我假装是老师"。在游戏中,幼儿展开想象的翅膀,在自己创造的世界中遨游。在角色扮演中,幼儿以一物代替另一物。例如把积木当作饼干,把椅子当作车,幼儿当爸爸、当老师、当孩子等。幼儿能脱离真实情境和物体的直接信号刺激进入假设想象的世界,同时又能意识到真实的世界。这标志着幼儿思维发展进入了一个新阶段。角色扮演能培养幼儿友好相处、共同合作的精神。例如,大班绘本教学案例《我要把我的帽子找回来》。

 案例 3-7

《我要把我的帽子找回来》

图 3-3 《我要把我的帽子找回来》

一、熟悉内容,情感渲染

大熊的帽子丢了,问了很多动物,每个动物给出的回答都不一样,它们的语气也不一样,请小朋友根据绘本图片尝试用合适的语气来回答。出示PPT,鼓励多名幼儿尝试扮演不同的角色进行回答,教师提醒幼儿要换位思考,力争表演的语气适当。

二、按角色分组进行扮演

刚才大家都尝试了不同角色,那么你认为自己最适合哪个角色呢?请你们站在这个角色照片的后面,我们要轮流比一比谁最好。

三、游戏讲评

1. 请幼儿自评和互评,评出每个角色谁表演的最好。
2. 教师点评总结幼儿的表现。

案例分析:这个绘本中的角色很多,而且每个角色都不相同,给角色扮演带来一定的挑战,要想扮演好这个角色,就需要认识人物特点,揣摩人物心理。教师引导幼儿换位思考,鼓励幼儿积极尝试,并通过幼儿自评和互评,让幼儿认识到自己的优势和差距,从而更好地进行角色带入的游戏。

② 创设情境,提出问题

在创设情境中,教师首先需要考虑贴近幼儿的生活,要根据幼儿的情况和水平而定;其次要考虑绘本要有视觉美;最后要考虑切合教学内容,不可用过于复杂的情境,避免幼儿难以理解。例如小班和中班教学也不同,对待小班教学应更注重于吸引幼儿兴趣,转移分离焦虑,学习自理能力,拥有群体意识。中班幼儿好奇心强,要善于抓住幼儿的无意注意,将无意注意转换为有意注意,从而促进幼儿的全面发展。与幼儿形成"学习共同体",开展小组讨论,促进幼儿间的学习,促使幼儿内化知识,提高学习能力。例如,大班绘本教学案例《搬过来,搬过去》。

案例 3-8

图 3-4 《搬过来,搬过去》

1. 绘本的前面部分:对长颈鹿来说"不理想"表现在哪儿?

居住问题、睡觉问题、坐下休息问题……

在每个问题出现的时候相继引导幼儿为图画书补白,如:长颈鹿小姐撞到头的时候会说些什么?加深幼儿对"不理想"的认识。

2. 自主阅读中间部分"搬过去"

(1) 鼓励幼儿说出对鳄鱼来说"不理想"表现在哪里。

吃饭问题——门把手问题——上下楼问题——上洗手间问题——晾衣服问题,在此进行"因为……所以……"这个句式的训练,如"因为门把手太高了,所以鳄鱼先生够不着"。

(2) 关注第十五页鳄鱼和长颈鹿的难过。

鼓励幼儿把自己当作主人公,教师用采访的方式引导幼儿说出他们的心里话。"鳄鱼先生你为什么不开心呢?""长颈鹿小姐你住在这里不是很方便吗?怎么也不开心呢?"从而再次感受家人之间的关心和体谅,这里他们的难过不仅仅是抱怨,而是在为对方着想,为对方的不便难过。

3. 听听故事的结尾部分"有新家了"

续编故事。那该怎么办呢?启发幼儿的思维,也激起继续阅读的期待:请你当个小作家,说说他们会怎么解决这个问题呢?看谁能把接下来的故事编得最有创意,最有意思,那他就是咱们班的"故事大王"。

案例分析:教师能够抓住时机进行关键性的提问,并创设情境,邀请幼儿换位思考或当小作家进行续编结尾,这些都能促进幼儿对绘本主题的理解,能够认识到爱和包容。

(四) 体验式教学模式的注意事项

1. 导入环节:情境体验

体验式教学最重要的就是在合理的情境中,让幼儿拥有身临其境的感觉,还需要联系生活实际创设情境。创设的情境要易于幼儿理解,同时还必须与故事情节紧紧相扣。另外,还需教师创设富有直观性和美观性的情境,需要教师具有丰富的情绪来渲染气氛,促使幼儿达到真正的情境体验,推动幼儿的情感。

2. 导读环节:引导与感悟

在情境体验中,我们需要依照故事情节和知识,充分利用故事的人物线索和特点,这需要教师不断丰富自身教学经验,摸清绘本故事中的人物角色特点和线索,实现师幼共情。教师要引导幼儿大胆感悟故事的结果和线索,并且将之运用到生活的经验中去。

3. 拓展环节:角色分配,生活拓展

在完成故事理解的基础上,敢于进行思维拓展,与生活实际相联系,做到真正的学以致用。例如在学习完肯德基案例后,我们就能让幼儿理解职业角色的意义,在拓展环节,不仅要让幼儿理解各个角色在生活中的重要性,还要进行升华,让幼儿学会尊重每个角色、每个职业。在学习各种花朵的案例中也是如此,不仅要让幼儿学习到花朵的特点和种类,还要明白保护植物,保护我们的家园。这也是拓展环节的魅力所在。

二、探究式教学模式

绘本阅读对幼儿的语言表达能力、想象力、逻辑推理能力等都起到至关重要的作用。而探究是激发幼儿创新意识与提高幼儿创新能力的重要因素。因此,若将探究模式贯穿于绘本教学中,那么幼儿会在享受绘本阅读的过程中提高思考的积极性与主动性,从而理解绘本的内容,提高幼儿的阅读能力。

绘本是幼儿必读的书目,但每一个年龄阶段的幼儿所适合的绘本有所差异。比如小班幼儿喜欢读情节明了、图画简单且形象生动的绘本;中班幼儿喜欢背景相对简单,情节略微丰富的绘本;大班幼儿喜欢情节更加丰富且富有创造力,背景多变的绘本。

探究模式偏重于幼儿自己观察与发现,幼儿在教师提供有关阅读内容的主要线索基础上,通过理解、思考、讨论绘本的内在含义,从而发展幼儿表达、想象、创造的能力,培养幼儿乐观和独立的品质,让幼儿在参与讨论中促进同伴之间的交往,促进幼儿的社会性发展。探究模式适合大班幼儿,因为大班幼儿注意力保持的时间要比上一年龄段长,大班幼儿对绘本进行分析和思考的时间也会增加,且观察事物的角度更多,该阶段的幼儿基本具备了探究的要素。我们要以幼儿的身心发展特点为准则,设计相应的操作性较强的探究策略,促进幼儿更有效地学习。因此,在本节中,对探究模式的论述主要以大班幼儿展开分析。

(一)探究式教学模式的含义

探究式教学是指教师在教学过程中,教师通过抛给学生问题和具体的例子调动学生的积极性,让其通过观察、对比、思考、讨论等方法去独立研究,从而自发地发现绘本中的细节并且得出结论的一种方式。探究式教学的主要环节是创设情境、启发思考、自主探究、协作交流、总结提升。探究式教学将教师的主导作用、学生的主体作用有机地结合到一起。

探究模式是"教师以问题为中心,引导学生通过发现问题、提出问题、分析问题和创造性地解决问题而掌握知识,鼓励学生独立钻研,着眼于培养学生的创造性思维和充分发挥学生的主动性的一种教学方法"[1]。从上述论述中可以看出,探究模式是促进幼儿深入理解绘本的重要方式。因此,我们把探究式教学模式定义为:在绘本阅读中,教师以幼儿为主体,发挥幼儿的积极性和主动性,以幼儿已有经验为基础,通过观察、分析、判断、推理等手段和绘本对话,共同建构对绘本的认识和理解,促使幼儿获得自主阅读能力,并成为流畅阅读者的一种绘本教学模式。

(二)探究式教学模式的价值

探究式教学模式有利于幼儿充分理解绘本内容、形成独立思考的习惯、提高幼儿的表达能力、有助于幼儿成为流畅阅读者。

(三)探究式教学模式的基本策略

目前,我们已经明白探究式教学模式对于幼儿学习绘本有着至关重要的作用,那么我们怎样才能将探究式在教学当中合理地运用呢?如何保证探究式教学模式是有效的,而非假大空的模式呢?接下来,笔者将绘本教学分为导入环节、导读环节、拓展环节这三个部分,并且将具体阐述每个部分的探究式教学是如何实施的。

1. 导入环节

从幼儿的身心发展特点来看,大班幼儿注意力保持的时间相比小班幼儿和中班幼儿要长。但是,幼儿仍处在由无意注意向有意注意发展的阶段。为了激发该阶段幼儿的学习兴趣,新颖生动且富有探究意味的导入方式就显得尤为重要了。

(1)核心技巧:设疑

设疑指的是教师提出问题,让幼儿仔细观察画面,暂不作答。此方法充分调动起幼儿的感知觉,从而促使幼儿积极地思考,并且给予幼儿想象的空间,唤起幼儿仔细观察的兴趣。如教学《漏》中,教师导入:"今天老师带来了一本书,这本书的名字叫'漏',书名只有一个字,比较少见。小偷和老虎都怕'漏',那这个'漏'到底是什么呢?"通过这一个问题进行导入,有利于引导幼儿围绕着"漏"大胆想象。此方法不仅能够吸引幼儿的注意力,同时也能激发幼儿对绘本的好奇心,为后面环节做了充分的铺垫。

(2)具体方式

① 封面探究

封面探究是指教师在导入环节时,先向幼儿展示封面,设计一些疑问,引导幼儿仔细观察和理解封面的内容,给幼儿足够的时间引发思考,从而培养幼儿的观察能力,有助于幼儿大体了解绘本中的核心要素。一般从封面中就可以预测故事。比如

---

[1] 邹小丽,范雪贞,王林发.绘本教学策略的探索与实践[M].重庆:西南师范大学出版社,2018:168.

日本著名绘本《活了100万次的猫》,可以从题目入手导入:"这只猫竟然活了100万次,预测它有什么特异功能,它是否会一直活着?"例如,大班绘本教学案例《蛤蟆爷爷的秘诀》导入部分。

 案例 3-9

《蛤蟆爷爷的秘诀》

一、观察封面,引起兴趣

1. 出示故事书,今天,老师给小朋友们带来了一本有意思的故事书,要和小朋友一起来分享,老师把这本书放大了,我们一起来看看这是关于谁的故事?(播放封面)

2. 看看这是谁呀?(蛤蟆)有几只蛤蟆?这两只蛤蟆长得怎么样?哪只是蛤蟆爷爷?为什么?

小结:原来是蛤蟆爷爷和小蛤蟆,这个长得高高大大的,戴着一副可能是老花镜的就是蛤蟆爷爷。小朋友们真厉害!

二、探索题目

1. 今天老师给大家带来的这本绘本的名字叫"蛤蟆爷爷的秘诀"。那现在老师想问小朋友们一个问题,"秘诀"是什么意思呢?

2. 小结:秘诀就是解决问题和麻烦的好办法、小窍门。

3. 过渡:那蛤蟆爷爷有什么秘诀呢?我们一起来听故事。

《蛤蟆爷爷的秘诀》绘本分享

案例分析:教学案例《蛤蟆爷爷的秘诀》中的导入方式是封面探究的典型案例。教师通过设疑,引发幼儿自主观察。教师根据该绘本的特点来设疑,通过引导幼儿仔细观察小动物的数量、形象、外表特征,层层递进地让幼儿发现画面中的更多信息。幼儿发现画面中有两只蛤蟆。其中,幼儿还能观察到:带着老花镜的是蛤蟆爷爷,而个头儿小的是孙子小蛤蟆。幼儿将封面中的动物和现实经验相联系,从而得出结论。在这一过程中,幼儿实现了自主思考与经验的迁移。此环节幼儿对画面中的内容进行发现、分析与总结。

接着教师引导幼儿思考并说出"秘诀"的含义,从而引出绘本的中心内容,为接下来的教学做了良好准备。

② 设置悬念

设置悬念是导入环节常用的方式之一。"学起于思,思源于疑。"疑惑能够产生认知冲动,引发幼儿求知欲,进而激发幼儿的探索兴趣。教师围绕幼儿感兴趣的点设疑,激起幼儿的探索欲望,让幼儿充分思考,从而使教学效果达到最佳。例如,大班绘本教学案例《喜欢钟表的国王》导入部分。

 案例 3-10

> **《喜欢钟表的国王》**
>
> 一、认识钟表
>
> 1. 教师出示一个圆,提问幼儿:像什么?(幼儿回答问题时,重点关注幼儿思维的流畅性和变通性。)
>
> 2. 教师提问:如果把圆变成钟表还需要添加什么?有哪些数字?数字排列有规律吗?长针叫什么?短针叫什么?
>
> 3. 认知各种名称的钟表:台钟、落地钟等。
>
> 出示各种钟表的PPT:人们很聪明,为了方便看时间,还设计了可以摆放在各个地方的钟表。引导幼儿逐一认识台钟、落地钟等,鼓励幼儿大胆交流,激发对钟表的兴趣。
>
> 二、欣赏故事
>
> 1. 交代故事名称
>
> 教师:你们喜欢钟表,有一个人也非常喜欢钟表,看看,他是谁?(引出故事名称:喜欢钟表的国王)
>
> 教师:你从哪里看出他是国王?(引导幼儿仔细观察人物的穿着、打扮)
>
> 教师利用PPT讲故事,幼儿欣赏。在"国王就下令把全国所有的钟表都送到他的皇宫里"时,插问:人们没有了钟表,你觉得接下来会发生什么事?
>
> 2. 幼儿分析讨论,感受故事情境,理解故事内容。

案例分析:绘本《喜欢钟表的国王》的导入环节就是采用设置悬念的方式。教师首先引导幼儿认识了圆和钟表。教师让幼儿联系生活实际来认识圆,通过提问让幼儿思考钟表的要素。其次,教师给幼儿介绍了一位喜欢钟表的人物,让幼儿猜测此人物是谁。此过程激发幼儿进行仔细观察从而得出结论。最后,教师说出一定的故事情节之后停止讲述,让幼儿进行猜想,此种设置悬念的方式,能够引起幼儿阅读兴趣,从而让幼儿迅速进入思考状态。

2. 导读环节

该环节主要目标是让幼儿学会理解绘本中的图片和文字信息。教师应注重幼儿自主阅读,通过设置一系列富有探究意义的提问来引导幼儿自发认识绘本内容。

(1) 核心技巧:提问—互动

有效提问是引发幼儿思考的前提,赋予探索意义的提问能够让幼儿激发强烈的求知欲。同时,教师要设置环环相扣的问题指导幼儿,从而让幼儿理解绘本的内容。互动是指在绘本教学中,实现幼幼互动、师幼互动,互动有助于为幼儿提供充分的时间去发现、去讨论,使幼儿不断深入学习。在导读环节中,提问和互动是密切联系的。提问是互动的基础,互动是提问的保障。有效的提问能够促使幼儿积极交流,只有热火朝天的讨论才能为教师进一步进行提问奠定基础。例如,大班绘本教学案例《蛤蟆爷爷的秘诀》导读环节。

 案例 3-11

《蛤蟆爷爷的秘诀》

一、遭遇大蛇——秘诀一:勇敢

1. 播放课件,教师讲述故事第一段

提问:

(1) 你们觉得蛤蟆爷爷害怕了吗?你是怎么看出来的?

(2) 他为什么不害怕?他会怎么表现自己的勇敢呢?

小结:你们都觉得蛤蟆爷爷不会害怕,因为你们知道蛤蟆爷爷的第一条秘诀是勇敢,那我们一起来看一看,他是不是和你们说的一样。

2. 教师继续讲述故事

提问:

(1) 蛤蟆爷爷是怎么做的?我们一起来学一学。

小结:蛤蟆爷爷真勇敢,他用自己的动作,自己的话,吓走了大蛇。继续讲述(这时候,小蛤蟆从草丛里跑了出来……)

(2) 你们觉得蛤蟆爷爷勇敢吗?什么是勇敢?

小结:其实有些危险的事情,你只要勇敢地、不害怕地去面对它,那这个危险的事情就会变得小一点、少一点,蛤蟆爷爷就是这样勇敢地面对大蛇的。

二、遭遇鳄鱼——秘诀二：机智

过渡：蛤蟆爷爷刚把大蛇赶走，正要跟小蛤蟆说说对付敌人的第二个秘诀时，草丛里又出现了一个可怕的脑袋，它是谁？（个别幼儿猜测）这个时候蛤蟆爷爷和小蛤蟆发现它了吗？

1. 教师继续讲述

提问：你知道什么是机智吗？

小结：其实啊，机智就是聪明、灵活，遇到事情和问题的时候会动脑筋，想办法，这就是机智。

2. 教师继续讲述

提问：

（1）小蛤蟆听到了鳄鱼的话是怎么做的？那爷爷害怕了吗？

（2）小朋友们猜猜蛤蟆爷爷又会怎么对付这只鳄鱼呢？

过渡：小朋友们刚刚想出了许多机智的办法，那我们一起来看看蛤蟆爷爷是怎么做的吧！

3. 教师继续讲述

提问：

（1）鳄鱼去追谁了？那蛤蟆爷爷和小蛤蟆就怎么样了？（脱险了）

（2）你们觉得蛤蟆爷爷这个办法怎么样？

小结：蛤蟆爷爷在遇到危险的时候，不仅勇敢，还会想出机智的办法让自己得救。

（3）这个时候，鳄鱼走了，小蛤蟆会怎么样？小蛤蟆会跳出来对爷爷说什么呢？

（4）我们来学学小蛤蟆是怎么表扬蛤蟆爷爷的。

三、遭遇怪兽——秘诀三：朋友

1. 教师讲述故事

提问：

（1）这时出现了什么？（尾巴、爪子）

（2）可能会是谁？会是比刚才那个鳄鱼更大的动物吗？

过渡:哇!原来这是一头巨大无比的怪兽!

(3)这次小蛤蟆是怎么做的?

(4)你们觉得蛤蟆爷爷害怕了吗?你是怎么看出来的?他嘴巴张大了会怎么样?

2.这次,蛤蟆爷爷他也害怕了,这个怪兽太厉害了,一下子就抓住了蛤蟆爷爷,他要把蛤蟆爷爷当成汉堡吃了,逃到草丛边的小蛤蟆也害怕极了,全身发抖,那他会去救自己的爷爷吗?

过渡:看来你们都希望小蛤蟆能学会勇敢。那你觉得小蛤蟆会怎么做呢?他会想什么办法救自己的爷爷呢?

3.出示图12、13、14,幼儿观察图片

提问:

(1)小蛤蟆是怎么做的?

(2)小蛤蟆对怪兽说了什么呢,居然让怪兽那么害怕?

4.教师讲述故事,揭示答案

过渡:蛤蟆爷爷终于得救了,蛤蟆爷爷说我还有第三条秘诀呢,我们一起来听一听。(播放录音)

5.提问

(1)蛤蟆爷爷的第三个秘诀是什么?(朋友、爱心)

(2)小蛤蟆用了蛤蟆爷爷的秘诀了吗?是什么秘诀?(勇敢、机智)

小结:原来蛤蟆爷爷的第三个秘诀就是在最危险的时候,有一个靠得住的朋友。而这次蛤蟆爷爷的朋友就是小蛤蟆,他用自己的勇敢、机智、爱心救了蛤蟆爷爷。经过这些事,小蛤蟆长大了,它从一开始遇见危险就逃跑,到最后用自己的勇敢、机智、爱心救了蛤蟆爷爷,他知道面对困难和危险最好的办法不是逃跑,而是要勇敢、机智地面对。

案件分析:在教学《蛤蟆爷爷的秘诀》时,导读环节的具体方式主要以师幼共读为主。教师将绘本分为三个部分,分别为:勇敢、机智和朋友。蛤蟆爷爷的这三个秘诀就像一条线,带领着孩子们走向积极的探寻之路。每一部分都蕴含了提问和互动的核心理念。

教师设计了一系列开放性的问题。比如说"你是怎么看出来的?""蛤蟆爷爷是怎么做的?""小朋友们猜猜蛤蟆爷爷又会怎么对付这只鳄鱼呢?""可能会是谁?"等问题。这类开放性问题没有明确的答案,幼儿可以展开丰富的想象去大胆地说出自

己的想法,充分体现了以幼儿为本的教学理念。幼儿带着问题观察绘本、搜索绘本的有用信息,同时,也开拓了幼儿的创新能力,让幼儿在潜移默化中形成自主思考的好习惯。

教师设置的问题也符合幼儿的身心发展特点,提问方式生动有趣。比如"鳄鱼去追谁了?""你们觉得蛤蟆爷爷害怕了吗?你是怎么看出来的?"等等。这类问题难度适中,幼儿能够听懂教师问题的隐藏含义。同时,提出的问题都紧紧围绕绘本故事中的主人公,每到故事高潮时教师会提出疑问引发幼儿思考,从而让整个导读环节热火朝天。

教师设置有效问题是良好互动的基础。教师提出问题之后,幼儿会自己思考,也会和同伴、老师进行讨论,形成良好的互动。另外,好的互动又能为教师继续提问做保障。幼儿通过互动进行深入思考之后,教师又提出新一轮的问题,促使幼儿踊跃回答问题,激发幼儿思考,从而加速幼儿对绘本内容的学习。

(2) 具体方式

① 师幼共读

师幼共读是绘本教学导读环节运用普遍的一种教学方式。在探究式教学模式当中,教师以师幼共读为基础,教学是一种师生相互交流的行为。在师幼共读中,教师和幼儿要共同协作,共同交流探讨,以提问—互动为核心理念,在师生交流的过程中激发幼儿探究绘本内容的热情。

② 幼儿自主阅读

幼儿自主阅读是指在绘本教学中教师设置问题情境,引导幼儿独立阅读绘本。教师大胆放手,幼儿自己去感悟绘本的内容。即教师给予幼儿足够的时间和机会让幼儿进行自主观察、自主讨论。自主观察是幼儿自主阅读的重要步骤,有利于激发幼儿的求知欲。自主讨论即围绕着幼儿感兴趣的问题用语言进行交流,同伴之间互相分享观点。此过程激发幼儿探究的欲望,同时也能促进幼儿阅读能力的提升。

大班幼儿喜欢情节更加丰富且富有创造力、背景多变的绘本。因此,若整个导读过程皆以幼儿自主阅读为主,靠幼儿独自理解情节较为复杂的绘本,那么对幼儿来说难度是较大的。因此,自主阅读一般要结合师幼共读来进行。例如,大班绘本教学案例《婷卡》导读部分。

 **案例 3-12**

《婷卡》

一、师幼共读绘本前半部分，体会角色的心理活动

1. 阅读画面一

教师：婷卡在哪里？她长得怎样？

教师：是呀，只有一个纸杯蛋糕那么大，真小啊！

教师：羊的身上长着什么呀？羊毛纺成线以后，可以做成什么呢？（羊毛衫、羊毛毯、羊毛围巾、羊毛手套、羊绒衫……）

2. 阅读画面二

教师：看看，这些毛线团，哪个是婷卡的，为什么？

教师：这样一个小小的毛线团能做成什么呢？

只够给小老鼠织件小背心，或者给鸡蛋宝宝做件小外套。（点击课件画面）

3. 阅读画面三

教师：为什么别的羊不让她一起睡呢？真的是怕压着她吗？

教师：婷卡在农场里受欢迎吗？为什么呢？

教师：这里有一些心情图，可以用哪张图片来表示婷卡现在的心情？谁来选一下？（个别幼儿操作）

4. 阅读画面四

教师：谁来说说，如果有人伤心你会怎么做呢？那么小乌鸦是怎样逗婷卡开心的？

教师：如果你是婷卡，有一个像小乌鸦这样的朋友，你的心里会觉得怎么样呢？

这次谁来为婷卡选个心情图呢？

教师：这儿呀，还有太阳和雪花的图片，你们觉得哪个图片可以用来表示小乌鸦对婷卡的态度？（太阳）为什么？

教师：那这个雪花图片，表示谁对婷卡的态度呢？为什么？

5. 阅读画面五

教师：猜猜，山坡上像紫色蜘蛛一样的东西可能会是什么呢？

教师：为什么羊儿们看到它就会兴高采烈呢？兴高采烈是什么意思呀？

教师：婷卡非常想知道紫色蜘蛛是什么样的，可别的羊是怎么回答她的？谁来学一学，态度怎么样？谁来选一个图片表示？

教师：唉，面对羊儿们冷冰冰的态度，婷卡的心情糟透了，谁来给婷卡放上合适的心情图？

二、幼儿自主阅读绘本后半部分，寻找"紫色大蜘蛛"的答案

1. 提出自主阅读要求

教师：虽然，羊儿们不愿意告诉婷卡紫色蜘蛛是什么样的，但是，婷卡真的很想去那里看一看，这是她最大的愿望。你们能不能帮她想想办法呢？请自己阅读绘本。

2. 幼儿自主阅读

3. 自主阅读后交流讨论

教师：谁来说说，那片紫颜色的东西到底是什么呢？我们一起走近一点看看，原来是成千上万朵非常漂亮的紫色的花朵呀。

教师：婷卡的愿望实现了吗？她用了什么好方法？谁来告诉大家？

4. 阅读画面六

教师：婷卡成功了吗？那她现在的心情，用哪个图片来表示最合适呢？小乌鸦的热情帮助，用哪个图片合适呢？谁来选一选？

教师：猜猜，别的羊知道婷卡实现了愿望，它们会怎么说怎么做呢？它们对婷卡冷冰冰的态度，会不会改变了呢？为什么呢？

5. 阅读画面七

教师：羊儿们的态度改变了吗？现在变得怎样？可以用哪个图片表示？羊儿们的态度从开始的冷冰冰到最后也变得热情友好了。

三、完整欣赏

现在，让我们一起来完整地读一读这本绘本吧！

案例分析：教师在教学《婷卡》时采用了师幼共读和自主阅读两种方式。教师在教学时采用了分段式阅读。分段式阅读是将一篇完整的绘本内容分为几个部分逐步进行。在《婷卡》中，教师将绘本分成两部分进行。

第一部分教师采用的是师幼共读的方式。教师设计出一系列递进式的问题引导幼儿思考，开拓了幼儿的思维能力。"这样一个小小的毛线团能做成什么呢""如果有人伤心你会怎么做呢"等具有启发式的问题会让幼儿充分调动自己的头脑去分

析问题,在思考的过程中幼儿将绘本故事情节与日常生活相联系,与自身情绪相联系达到共情。教师持续向幼儿提出适当的新问题,引领幼儿扩展思维广度,从而让幼儿理解绘本故事主人公婷卡遇到的事情,感受到婷卡情绪的转变。

第二部分教师采用的是自主阅读的方式。教师为了培养幼儿自主阅读的好习惯,提出问题让幼儿自己在绘本当中寻找答案,幼儿带着问题进行第二部分的阅读。引导幼儿自主阅读能够激发幼儿的探索兴趣,幼儿会围绕着教师的问题边思考边阅读,幼儿经历了发现问题、分析问题从而解决问题的过程,在观察分析中得出结论。自主阅读之后,幼儿自主进行讨论,迫不及待地将自己得出的观点与老师同学分享,幼幼、师幼互动的方式加深了幼儿对故事的理解。同时也提高了幼儿的语言组织能力,让幼儿乐于表现自己。从该教学中可以发现,幼儿自主阅读也离不开教师的引导,教师需要认真观察幼儿的表现,并且给予幼儿积极的反馈与评价。

3. 拓展环节

拓展部分是在导读环节之后进行的以加深幼儿对绘本故事核心意蕴的理解为目的的环节。有些教师仅仅关注绘本教学的导读环节,认为将绘本讲完,这次活动就结束了。然而,导读环节的作用是教师引导幼儿通过自主阅读、师幼共读来让幼儿了解绘本基本的故事情节,此环节幼儿达到的目标只是基本理解,而非深层次的领悟。若想让幼儿对绘本故事进行深入理解,并且加深幼儿对该绘本蕴含深意的感受,则拓展环节是教师必须去实施的部分。

探究式教学模式下,教师在拓展环节中可以采取的组织方式多样,比如续编故事、创编故事、角色扮演等,教师可以根据绘本故事的特点来进行选择。其主要作用在于帮助幼儿进一步巩固绘本故事中的核心理念,从而体现绘本教学独有的教育价值。

(1) 核心技巧

① 探究

在拓展环节中,教师教学要跳出绘本,设置故事以外的问题,在幼儿理解了绘本的故事之后,帮助幼儿联系生活实际去体会绘本的核心价值。

在探究式教学模式之下,教师要注重在活动中体现探究性,注意培养幼儿的探究能力。教师引导幼儿通过探究来获取经验是目前较为创新的方式。探究体现了教师尊重幼儿的主体性,调动了幼儿在学习中的积极性。教师在充分理解幼儿探究能力的基础上,设置一定的探究情境,引导幼儿直接参与探究,通过观察、分析和反思,让幼儿学会探究的方法,为培养幼儿的探究意识和探究能力奠定基础。

② 想象、操作

想象是指教师要在此阶段中通过语言、模仿、想象、游戏和符号绘画等方式来发展幼儿表征图式的能力。

操作是指教师设计探究情境,布置一些动作任务,让幼儿通过动手操作,在绘本故事中获得知识且进一步巩固与加强的行为。因此,教师需要抓住教育契机,通过引导幼儿动手操作,来促进幼儿大胆想象与创新,从而使幼儿掌握相关经验。

在探究式教学模式中的拓展环节,探究和操作对于幼儿来说是极其重要的。教师首先要找到幼儿感兴趣的点精心设计教学。教师设置了幼儿感兴趣的探究情境,幼儿就会不自觉地沉浸在此情境中并通过思考去发现问题、分析问题,通过动手操作或与同伴合作总结问题,从而创造性地解决问题。在拓展环节中,探究是前提,只有激发了幼儿的探究欲望才能事半功倍;想象与操作是方法,只有幼儿大胆去想、去做、去创造,幼儿才能真正地感受到探究给自身带来的愉快的情感体验。因此,探究是操作的必要前提,操作是获得探究的基本保障。比如许多教师在绘本教学的拓展部分会让幼儿做美工,有助于让幼儿在动手操作中体会绘本要表达的核心观念。例如,大班绘本教学案例《彩虹色的花》拓展环节。

案例 3-13

《彩虹色的花》

一、设置探索情境

教师:彩虹色的花把它漂亮的花瓣一片片地赠给别人,同时也分享着这些小伙伴的快乐。那么,小朋友们想不想制作一朵你心中的彩虹色的花呢?

二、引导幼儿认识材料

(一)认识各种美工材料,探索不同的制作技能

《彩虹色的花》绘本分享

① 出示各种纸、油画棒、水粉、豆子、瓜子壳等材料,让幼儿了解并说说自己所看到的事物。

② 讨论:怎样使这些材料变成彩虹色的花呢?

③ 师幼一起小结各种材料的使用方法。

(二)幼儿分组活动,教师巡回指导

① 材料分类,幼儿自由选择材料进行制作。

② 教师仔细观察,给需要帮助的小朋友辅导。

三、教师及时点评

及时对每个幼儿的作品进行点评,将每个幼儿的作品都贴到墙上,并鼓励幼儿之间互相交流,大方介绍自己的作品及制作过程,并引导幼儿解释作品的含义。

案例分析:在教学《彩虹色的花》时,教师先对绘本进行了小结,之后教师设计了探索情境,以彩虹色的花为切入点,引导幼儿动手去制作花朵。此过程激发了幼儿学习的主动性和动手操作的积极性。制作花朵的前提是幼儿必须了解制作彩虹色的花的材料,幼儿需要对每一个材料进行观察,分析哪些材料可以制作花朵。教师简单介绍了花的材料之后,鼓励幼儿说出如何将这些材料制作成花,此过程极大地促进了幼儿的大胆创新。每个幼儿的想法各异,使得整个讨论过程达到高潮。讨论过后,幼儿动手操作。幼儿通过观察分析来确定自己制作花朵所需的材料,进而成功地制作出花朵。此环节有助于幼儿充分发挥自身的探究意识,主动地去发现问题、分析问题从而解决问题。教师也对幼儿的作品及时进行评价,有利于保护幼儿的创新能力。

教师教学《彩虹色的花》时,设计了绘本与手工结合的课程。此种新颖的方式激发了幼儿探索的欲望。整个过程体现了以幼儿为主,幼儿真正做到了探究,充分发挥了幼儿的想象力。教师在此过程中始终处于引导地位,带领幼儿想出制作花朵的办法,鼓励幼儿大胆想象,让幼儿真正地体会到了实际操作的快乐。

(2) 具体方式

① 续编故事

有的绘本故事结尾是较为开放的,留给幼儿许多想象的空间,教师应该鼓励幼儿续编故事,引导幼儿借助对绘本画面的观察或对已知内容的了解,对其情节发展进行大胆想象,并用语言或绘画的方式表达出来。例如,大班绘本教学案例《胆小鬼威利》拓展部分。

案例 3-14

《胆小鬼威利》

一、出示图片,理解故事前半部分

1. 介绍人物,猜想情节

师:今天老师想给小朋友介绍一个朋友,他是一只猴子,名字叫作威利。看,他在干什么?(举重图)

提问:你发现了什么?(由小变大,由弱变强,表情)

教师讲述:他开始举重,几个星期过去了,几个月过去了,渐渐地,威利变得强壮……更强壮……非常强壮!

提问:他为什么想让自己变得强壮?

幼儿猜一猜,说一说。

2. 讲述故事前半部分,挖掘多种内涵

提问:你喜欢威利吗?为什么?(善良,温和,从好的一面进行引导)

发生了什么事情后,威利想要变得强大?(被欺负,从负面引导)

他的愿望实现了吗?他是怎么做的?(回忆故事,感受行动的毅力)

二、发挥想象,续编故事后半部分

1. 引导幼儿续编多种故事结尾

提问:接下来,会发生什么事情?

根据幼儿叙述的结尾,教师简单记录在不同的纸上。

2. 分组讨论(按记录分组,规定人数,将记录纸放在不同的桌子上)

师:这里有几个不同的故事结尾,我们分成五组,每组五个人,请你挑选一个,把故事讲完整,我们的故事从"威利变得很强壮……"开始,行动吧!

幼儿分组交流,教师巡视倾听。

3. 个别讲述

谁想来试一试?

根据孩子的讲述,教师进行归纳梳理。

案例分析:该教案是幼儿对绘本进行续编的一个典型案例。绘本《胆小鬼威利》的结局较为开放,为教师组织幼儿续编绘本内容提供了便利。幼儿理解绘本故事是续编故事的前提,幼儿学习了绘本《胆小鬼威利》,对故事中主人公威利由小变大、由弱变强的改变有较为全面的了解。随后,幼儿在教师给定的探究性情境下进行创编,猜测威利之后会发生什么事情。教师在组织幼儿续编故事时,可采取多种方式,使得该环节更为丰富,提升幼儿参与续编的积极性。在该案例中,教师先抛出问题引导幼儿大胆想象,小组成员不断交流,对故事进行扩充,同伴间相互分享观点,使该故事得到进一步完善,最后教师组织幼儿个别讲述,幼儿能够大胆、连贯、完整、生动、形象地表达自己的想法,此过程促进了幼儿的口语表达能力,同时培养了幼儿乐于分享自己想法的好习惯。

② 创造作品

在拓展环节中,教师可以引导幼儿创造作品来达到理解绘本故事的目的。创造作品的形式要多样,比如画画、手工等等,幼儿在创造作品时体现了幼儿的自主学习和探索,实现了绘本教育的活动性和操作性。教师可以围绕绘本表达的主旨引导幼儿进行创作。例如,大班绘本教学案例《冬天里的弗洛格》拓展环节。

 案例 3-15

《冬天里的弗洛格》

一、设置探索情境

教师:弗洛格的朋友帮助他度过了寒冷的冬天,他是被大家关心的。那小朋友们你们在生活中有帮助过别人或是有谁关心、帮助过你的经历吗?谁愿意聊一聊自己的故事?被别人关心你有什么感觉?关心别人呢?

教师:被别人关心感觉很温暖、很幸福,关心别人很快乐,朋友之间就应该互相关爱、互相帮助,就像弗洛格的朋友一样。

二、创造作品

教师:前段时间,我们班的小妮妮生病了,大家都很关心她,可是她还不知道我们有多关心她,有多爱她。现在我们来进行爱的传递,把我们大家的爱一起传递给她,好吗?(爱的抱抱)现在,小朋友们可以画一幅画,来表达我们对小妮妮的思念。(引导幼儿通过绘画来创作)

三、教师评价与总结

1. 教师对作品进行评价。

2. 教师总结。

师:让我们在以后的日子里,把爱传递给更多需要帮助的人,好吗?

案例分析：在教学《冬天里的弗洛格》中，教师首先对绘本故事进行简单的小结。接着设置了探究的情境，先是将故事情节延伸到了要关心和帮助他人上，幼儿在给同伴分享发生在自己身上的事情的过程中逐渐强化了对绘本故事主旨的理解。然后教师联系幼儿的生活实际，引出班里的小朋友，由于小妮妮生病了，不能来上学，这时候她需要小朋友们的关心和支持，进一步强化绘本要表达的核心价值。教师以小妮妮生病为教育契机，引导幼儿用自己的方式去关心他人。幼儿理解了绘本故事所蕴含的深层次的内容，有助于激发幼儿对妮妮表达关心的欲望。幼儿通过画画将自己对同伴的关心体现到画笔上，使得整个绘本教学活动更加完善和全面。

（四）探究式教学模式的注意事项

1. 导入环节：精心设疑

设疑在很大程度上决定了幼儿能否积极地参与到绘本教学当中。在绘本教学中，教师设计适当的疑问能激发幼儿对绘本的兴趣。教师要仔细观察封面，找到封面中关键的信息来引导幼儿思考，而非引导幼儿寻找一些无关痛痒或者对于绘本教学来说无用的信息。与此同时，教师要抓住幼儿喜欢的点，勾住幼儿的兴趣从而促进幼儿主动地学习。

2. 导读环节：巧设提问

探究式教学模式的核心在于教师要懂提问且善于提问，合理的提问能够引导幼儿积极思考，培养幼儿的想象力和创新能力，从而真正理解绘本的核心价值。那么，教师在提问时应该注意哪些问题呢？怎么才能保证教师的提问是有效且可操作性强的呢？

首先，提问要具有启发性，不能停留在表面。即教师的每个问题都应是有价值的，而非简单的问答式的提问。教师注意尽量不要提问封闭式的问题，比如"小动物开心不开心"等，此类问题不利于幼儿开阔思维。教师设计的问题要以绘本为主线，不问无关问题。

其次，提问要符合幼儿年龄特点。教师要注意问题的难度不能过低，即层次偏低，提问难度过低不利于幼儿积极动脑；问题的难度也不能过高，高难度的问题幼儿难以理解，会使幼儿丧失学习绘本的兴趣。教师要遵循最近发展区理论，提出难易适中的问题，使得幼儿"跳一跳，够得到"，从而激发幼儿探究的主动性。

最后，提问要激发幼儿的主动性。教师提问的目的是引导幼儿主动学习，主动思考。若教师"包揽大权、自问自答"则难以激发幼儿的兴趣。因此，教师设置问题要有趣，要设置一些有悬念的问题来激发幼儿的好奇心。除此之外，教师还应注意要给予幼儿充分表达自己的机会，将话语权转给幼儿，引导幼儿乐于表达。

3. 拓展环节：敢于放手

在拓展环节教师要敢于放手，给幼儿想象和操作的空间。目前不乏教师由于怕麻烦不给幼儿探究机会的现象，绘本教学也仅仅局限于讲述。此做法难以激发幼儿的探究欲望，并且幼儿对绘本的理解也只浮于表层。还有教师认为幼儿可能难以达到探究的水平而迟迟不敢放手，此做法则阻碍了幼儿创新能力的发展。

教师应该利用一切可以激发幼儿探究的方法来进行教学。教师要联系绘本本身，结合幼儿的生活经验，创设探究情境，从而激发幼儿主动研究。教师要积极引导幼儿进行大胆想象和创编。

在这里要注意的是，教师应尊重每一个幼儿的想法，尊重每一个幼儿的作品，尊重每一个幼儿智慧的结晶。幼儿在完成创作后，教师要给予及时的评价，可以将幼儿的作品都贴到墙上，以此来进一步培养幼儿探究的好习惯。

三、合作式教学模式

（一）合作式教学模式的含义

苏联教育家维果茨基的最近发展区理论强调了与他人的合作和交流对于儿童认知发展水平的影响。他认为在同伴、教师、亲人等帮助下，儿童的潜在发展水平与儿童独立解决问题的实际发展水平之间存在一个区域，即最近发展区。由于幼儿的认知水平不同，对于绘本的理解程度深浅不一，因此在进行绘本教学的过程中，他人的参与和互动对幼儿起到了至关重要的作用。

合作式教学模式是指在绘本教学过程中，教师和幼儿以及幼儿和幼儿之间相互合作，共同参与教学活动，通过共同阅读和讨论来达到学习的目的。通过合作式教学，教师、家长、专家对幼儿起到一定的辅助作用，力求把复杂的概念变得简单，将枯燥的知识变得有趣，激发幼儿的阅读兴趣。同时，随着教育技术的革新和幼儿出版业的蓬勃发展，幼儿绘本的形式也越来越新颖。除了内容上更加丰富，在绘本形式上也是多种多样。比如立体绘本，主要是通过裁剪、拼接等形式来展示绘本故事内容的变化。有的绘本设置了各种"关卡"，需要教师和同伴之间开展合作来帮助幼儿顺利完成阅读。

（二）合作式教学模式的价值

合作式教学模式的价值可以从幼儿和幼儿教师两方面来说。首先，在幼儿方面，合作式教学模式有助于培养幼儿团队合作意识，提高幼儿的语言表达能力、社会交往能力、动手能力和认知能力；其次，在教师方面，合作式教学模式有助于提高教师指导技巧和优化活动效果。

（三）合作式教学模式的基本策略

通过合作式教学模式，教师力求把复杂问题简单化，给幼儿提供支架，因此为了更好地发挥合作式教学模式的优点,我们分享以下几点具体的操作策略。

1. 导入环节

在导入环节,合作式的教学方法能够很好地帮助幼儿对所阅读的绘本有一个先入为主的体验。很多教师在导入环节缺乏经验,会导致幼儿对所学绘本的阅读兴趣降低。在进行合作式教学时,教师在绘本导入环节要充分发挥指导与合作的魅力。

(1)核心技巧

① 多方合作,激发兴趣

在合作式教学模式中,通过师幼、亲子、同伴的合作,能够充分调动幼儿的阅读兴趣。著名幼教专家陈鹤琴曾说:"幼儿教育是一种很复杂的事情,不是家庭一方面可以单独胜任的,也不是幼儿园一方面可以单独胜任的,必定要两个方面共同合作才能得到充分的功效。"一席话语,告诫我们幼儿园和家庭二者只有同向、同步形成教育合力,才能有效地促进幼儿的发展。比如在绘本导入环节,教师可以预先和家长沟通,发挥家园共育的优势。让孩子在没有正式阅读之前,在家长的引导下先接触相关的内容。例如,小班绘本教学案例《这是谁的花》导入部分。

 案例 3-16

《这是谁的花》

绘本《这是谁的花》以一个寻找、求证的故事线索展开。故事设定为:春天,小种子豆豆在植物园里冬眠醒来。一朵不知名的花飘到她面前,考虑到丢花主人的急切心情以及在好奇心的驱使下,豆豆决定要找到花的主人。在蒲公英姐姐陪伴下,豆豆走过小河、农田、果园……每遇见不同的花朵,都会上前询问并将手中的花与她们做比较。这一路上,豆豆结识了很多新朋友,学到了许多与花朵相关的有趣知识。

一、激发幼儿兴趣

(1)优美欢快的背景音乐。

(2)美丽花园的课件。

(3)绘本教学之前请家长带幼儿欣赏春天的花,帮助幼儿获得直观经验。

……

案例分析:在这个案例中我们可以看到,教师为了让幼儿拥有丰富的感官体验,充分发挥了家庭的引导作用,在课堂导入之前先让家长带领小朋友欣赏春天的花,在幼儿园进行相关课程活动时,能够充分调动幼儿的积极性。这种合作方式既能够加强亲子之间的温情,又能帮助教师在一定程度上减轻课堂难度。又如,大班绘本教学案例《可回收利用的垃圾》导入部分。

 案例 3-17

《可回收利用的垃圾》

经验准备:请幼儿进行口头小调查:我家的垃圾怎么处理?

材料准备:记录表。

一、导入活动

教师请幼儿说说他们的调查结果,然后将他们的叙述记录下来,填入记录表中。

……

案例分析:这是一本以环保为主题的绘本,绘本中涉及的经验是幼儿所熟悉的废品回收利用,这个绘本在阅读的过程中有两个难点和重点。第一是对幼儿已有零散经验的整合和扩展;第二是写作方法,包括先总后分的方法和图文相互辅助说明的写法,是该绘本阅读和拓展教学中的重点。在导入环节,教师事先让幼儿进行了一定的准备,设计了相应的小调查。可以想象在回家调查的过程中,亲子之间也会开展一定的合作。在课堂导入环节让幼儿进行交流汇报,充分发挥幼儿的主体地位,体现了多方合作的功能。

② 铺垫背景,联系实际

对于幼儿来说,教师在导入环节对绘本内容进行相关铺垫,是合作式教学模式中充分发挥教师作用的体现。对于认知经验较为缺乏的幼儿来说,绘本能够丰富他们的认知,拓展他们的眼界。俗话说,良好的开端是成功的一半,在导入环节,教师可以通过故事代入和知识补充两种方法对绘本教学相关内容进行铺垫,帮助幼儿联系生活实际,化虚为实,激发他们的想象力。

a. 故事导入,激发兴趣

例如,中班绘本教学案例《兔子怕怕》导入部分。

案例 3-18

《兔子怕怕》

一、谜语导入

1. 教师：今天我们绘本故事的主角是一个动物，它的名字是一个谜语的谜底，你们猜猜它是谁？

"短短的尾巴像小雪球，红红的眼睛像红宝石，长长的耳朵真灵活，走起路来跳跳跳。"（兔子）

今天我们要介绍的这个兔子让它的主人很害怕，我们一起来看看为什么主人这么害怕这只可爱的兔子吧……

图 3-5 《兔子怕怕》

……

案例分析：这个故事是以动物日记的形式介绍兔子特征的，情节有趣、内容有趣，幼儿感兴趣。教师通过谜语导入，也是故事导入法中常用的一种形式。并且教师选择的谜语短小精悍，符合幼儿的认知特点，保证了接下来的教学环节顺利进行。谜语的融入，调动了幼儿参与活动的积极性，出示封面的图片引起了幼儿的兴趣。

b. 知识补充，帮助理解

在绘本教学的导入环节，教师可以围绕绘本主题铺设背景知识。特别是对于小班的幼儿,在导入环节进行必要的知识补充,可以扫除教学过程中的障碍,让幼儿增加自信,优化活动效果。例如,小班绘本教学案例《鲸鱼》导入部分。

案例 3-19

《鲸鱼》

导入提问:

1. 小朋友们,你们见过鲸鱼吗?
2. 当幼儿回答"见过"时,教师可采取"我来考考你们"的反馈方式,具体问题是"你们知道鲸鱼生活在哪里吗?鲸鱼有多大呢?"以了解幼儿的原有认知经验,并对鲸鱼知识进行专业补充。

案例分析:绘本《鲸鱼》讲的是一只候鸟在湖边最高的屋顶上大叫"鲸鱼,鲸鱼……",但是渔民们都不知道什么是鲸鱼,除了一位老人,老人拿起书向大家普及鲸鱼知识,而当渔民们得知鲸鱼可以吃的时候,已经顾不上听其他介绍,纷纷去湖里捕鲸鱼,一连几天毫无所获,最后一个小女孩在候鸟的帮助下飞到天空,看到湖的形状是一条鲸鱼。

这则案例教师通过提问的方式引出鲸鱼的相关知识,在导入环节对鲸鱼的知识进行补充,让幼儿在进行绘本阅读活动的同时,拓展自己的认知。

③ 代入情感,化虚为实

"让学生体验到一种自己在亲身参与掌握知识的情感,乃是唤起少年特有的对知识的兴趣的重要条件。当一个人不仅在认识世界,而且在认识自我的时候,就能形成兴趣。没有这种自我肯定的体验,就不可能有对知识的真正的兴趣。"[1]在进行绘本教学时,有一些绘本讲到的内容并不是我们看得见、摸得着的事物。这就需要教师在导入过程中,充分调动自身情感,化虚为实,让儿童对所讲内容有自己的认知。

(2)具体方式

在导入过程中运用游戏是合作式教学的一大特点。当教师自身代入情感与幼儿一起活动时,活动效果会大大提高。同时对于一些抽象的绘本,可以通过游戏让幼儿初步了解所学知识。例如,大班绘本教学案例《生气的亚瑟》导入部分。

---

[1] 〔苏〕苏霍姆林斯基.给教师的建议[M].北京:教育科学出版社,1984:232.

案例 3-20

《生气的亚瑟》

一、导入环节

1. 跟随老师给出的节奏,跟随歌曲的速度,在空场地随意走动。

2. 老师给出指令,幼儿逐次带着快乐、愤怒、悲伤的情绪,继续跟着背景音乐的节奏走动。

3. 老师给出指令,幼儿分别自己选择带着快乐、愤怒、悲伤的情绪,继续跟着背景音乐的节奏,在听到"停下"的指令时,两个不同情绪的人组合在一起。

……

案例分析:对于情绪类绘本,教师在上课前的导入需要更加生动。这则案例中,教师采用和幼儿一起合作游戏的方式,让幼儿在活动之前融入游戏当中,优化了活动气氛。对于接下来的导读环节,教师的游戏有很好的暖场作用。通过游戏让幼儿对于情绪有一个初步的体验和深刻的印象。又如,中班绘本教学案例《小熊的尾巴》导入部分。

案例 3-21

《小熊的尾巴》

一、播放课件,讲述故事

1. 播放课件,引导幼儿观察

(1)猜一猜游戏——这是谁的尾巴?(猴子—松鼠—引出小熊的尾巴)

教师:这是谁的尾巴?猴子的尾巴有什么本领?

教师小结:猴子有一条细细长长的尾巴,会爬树,还会摘香蕉,真灵活!

教师:这是谁的尾巴?松鼠的尾巴有什么本领?

教师小结:松鼠有一条大大的尾巴,能保暖,还能充当降落伞。

教师:有一个动物朋友,它的尾巴又短又小,紧紧地贴在屁股上,看一下它的背面图片,你们知道是谁吗?原来是小熊。小熊有条小小短短的尾巴,做任何事情都很方便,看小熊在干什么?

……

案例分析：教师通过展示图片，让幼儿猜一猜是哪种动物的尾巴，进而可以逐步引导幼儿进行探索，接着通过提问的方式，带领幼儿回忆各种动物以及各种尾巴的特点。"猜尾巴"游戏，一方面可以激发幼儿对本次活动的兴趣，另一方面可以为下面的活动进行知识铺垫。在接下来的画面中，幼儿们能一看到动物就想象出它的尾巴是什么样的，有什么本领。

2. 导读环节

在导读环节，我们必须注重活动过程，充分启发幼儿，让幼儿在同伴与教师的帮助下自主发现、自主探究。合作式教学模式强调师幼与幼幼之间的多维互动，尊重幼儿的主体地位。在这种互动之中，师幼之间不是你教我学的状态，而是一种双向互动的过程。

（1）核心技巧

① 巧设疑问，激发兴趣

在合作式教学模式中，师幼之间、同伴之间的交流是必不可少的。在绘本的导读环节，教师可以通过设置问题的方式激发幼儿的探究兴趣，引导幼儿发散自己的思维。交流式互动可以是教师发问，幼儿回答，也可以是幼儿提出疑问，教师解答。在这种一问一答的双向交流之中，教师与幼儿充分展现了合作式教学的魅力。那么，问什么、怎么问、何时问，成为很多幼儿教师在绘本教学中必须注意的问题。只有合适合理的提问方式，才能引起幼儿多角度思考。例如，中班绘本教学案例《山丘上的约会》导读环节。

 案例 3-22

《山丘上的约会》

一、引导幼儿观察绘本封面

让幼儿猜猜，这个故事讲的是谁，可能会发生什么事情？

二、与幼儿一起阅读图画故事的前半部分

故事里的两个好朋友叫什么呀？它们有没有见面呢？那它们是怎么成为好朋友的呢？原来用写信的方式也可以成为好朋友。引出词汇：笔友、约会、英俊等，引导幼儿讨论并初步理解这些不常用的词的含义。

三、预测故事

1. 猜猜瓜瓜和玲玲最后有没有见面呢？如果见面了，它们又是怎么找到对方的？见面后会发生什么事呢？

2. 和幼儿共同寻找问题的答案。先由幼儿自由阅读画面内容,然后与幼儿一起讨论问题的答案,请幼儿说出自己的理由。

四、讲述后半部分的内容

1. 要求幼儿边听边翻看绘本。大家共同归纳阅读重点。它们相约在什么地方见面?是怎么去的?它们见面了吗?它们的心情怎么样呢?最后它们又是怎么做的呢?重点引导幼儿思考:当现实与想象发生冲突后,玲玲和瓜瓜的友情是否会因突如其来的差异而结束。怎样才算是真正的朋友?

2. 请幼儿说说:你觉得这个故事有趣吗?你最喜欢什么地方呢?

案例分析:这则案例的活动过程,从教师引导幼儿阅读绘本封面开始,教师一直以引导者的身份带领幼儿。教师首先让幼儿阅读绘本封面,让幼儿充分发挥自己的想象力,猜测故事的发展。在师幼共读部分,设置了3个问题,难度适宜,问题数量对于中班幼儿来说也比较合适。接着在猜测故事部分又设置3个问题,让幼儿通过问题去预测故事接下来的发展,幼儿独自探究后组织幼儿进行同伴之间的交流。在活动接近尾声时,引导幼儿带着问题共同归纳出阅读重点。整个活动过程,合作式贯穿始终,既有师幼之间的交流互动,也有同伴之间的共同讨论。通过问题的设置,推进活动的逐步发展。

② 活用资源,化难为易

在绘本教学活动过程中,教师应当充分借助各种资源,为自己的活动过程增色,特别是对于还在幼儿园阶段的幼儿,他们对于事物都非常敏感,活用资源能够帮助幼儿更加形象具体地感知接下来的活动内容。对于教师来说,通过多媒体资源、教具、实物等资源辅助教学,常常会达到事半功倍的效果,使整个活动变得更加有趣,吸引幼儿的注意力。

(2) 具体方式

在合作式教学模式中,教师与幼儿的合作与互动非常频繁,因此教师在整个教学过程中应当传递出一个重要的理念,那就是尊重幼儿,与幼儿平等相处。教师对幼儿进行指导与鼓励,有利于创设一个和谐的活动氛围。良好的师幼关系,有利于幼儿在一种积极并且轻松的氛围中学习。例如,小班绘本教学案例《鼠小弟的小背心》导读部分。

案例 3-23

《鼠小弟的小背心》

一、猜谜语

教师：小朋友们，你们喜欢猜谜语吗？老师的谜语谁来猜？两撇小胡子，油嘴小牙齿，贼头又贼脑，喜欢偷油吃。

幼儿：老鼠。

教师：喜欢小老鼠吗？为什么？

幼儿：老鼠脏。

教师：看来你是个爱干净的孩子。

教师：但今天老师给大家带来了一只不一样的小老鼠（出示封面）。它还有一个很可爱的名字，叫鼠小弟。我们一起喊喊它的名字！你们看，鼠小弟的身上穿着什么？

幼儿：小背心。

教师：鼠小弟穿着这件好看的小背心会发生什么故事呢？你们想知道吗？我们一起来读故事吧。看书之前老师要送给大家两个法宝（出示PPT：看、想）小眼睛仔细看，小脑袋积极想。读故事时，我们先看一看图，再想一想，带着两个法宝我们出发喽！

教师：这件小背心呀，是鼠小弟的妈妈给它织的，穿在鼠小弟的身上不大也不小，正合适呢。你觉得鼠小弟喜欢这件小背心吗？你怎么知道的？

（教师点评：如① 你已经用上老师送你们的法宝啦！② 你真会观察！）

二、变大的小背心

教师：大家猜得都很有道理，究竟发生了什么事情，漂亮的小背心怎么会变得又大又长呢？让咱们接着看看下面的故事：鼠小弟穿着妈妈织的小背心开开心心地出门去了，它一路蹦蹦跳跳，开心地哼着歌儿。（出示PPT）这时小鸭子从它的对面走了过来，小鸭子一眼就看到了鼠小弟的这件红背心，顿时，眼睛一亮，它会对鼠小弟说什么呢？先说给同伴听听看。

教师:指名交流。(评价侧重"夸"的本事:你真是一只很有眼光的小鸭子!鼠小弟听你这么一夸,觉得更神气了!)

　　教师:是啊,这件小背心真是太漂亮了,让原本灰溜溜的鼠小弟也变得光彩照人了。小鸭子看了看自己的身上,唉!什么都没有。于是,他对鼠小弟说:"小背心真漂亮,让我穿穿好吗?"(出示PPT)就这样小鸭子穿上了鼠小弟的小背心。小朋友,你们看看,你觉得小鸭子穿上这件背心怎么样?和鼠小弟一样漂亮吗?

　　(引导幼儿仔细看翅膀和眼睛)(不是,小鸭子个子大,穿着有点紧)

　　教师:你观察得真仔细!说得真好!说明你用上了老师送的两个法宝,真棒!

案例分析:这则案例当中的老师,在导学开始时使用了谜语进行导入,激发了幼儿的学习兴趣。过程中穿插了许多引导式的问答,在问答过程中教师语言轻松,并且始终鼓励幼儿,在幼儿给予回应之后,设计了多种不同的鼓励方式,肯定不同幼儿的不同回答。

3. 拓展环节

在合作式教学模式中,拓展环节是一个让幼儿充分发挥自己天性的环节。在这个环节里,幼儿们可以畅所欲言,尽情地发挥想象力。在同伴之间、师生之间或家园之间以各种形式拓展活动,从而深化幼儿对绘本的理解。

(1) 核心技巧:互动贯穿始终

合作式教学模式中的互动可谓是贯穿始终,即使是到了拓展环节,我们仍然可以在很多教师的案例中发现合作精神的体现。教师在拓展环节会设置一些开放性问题,让幼儿集体讨论。在师幼之间,教师会引导幼儿对故事进行大胆猜测和续编,与幼儿一起充分发挥想象力。

(2) 具体方式

① 设置课外游戏

教师在拓展环节中,可以给幼儿布置一些课外的小游戏或者小问题,帮助幼儿加深认知,深化主题,增加整个活动过程的趣味性。例如,大班绘本教学案例《亲爱的小鱼》拓展环节。

案例 3-24

《亲爱的小鱼》

活动延伸

教师：听了这个故事，你有什么感觉？（感动、温暖、充满着爱）

教师：故事中的爱表现在哪些地方呢？

爱是喂面包给它；爱是甜蜜的亲吻；爱是给小鱼自由；爱是想念、思念；爱是回来；爱是一起游戏；爱是陪伴。

教师：故事中的小猫爱小鱼，小鱼也爱小猫，那小朋友们你们爱谁呀？你们是怎么表达爱的呢？

教师：小猫和小鱼之间还会发生许多故事，小朋友们也可以像作者一样来想一想，回家把它画下来，让爸爸妈妈帮你写上文字。

案例分析：在这则案例中，教师在拓展环节设置了开放性的问题，让幼儿各抒己见，去形容爱、感受爱和表达爱。在活动的最后，充分锻炼幼儿的创造性，让幼儿续编故事，深化主题，并且发挥了家园共育的作用，让小朋友带着问题，与家长一起讨论，增加亲子之间的互动，充分体现了合作精神。

② 开展集体讨论

在拓展环节中，师幼之间的讨论也时常发生，拓展环节的讨论往往会就一个主题展开。在讨论过程中，师幼之间可以进行交流，也可以同伴之间进行交流。注意在讨论过程中教师应当充当指导者角色，引导幼儿进行小组讨论。对于讨论的内容，教师可以围绕相关绘本的主题展开。一本绘本里面有很多元素可以挖掘出来，作为讨论的内容。幼儿自主的翻阅其实只是浅表式的阅读，通过集体讨论可以让幼儿对绘本的主题和内容理解得更加深入。拿起一本绘本要先在师幼共读的基础上理解绘本，再来讨论你喜欢绘本中的谁？你喜欢绘本中的哪一个情节？你喜欢绘本中的哪个东西？绘本中的主人公遇到什么问题？你有什么办法可以帮他来解决？教师可以在讨论中扮演引导者、旁观者，推动幼儿自发进行讨论，从而达到教育目的。

(四)合作式教学模式的注意事项

1. 导入环节:先入为主

(1) 多方合作法

① 亲子共读

教师可以提前联系家长,在活动开始之前进行一些室内相关读物的阅读,或者带领孩子走出室内,移步户外进行实地体验,在过程中家长应逐步引导幼儿。教师与家长对于活动内容都要有自己的预设目标。

② 师幼共读

在合作模式导入环节,教师要认清自己的引导目标,循循善诱,以幼儿为主体,化虚为实,化抽象为具体,激发幼儿对绘本内容的兴趣,启迪幼儿思维与想象力,还可以通过提供图片、播放音乐、设计问题等方式进行导入。

③ 同伴交流

对于大班幼儿来说,他们独立思考能力有了很大的提高。因此教师在合作模式的导入环节,可以设计小组讨论,同伴交流。让幼儿之间进行思维的碰撞,在这个过程中教师要巧设问题,引发讨论,尊重幼儿,不随意打断。

(2) 故事代入法

① 导入故事的选择

对于小班和中班的幼儿来说,选择的故事内容应该通俗易懂,如短小的寓言故事或者谜语、儿歌等,以便让幼儿快乐地参与到主题活动中。

② 导入故事的方法

语言上教师应清晰、明确、诙谐、易懂,讲述时间不宜过长,可以配以图画、音乐等方式进行。导入过程中要引发幼儿思考,同时在形式上,可以师幼合作,配合讲述,在讲述过程中要明确主题。故事导入是为接下来的教学活动进行铺垫的,不可让导入故事喧宾夺主。

(3) 知识补充法

① 教师在导入环节所补充的知识需要围绕活动内容。

② 针对幼儿,补充的知识应简单易懂。

③ 可以采用图文结合或者添加视频的方式,便于幼儿理解。

④ 导入环节的知识补充,教师要及时观察幼儿的情感变化,及时调整内容。

(4) 游戏穿插法

① 在导入环节要注意给幼儿提供必要的游戏活动时间,但是也要把握好时间,不能让游戏的时间占据主要活动的时间,游戏不宜过长。

② 要注意因地制宜,开辟适合幼儿游戏的场所。导入环节在室内或者户外都可以进行,因此要确定好游戏的场所。

③ 游戏的组织应为接下来的内容作铺垫,游戏的设计应符合绘本活动主题,围绕活动目标开展。

④ 游戏的开展可以选择师幼合作或者同伴合作,教师要调动自身情感,充分融入游戏中,引导幼儿,充分调动幼儿积极性。

2. 导读环节:互动合作

(1) 交流互动法

① 交流的方式

交流式互动当中可以采用师幼交流、幼幼交流的方式。教师在交流过程中要充分尊重幼儿,以引导者的身份循循善诱,同时,教师对于幼儿提出的疑问要及时回应。师幼之间可以通过教师设置问题或幼儿提问的方式去交流。同伴之间可以采用集体交流、小组讨论的方式进行。

② 交流的内容

在交流的内容上,应与绘本内容相符,应当与绘本所涉及的活动目标一致,应符合幼儿身心发展特点。师幼交流过程中,教师要说幼儿听得懂的语言。

③ 交流的技巧

首先,教师与幼儿之间的交流应以幼儿为主体。借助问题推进活动是非常好的方法,因此在提问过程中,教师问题的设置非常重要。教师在提出一些基础性问题之后,也应提出一些挑战性问题,拓展幼儿思维,引发幼儿思考。其次,在语言上,教师如果能够用优美、幽默的语言与幼儿进行交流,将会为绘本活动过程增色不少。

(2) 善用资源法

① 资源的选择

多媒体资源当中的视频、音乐、图片都是非常好的导学资源。实物材料,如蔬菜、水果、玩偶、玩具等,方便操作和携带。还有一些资源,如一些天然材料中的树枝、泥土、阳光、水分等,对于一些科普类绘本来说也是不错的选择。资源的选择非常多样,但是注意资源的选择应当贴近绘本的主题,围绕绘本主题展开。

② 资源的使用

教师在使用这些资源时首先要注意安全,确保活动过程不会因为资源的使用而产生秩序上的混乱。其次,教具等资源应当是课堂的辅助工具。相关资源展示的环节,教师应当巧妙设计。

(3) 平等相处法

① 建立亲密关系。要多表扬、多夸奖幼儿,培养其自信心,让幼儿从心底接受你,喜欢你。

② 要善于倾听幼儿倾诉。在幼儿遇到阅读问题时,仔细倾听幼儿的疑惑,不要

随意打断,不要将教师所想凌驾于幼儿思想之上。在与幼儿交流对话时,要让幼儿感觉到他的想法、需求正在被老师倾听。

③ 使幼儿参与合作成为一种能力。培养幼儿的集体合作意识,在活动过程中可以多穿插一些合作互动的环节,特别是对于一些内向胆小的幼儿,教师要不断鼓励他们参与其中。

④ 要达到良好的效果,教师态度很关键。教师对于幼儿来说应该既是老师又是朋友,有些老师在教学过程中采用一种居高临下的态度,让原本生动的绘本互动变得索然无趣。

⑤ 平等相处,把幼儿视为自己的朋友。真正的朋友是无年龄、性别、职位、地位之分的。与幼儿交朋友更是如此,不能用成人的态度去对待幼儿。

3. 拓展环节:续编内容

续编故事可分为三种类型。

(1) 编结尾

教师将故事内容基本讲完,由儿童编结尾。这类续编,是绘本故事续编中最常见,也是难度相对来说最小的一种拓展阅读的方法。在进行绘本结尾的续编时,需要注意教师选择的绘本故事在结尾应当具有开放性,能够给予幼儿发挥想象力的空间。如绘本故事《狼大叔的红焖鸡》,故事中原本想要吃掉母鸡的狼大叔并没有吃掉母鸡太太,鸡太太还为他做了一顿丰盛的午餐。在绘本结尾处,狼大叔思考着还要为她们做哪些好吃的呢?由此教师可以激发幼儿继续想象,狼大叔在爱的鼓励下还能做出哪些美食?他和鸡太太之间又会发生什么样的故事?

图 3-6 《狼大叔的红焖鸡》

在绘本故事结束后,幼儿能充分地感受爱的力量,续编可由此而发。在续编绘本结尾的过程中,教师可利用提问等方法对幼儿进行引导,给出幼儿多角度续编的启发,并对于幼儿续编的故事内容进行相应的回应,鼓励幼儿进行不同结局的续编。

大班语言类绘本《妞妞的鹿角》,讲述了一个名叫妞妞的小女孩头上突然长出了两只长长的鹿角,从而发生了一系列意想不到的趣事。在绘本的结尾,主人公妞妞的鹿角消失了,取而代之的则是她新长出的孔雀尾巴,她的家人们都惊讶地看着她。这个故事到这里就结束了,作为家长和老师,我们就可以对幼儿进行引导,鼓励幼儿大胆地进行续写,接下来长出孔雀尾巴的妞妞,又会发生怎样有意思的事情呢?

图 3-7 《妞妞的鹿角》

图 3-8 《妞妞的鹿角》插图

(2)编中段

教师讲开端和结尾,由幼儿编出故事的发展。这类续编方法对于绘本故事的内容要求更高。教师可以选择一些故事的开头和结尾内容具有一定关联性的绘本,让幼儿在教师讲解了绘本的开头和结尾后,对故事的内容进行大胆猜想。

图 3-9 《有那么一天》

绘本《有那么一天》的开头讲述了小女孩总是幻想着有那么一天自己可以踩着高跷走路等一系列在现实中并不存在的事情。在绘本结尾,作者引出思考,是否会有如同小女孩想象中的那么一天。这个故事的中段,给了幼儿无限想象的空间,教师可以让幼儿充分发挥想象,打开幼儿创作的翅膀,画出或者说出自己心中的愿望,让幼儿充分感受梦想的力量。

《好饿的小蛇》
绘本解读

再比如,绘本故事《好饿的小蛇》讲述了一条富有雄心壮志的贪吃的小蛇,吃掉了各种匪夷所思的食物。在故事发展的过程中,作者以时间为线索,"吃"贯穿整个故事,比如第一天小蛇吃掉了苹果,第二天吃掉了香蕉等,以此类推。同时,绘本中的小蛇在吃掉不同形状的食物时,自己的身体也随之发生了形态上的变化。作为家长和教师,我们可以鼓励幼儿,继续以时间为线索,对贪吃的小蛇进行故事的仿写和续编,鼓励幼儿用画画的形式,对小蛇第七天、第八天吃掉的食物进行描绘。

图 3-10 《好饿的小蛇》

图 3-11 《好饿的小蛇》插图

(3) 编中段和结尾

教师只讲故事开端,由幼儿续编至结尾。故事开头的内容应是幼儿熟悉的生活题材,一般要交代清楚时间、地点、主要人物和事件,并有伏笔,以提供多方面发展情节的线索。这种方式经常用在拓展环节,有助于发展幼儿的创造力。但同时也是难度较高的一种创编方式。在进行此类绘本的创编时,家长与教师实施的引导显得尤为重要。既要让幼儿明白创编应当在何时停下,也要懂得如何推进幼儿的续编。教师和家长应当根据绘本中图画的内容,指导幼儿对内容进行创编。

在绘本的选择上,可以选择一些便于幼儿理解,故事发展脉络清晰的。如绘本《母鸡萝丝去散步》,讲述了一只母鸡出门散步的故事。全书的篇幅不多,画面清晰,只有 44 个字,便于幼儿根据绘本的图画,充分地对绘本内容进行扩充和续编。在引导幼儿续编的过程中,教师可以采用以手遮挡部分画面的方式,让幼儿对接下来剧情的发展进行猜测。

图3-12 《母鸡萝丝去散步》

图3-13 《母鸡萝丝去散步》插图

 小结

本章就目前幼儿园绘本教学的现状进行了阐述,并向教师详细地介绍了绘本教学的三种模式,即体验式、探究式和合作式。掌握了这三种教学模式,教师几乎可以胜任任何一本绘本教学,这就要求教师要深刻领会理解这三种教学模式的含义及基本策略。在选择好要教学的绘本之后,精读几遍,了解绘本的主题和内容,根据幼儿的年龄特点,选择合适的教学模式进行教学目标及过程的预设。这三种教学模式不是固定的,可以搭配和混合使用,比如有的绘本可以采用探究式和合作式两种方式,有的绘本甚至可以同时使用这三种教学模式。熟练地掌握这三种教学模式,对教师的教学能力会有很大的提高,对提高教师的专业能力和素质也是大有裨益的。

 问题与思考

1. 你对绘本教学是如何定义的?
2. 体验式教学模式的注意事项是什么?
3. 探究式教学模式的导入环节的核心技巧是什么?
4. 如果你要组织一节绘本《落叶跳舞》的教学活动,你会采用何种教学模式呢?和大家一起分享一下你的想法吧!

第四章　教师的指导策略

教师选定好适合本班幼儿的绘本教学模式后，考评绘本教学活动是否成功，最关键的评定指标就是教师的教学核心素养和基本能力。具体包括：制定活动目标、组织活动内容、规划活动细节和开展教学反思。本章根据这四个方面深入展开讨论。

第一节　制定活动目标

在制定绘本教学目标之前，一定要搞清几个相关概念：教育目标、幼儿园教育目标、幼儿园教学目标、幼儿园教育活动目标、幼儿园语言教育活动目标。

一、相关概念解释

（一）教育目标

教育目标的定义有广义和狭义之分。从广义上说，教育目标是存在于人的头脑中的对受教育者的期望与要求；从狭义上说，教育目标指由国家提出的教育总目的和各级各类学校的教育目标，以及课程与教学等方面对所培养人的要求。它是学术型概念，着重对人才培养的质量规格作出规定，具有理想性，是教育者和受教育者通过教育活动追求的终极目标，也是教育活动的出发点和依据。

（二）幼儿园教育目标

幼儿园教育目标是教育目标在幼儿园阶段的具体化表现，反映出幼儿园人才培养的规格与要求，对于儿童的全面发展提出更具体的规范，表明了教育影响下显现出的幼儿发展变化，全面指导着幼儿园的教育教学工作。

（三）幼儿园教学目标

幼儿园教学目标是指教育者在幼儿园教学过程中，针对幼儿的发展需求和特点，通过一系列的教学活动和教学内容，帮助幼儿全面发展，培养其身体、智力、情感、社交等多方面的能力和素质，为幼儿的进一步学习和成长打下坚实的基础。

（四）幼儿园教育活动目标

幼儿园教育活动目标是通过某一次或某几次教育活动所期望幼儿获得的某些发展。它是最为具体的目标，也是各领域目标的下位概念。

（五）幼儿园语言教育活动目标

学前儿童语言教育的具体活动目标一般由教师制定，它是指在某一具体的教育活动中要达到的目的。有时候，具体活动目标是一次活动中要完成的任务，但也有可能是一组相近的活动或一个主题系列活动的目标。无论哪一种活动，都含有一定的要求并通过教师的活动计划和教学实践得以体现，旨在提高幼儿语言交往的积极性、发展语言能力。

二、绘本教学活动目标该如何制定

绘本教学活动目标是绘本教学的导向和指南。在现实的教学活动中，很多教师更重视如何让活动设计得更有趣，如何让幼儿感兴趣，殊不知这一切其实都是建立在目标引领下的有目的的活动上。倘若教师没有把握这两者的关系，往往会出现目标泛化的现象，出现任何年龄段幼儿在任何活动中都可以笼统套用的目标，如能大胆表达自己的意见，萌发阅读活动的兴趣等，甚至出现活动预设在前、目标制定在后的情况。其实这些现象的出现主要是由于教师对绘本主旨理解不到位，对幼儿的早期阅读中应该获得的关键经验不能很好地把握。由此可见，制定适合的绘本教学目标是实施绘本教学的关键和重要前提。

（一）目标要凸显不同绘本的特点

儿童早期阅读绘本的种类繁多，主要有故事类、散文类、诗歌类和知识类四种不同类型的绘本。它们对儿童早期阅读的能力发展具有不同的影响作用，具体来说，强调儿童叙事是故事类绘本的重点；关注书中语言表达和独特句式词汇的学习是散文类绘本的特点；着重学习富有音乐感和节奏感的句子是诗歌类绘本的关键；关注书面语言的使用和关键词汇的学习是知识类绘本的特点。如何体现不同绘本的特点，又能利用不同类型的绘本促进幼儿语言能力均衡发展，这是教师在设计活动时需要考虑的问题之一。以故事想象类绘本为例，它与其他绘本最大的区别在于故事类绘本中充满了丰富的想象，利用想象开展教学，促进幼儿想象能力、语言表达能力的发展，也是这类绘本的价值所在。比如绘本《爷爷一定有办法》中当妈妈每次建议约瑟把毯子（外套、背心……）丢掉的时候，约瑟都会说"爷爷一定有办法"，爷爷的巧手给了幼儿无限想象的空间，教师紧紧抓住这个契机，引导幼儿想象，并预设成具体的活动目标：想象并猜测爷爷会把毯子一次次裁剪成什么，能在集体面前大胆讲述自己的想法。

（二）目标要体现幼儿语言核心概念

活动目标是具体活动的导向，它不仅包含着教师对整个教学活动的预设和把握，还包含着对活动中幼儿可能出现状况的种种预设以及所期待能否达到预期效果。以语言类绘本为例，对活动目标的制定和预设，应立足幼儿科学发展的核心要素和经验,从幼儿语言习得的规律和特点出发,根据不同年龄段幼儿的发展目标,有针对性地预设绘本活动的目标。这一目标的制定,不仅要关注幼儿已有语言水平和能力,同时还要兼顾语言科学的特质,重视幼儿的倾听和表达,把握不同年龄段幼儿对于语言的感受、理解、表达和能力等,以及引导幼儿逐步在活动中获得关键经验。教师应该把这些关键经验融入活动目标。

(三) 目标要具体、有可操作性

幼儿学习的特点决定了教学具有具体化、形象化和情境化的特点。

绘本教学中目标的达成,并非简单的教师为教而教,而是坚持从幼儿的需要出发。在生动的游戏和生活情境中,激发幼儿学习的热情,并联系自身经验,展开教学。语言的培养,是在不断的交流中发展起来的,这也是《指南》中语言教育目标落实的真正体现。

总之,制定科学的、合理的教学目标并非易事,但也不是高不可攀,作为教师,应从以下几方面入手提高自己的能力:第一,多学习有关教育学、心理学相关学科知识领域的理论,使自己有一定的理论基础。第二,对照科学理论冷静审视、分析自己以往在目标制定过程中的问题,找出症结所在,有意识、有目的地逐步改进。第三,通过分析大量优秀案例,寻找制定目标的规律,通过大量的变式练习,将他人的经验转化为自己的教学技能。第四,要根据本班幼儿的实际制定认知、情感态度、个性和社会性发展目标,了解幼儿最近发展区,借鉴别人而非套用别人的教学活动。

三、各年龄段儿童绘本教学活动应达到的目标

(一) 小班

(1) 喜欢看书,知道看书的基本方法,能初步看懂单幅儿童书的主要内容。

(2) 能用口头语言将儿童绘本的主要内容说出来,明白语言和其他符号的转换关系。

(3) 对文字感兴趣,能在成人的启发下认读简单文字。

(4) 在活动中以描画图形的方式练习基本笔画。

(二) 中班

(1) 能仔细观察绘本的画面细节,能看懂单页多幅的儿童绘本的内容,增强预知故事情节发展和结局的能力。

(2) 懂得爱护图书,知道图书的构成,有兴趣模仿制作图书。

(3) 在阅读过程中初步了解汉字的由来和简单汉字认读的规律,并有探索汉字的愿望。

(4) 喜欢描画图形,尝试用有趣的方式练习汉字的基本笔画。

（三）大班

（1）能与同伴合作制作绘本，进一步了解绘本的构成。知道绘本画面与文字的对应关系，开始有兴趣阅读绘本中的简单文字。

（2）积极学认常见的汉字，进一步了解汉字认读的规律，提高观察临摹的能力，并能注意在生活中运用已获得的书面语言。

（3）掌握基本的书写姿势，在有趣的图形练习中做好写字的准备。

四、绘本教学中活动目标设置存在的问题

（一）教学目标内容缺失

根据美国著名的心理学家、教育家布鲁姆的目标分类理论，完整的教学目标内容应包含认知、动作技能与情感三个方面的要求，但教师在制定教学活动目标时，往往只注重其中一两个方面，而忽视其他方面。

（二）超出儿童发展水平，难度过大

教师设计的部分教学目标超出了儿童发展水平，难度过大。这一问题主要表现在教师要求幼儿掌握字词和句式上。儿童发展是有规律的，教师设置教学目标时，应考虑儿童的身心发展水平，若多数儿童达不到教师所设置的教学目标，那么，则证明该活动目标的设置是不成功的，教师需要重新设定活动目标。

（三）有些行为目标太过笼统，针对性不强

教学目标的操作性是指教学活动目标具体明确，指向儿童特定语言能力的发展。教学目标的表述要力求明确具体，避免用含糊的和不切实际的语言来陈述目标。这样既有利于教学活动的开展，也有利于教学评价。此外，教师对于情感、态度、能力、行为习惯、道德品质等方面的教学目标的表述一定要慎重，因为这不是通过一次两次活动就可以达到的。

（四）行为主体表述不当，角色倒置

教学目标是对幼儿学习结果的预期。教学目标的陈述中行为主体是幼儿，内容应是幼儿参与教学活动后，他们在认知、情感、技能等方面的变化。

（五）教学目标失去了语言教育发展目标

说到底，绘本教学属于语言教育的范畴。教学目标要关注语言教育发展目标。绘本虽然有利于教师整合其他领域的知识和内容（如社会、科学、健康和艺术等），但绘本教学毕竟是语言教育活动，主要目标是激发幼儿的阅读兴趣，丰富幼儿的阅读经验，培养幼儿的阅读能力，帮助幼儿掌握阅读技能。

对于绘本集体教学活动目标的制定，教师的认识不明晰，甚至有的教师存在偏差，偏离了绘本集体教学活动的核心价值，即培养初步的阅读理解能力，从而导致在

活动的实施过程中教师的活动组织形式混乱,有的教师将绘本阅读活动、讲故事活动与讲话活动相混淆,有的教师则仅仅把绘本作为活动导入的媒介,将活动重点放在利用其他形式的活动来挖掘绘本的主题上,而不是放在观察图片上。

除此之外,教师在目标制定中还忽略了绘本的审美价值,以致教师在后期活动实施的过程中忽略了引导幼儿对绘本艺术美的欣赏。对于一个集体教学活动来说,活动目标的制定对活动的实施与评价起着极其重要的作用,它不仅是教学活动的出发点还是教学活动的归宿。教学活动围绕目标展开,活动结束后依据有没有达成目标来评价该活动的质量,所以,教师在开展绘本集体教学活动前要明确绘本集体教学活动的核心价值,围绕核心价值开展活动。

对于对绘本集体教学活动核心价值不明晰的教师,可以通过专家培训及加强自身的学习来明确绘本集体教学活动的核心价值;对于对绘本集体教学活动核心价值存在偏差的教师,首先应该明确绘本集体教学活动与故事活动以及讲话活动的区别所在,转变错误观念,其次在对比中找到绘本集体教学活动的核心价值。

五、制定活动目标时应注意以下几个方面

(一)以幼儿发展为目标导向

在设计活动目标的时候,经常出现"教会、帮助、引导"这类词汇,其主语往往是教师,这种目标表述方式背后反映的是教学活动以教师为中心,以教师的教为导向,关注的是"教师的教"。《指南》《纲要》指出,幼儿园的教育活动,是教师以多种形式有目的、有计划地引导幼儿主动活动的教育过程,教育活动的主体应该是幼儿,教师的教应指向幼儿的学,目的是促进幼儿的发展。因此,在绘本教学活动目标设计中,要注意以幼儿发展为导向,关注幼儿的学习,在表述时活动目标句子的主体应该是幼儿,动词应描述幼儿的行为表现,诸如理解、掌握、乐意等。

(二)目标数量2—3个为宜

从活动内容和活动时间的角度来考虑,一般教学活动制定2—3个目标是比较现实可靠的,而且这两个目标之间还有一个承接关系,其第二个目标往往是在第一个目标实现的基础上再完成的。许多教师在设计活动目标的时候,常常会出现目标过全的问题。一个绘本教学活动中往往包含了语言、科学、社会等多个领域的目标,目标所涉及的领域过多,就会导致活动像是拼盘,缺乏指向性,即使是以语言领域的目标为主,有的教师在制定目标的时候,往往试图将需要两至三个学习活动才能实现的目标放在一个学习活动中,实现这种全的目标,实践起来有难度,即使勉强实现,也只会增加幼儿的学习负担,使幼儿在教学活动中过于疲劳,丧失兴趣。

(三)目标应包括认知、动作技能和情感三个部分

在绘本教学活动中,幼儿不仅要获得包括认知、技能等在内的语言学习与发展

的核心经验,同时也应关注幼儿情感态度的培养,尤其要注重在此学习过程中幼儿表现出来的学习品质。教师要注意培养幼儿参与语言教育活动的兴趣和主动性,营造积极的语言环境,让幼儿想说、敢说、喜欢说。在语言教育活动所涉及的2—3个目标中,一般前面是认知和技能目标,后面是表达学习品质的目标及情感和态度的目标,也可以将学习品质整合在认知和技能目标当中。

(四) 以表现性目标为表述形式

根据目标的可观察性、可评价性,教育活动的目标可以分为普遍性目标、行为性目标和表现性目标。普遍性目标往往过于宽泛,难以进行直接的观察和评价;而行为性目标有时又过于具体、固定,缺乏幼儿创造性表现的空间;表现性目标,因为具有可观察、可评价的特点,同时又关注了幼儿的创造性和个性表现,因此被认为是教育活动中教育活动目标的主要类型。

第二节 组织活动内容

教师在合理设置活动目标后,对于活动内容的把握尤为关键。《纲要》指出,要"引导幼儿接触优秀的儿童文学作品,使之感受语言的丰富和优美,并通过多种活动帮助幼儿加深对作品的体验和理解"。因此,在组织绘本阅读活动时,为幼儿提供多听、多看、多讲、多表演、多感受幼儿文学作品的机会,培养幼儿阅读绘本的兴趣、初步的阅读理解能力和初步的书面表达技能。

一、绘本教学活动的导入

活动导入是教学活动的起始环节,良好的导入能够根据幼儿的身心发展特点快速地吸引幼儿的注意力,激发幼儿对于绘本的兴趣。在实际的教学活动中,根据绘本本身的特点、幼儿的身心发展特点、兴趣和需要的不同,教师要灵活采用不同的导入方式。

(一) 原有知识经验导入

学习新知识是建立在已有经验的基础之上的,对于幼儿来说,先前知识经验能够为新知识的理解和应用起到促进作用。因此,在幼儿了解新的绘本内容之前,教师可以唤起幼儿先前的知识经验、生活经验,为更好地理解新的学习内容作铺垫。例如:《我家是动物园》的导入方式可以在活动开始之前唤醒幼儿关于动物园所见、所闻的已有经验,帮助幼儿梳理在哪里可以看到动物、动物园里有哪些动物的经验,自然过渡到绘本教学活动中。《没有牙齿的大老虎》可以利用幼儿认识老虎的先前经验,通过幼儿自己描述老虎的活动场所、样貌特征等,教师适时创设问题情境激发幼儿对于接下来的活动产生期待,调动幼儿的积极性。利用幼儿先前的知识经验导入,能够帮助幼儿主动地在已有经验的基础上不断建构新知识。

(二) 绘本封面导入

了解绘本的封面,仔细观察封面的人物、背景、细节以及了解题目、作者等是进行绘本教学活动必不可少的起始环节。例如:《小猪变形记》封面是一只安上了翅膀的小猪张开双臂要飞翔,旁边有一只同样有翅膀在蓝天上飞翔的小鸟。这样的封面与幼儿对于小猪的印象不相符,生动活泼的画面容易调动幼儿的好奇心。《大卫上学去》封面是在教室里的大卫拿着纸飞机作势想要扔出去的画面,这样的画面能够引起幼儿对于大卫在教室里行为的讨论,进而引发幼儿思考在教室里的合理行为和不合理行为,能够激发起幼儿的阅读兴趣,为教学活动起到很好的导入效果。

(三) 谈话导入

在开始绘本教学活动之前,教师与幼儿进行对话,谈论一些有关本次阅读活动的话题,可以创设问题情境,将幼儿代入到绘本故事中,幼儿在问题的引导下积极思考,在故事中找寻答案。

《爷爷一定有办法》
绘本解读

例如:大班《爷爷一定有办法》活动中,教师与幼儿交谈"小朋友,你们有爷爷吗?你和爷爷之间发生过哪些故事呢?"幼儿会利用自己的生活经验与教师交谈,介绍自己的爷爷。在介绍了两三个后,教师引向正题"那我们一起来看看故事中的爷爷跟你的爷爷有哪些不一样的地方吧!"

这样的导入方式能够直接突出绘本中的人物和故事的主题,目的明确,表达清晰。

(四) 观察图片导入

教师出示有关绘本内容或者与主题相关的图片,引导幼儿仔细观察形象生动的图片,激发幼儿对于绘本故事内容的好奇,从而导入教学活动。

例如:《方格子老虎》中展示通常意义上的老虎形象和"方格子老虎"的形象对比,鼓励幼儿仔细观察并且大胆想象为什么这里的老虎身上的花纹是方格子的,为故事内容的开展作铺垫。

《逃家小兔》中出示大兔子和小兔子的图片,引导幼儿仔细观察图片中的人物形象、人物动作和背景,大胆想象人物之间的关系和故事走向。

通过展示相关图片作为导入方式具有直观形象的特点,符合幼儿思维的发展特点,能够及时地吸引幼儿的注意力。

(五) 实物导入

教师通过展示与绘本内容相关的具体事物导入绘本教学活动,突如其来的具体事物能够快速地激发起幼儿的好奇心并将幼儿的兴趣集中于活动中,使得幼儿在观察与讨论的过程中进入教学活动。

  例如:《母鸡萝丝去散步》中教师通过展示玩偶母鸡配合母鸡的声调讲话吸引幼儿的注意,生动活泼的语调结合母鸡玩偶的形象引起幼儿的好奇心。

教师通过展示实物的导入方式能够激发起幼儿对于鲜明形象的好奇,使幼儿对于即将开展的活动产生浓厚的兴趣。

(六) 声音导入

在开展活动之前教师播放有关绘本内容的声音,幼儿仔细倾听并结合教师的提问进行思考。

  例如:《猜猜我有多爱你》活动开展前播放音乐《摇篮曲》,促进幼儿积极联想,幼儿联想到妈妈在哄小宝宝睡觉、音乐舒缓想要入睡等感受,进而引导幼儿感受到被妈妈呵护的幸福,从而引入活动的主题。

  《七彩下雨天》开展活动前播放雨的声音,激发幼儿对于下雨天的讨论,大胆想象下起有颜色的雨会发生的趣事,引出绘本内容。

与活动主题相关的各具特色的声音能够设置悬念,促进幼儿思考,感受身边事物发出的声音,为即将开展的绘本教学活动营造良好的氛围。

(七) 游戏导入

教师通过开展与绘本内容相关的游戏导入绘本教学活动。游戏是幼儿学习的最佳方式,教师根据幼儿的已有经验和需要结合绘本的内容设计相关主题游戏,能够促进幼儿在愉快的氛围中了解绘本内容,激发幼儿的阅读兴趣。

  例如:《高老鼠和矮老鼠》中教师设计学习"高人走、矮人走"的游戏,幼儿在学习高人走(踮起脚尖,双手举高)和矮人走(蹲下来,双手放背后)过程中体会高矮的差别以及眼前事物范围的不同,在生动有趣的游戏中感悟人物的高矮差异。

幼儿在角色扮演中进行体验和感受,使活动过程充满情趣。这种导入方式激发幼儿的积极性,使得幼儿心情愉悦地参与活动。但是,在开展的过程中要注意把握游戏时间和游戏强度,以免扰乱教学活动的正常开展。

(八) 情境导入

教师通过营造与绘本主题相契合的环境和氛围,调动幼儿的多种感官,仔细品味绘本的情境,增强对活动内容的理解和感受。

  例如:《三只小猪上幼儿园》中教师通过木偶情境表演的形式导入,出示小猫指偶和小狗指偶并进行对话表演,为幼儿营造一种小动物们刚进入幼儿园的情境,并引出有三只小猪也要上幼儿园了,激发幼儿的兴趣,贴合小班的生活实际。

《花婆婆》中教师先在教室中搬来几盆鲜花为幼儿展现周围是鲜花的场景,结合故事中花婆婆的内容和舒缓的背景音乐,让幼儿设身处地进行美的感受,营造良好的阅读氛围,为开展活动做好铺垫。

这种情境导入方式能够渲染绘本所要表达的情绪情感,帮助幼儿利用听觉、视觉、触觉等多种感官积极感受,更好地融入绘本活动之中。

二、初步理解绘本故事内容

在整个绘本教学活动中,理解绘本故事内容是教学过程的中心环节。在此过程中,教师要紧密结合教学目标,贴近生活实际,帮助幼儿更好地体会绘本内容和含义,使幼儿领会作者想要表达的思想和情感。然而在绘本教学的过程中,一些教师容易出现割裂图画之间的联系、忽视绘本中的细节信息、注重教师而忽视幼儿的主体地位等问题。因此,为更好地帮助幼儿完整地把握绘本内容、理解绘本的含义和情感,需要注意以下几点。

(一)注重绘本各部分之间的完整性

在欣赏绘本内容的过程中,教师可以与幼儿一起逐步观察画面、人物、背景,了解绘本故事内容,感受绘本中的文字、画面等元素所要传达的信息及内容。在观察教师的教学活动中发现,有些教师只是在孤立地讲述每一页图画的内容,不注重画面前后的联系,无法让幼儿对绘本整体具有清晰的认识。

例如:《小蓝和小黄》教学过程中,如果教师只注重单张画面的指认,看到每一个画面中颜色和形状的变化,忽视前后画面之间的连接,缺少将抽象的画面形象化、具体化地阐述,幼儿就无法理解每一张图画所要表达的含义以及整本书要传达的思想。

因此,在讲读绘本的过程中应该注重与幼儿的互动,注重完整地讲述绘本内容,帮助幼儿获得绘本连贯和完整的经验,感知绘本每一幅图画、每一页内容之间的衔接,获得对于绘本整体的客观认识。

(二)协调好图与文之间的关系

1. 关注绘本中的"图"

在绘本中,图是传递信息的重要工具。只是依靠读图,不识字的幼儿也能了解其中大意。对于幼儿来说,图画凭借其生动、形象的特点更能吸引幼儿注意,更能满足幼儿认知发展的需要。优秀的绘本中的"图"是作者创作过程中的重中之重,作者通过图画的人物、表情、动作、背景等丰富的信息表明想要传达的含义,画面中各个部分的搭配以及细节的把控都是在教学中值得注意的内容,因此,"图"是绘本的精华所在。在教学过程中,教师要尽可能地将图中所包含的信息与幼儿的实际生活经验相联系,帮助幼儿理解绘本中人物的所感、所思、所想,更好地理解故事内容,品味其中的含义。同时要注重每一张图画中的细节,这些细节中包含了前后呼应的内容、主旨的伏笔等信息。

例如:《我爸爸》中,每一幅爸爸的形象都有那件格子睡衣,尽管后面出现了马头、鱼身,但看到那件格子睡衣,就知道这就是"我"爸爸。在绘本中还多次出现了"太阳"的图画,这是对爸爸形象的称赞。

因此,在教学中要注重留意图中所蕴含的丰富信息,整体把握画面内容。

2. 关注绘本中的"文"

流畅的文字在绘本中起到解释、说明、补充图画内容的作用,通过文字可以快速地捕捉到绘本想要表达的信息,正确地把握其中的含义。一些绘本配合着节奏感强、韵律美的语言,为幼儿品读文字、感受语言提供了充足的材料。在教学过程中教师可以结合绘本中优美的语言与幼儿一起品味,帮助幼儿感受文字美,增强对于语言韵律的兴趣。

例如:绘本《树真好》教师可以引导幼儿声情并茂地朗诵散文诗,感受散文诗的语言美、意境美,激发幼儿热爱大自然、喜爱大自然的情感。

因此,在教学中要注重绘本中的文字的力量,在品读语言的过程中发展幼儿的语言表达能力,获得积极的情感体验。

3. 注重"图"与"文"的互补

绘本是图与文的结合体,生动形象的图画结合语言艺术的文字构成了一页页蕴含深刻意义的画面。图文互补即图画和文字,一方对另一方或互相进行补充,给予对方所遗漏的信息,填补对方的缝隙或"空白"。

例如:《母鸡萝丝去散步》文字中只提到母鸡萝丝在农场散步,只字未提狐狸这个角色,而图画补充了这一重要信息,从而达到图文互补,通过完整阅读,感受到这个故事的有趣。

因此,对图文互补的绘本,是需要共同关注图和文的信息的,二者缺一不可。

(三)注重幼儿的主体性

幼儿作为绘本教学中的受教育者,需要在活动中主动观察、主动思考、主动阅读、主动探索。因此,要尊重幼儿在教学活动中的主体地位,为幼儿提供发挥主动性的空间。首先,创设良好的绘本教学环境,基于幼儿的兴趣和需要,根据幼儿的发展特点制定教学目标、选择教学方法。其次,教师在教学过程中避免过分的讲读,为幼儿提供自主观察、自主阅读和思考的空间,鼓励幼儿独立地分析和探索并及时与幼儿交流,引导幼儿逐步找到答案,理解绘本蕴含的意义。最后,教师可以创设问题情境,实现启发式教学,激发幼儿对于绘本内容的兴趣并且积极主动地探索。将教师引导和幼儿自主阅读相结合,既要为幼儿提供自主探索的空间,符合幼儿发展的需要;又要发挥教师的作用,引导幼儿步步深入地了解绘本的内容,弥补幼儿自主阅读时的遗漏和不足。两种方式相互配合、相互补充,形成双方共同参与的活动。教师要避免在教学中唱"独角戏",要及时关注幼儿的情绪情感,实现跟进式教学,主持幼儿的自主学习、主动探索,形成教学过程中的平等、交流与分享。

(四)结合多种方式进行教学

在绘本教学过程中只靠完整地讲述绘本内容、逐页播放PPT的单一教学形式过于单调,幼儿的兴趣难以始终维持,因此教师在教学过程中要综合使用多种方式进行教学。一方面,画面的展现方式可以结合声音、实物、绘本等多种展现方式,利用幼儿的多种感官参与其中。在阅读绘本的时候可以根据具体内容采用遮挡法、画面的删减等方式给幼儿自由想象的空间。可以多方面利用多媒体,进行画面的重组、增加声音的配置、动态的变化等,丰富幼儿的视觉、听觉,使幼儿的兴趣始终保持在活动中。另一方面,在教学设计中可以增加一些游戏环节,让幼儿参与其中,理解故事内容的同时增加与同伴、教师的交流互动。

例如:《好喝的汤》中,教师设计幼儿围着大锅煮汤和与同伴一起煮汤的游戏,为幼儿提供了充足的关于煮汤的材料,幼儿积极参与其中,体验游戏的乐趣。

三、把握绘本内容的关键点和难点

在绘本教学过程中,教师除了要帮助幼儿理解绘本的基本故事情节和内容,更重要的是把握绘本内容的重难点,深刻地理解作者想要传达的思想情感。然而对于幼儿来说,年纪尚小,自主阅读容易忽略关键信息,难以准确地把握其中的内涵。因此,教师需要筛选出难点和重点,采用合适的方式帮助幼儿理解和领会绘本蕴含的深刻意义。

(一)深入剖析绘本,把握其中的重难点

对于现成的绘本和教案,幼儿教师容易出现"拿来主义",没有通过自己的思考剖析绘本,而是用现成的教案进行教学。但是,缺乏对绘本的研读就不能清晰地把握绘本的重点和难点。因此,教师要在进行授课之前仔细地研读绘本,将其中的人物、关系、背景、细节、文字等信息加以揣摩,能够准确体会到作者想要表达的含义。

教师在教学活动之前可以反复阅读绘本,并尝试从幼儿的角度进行理解,仔细地找出每一页的重难点,在教学活动中给予幼儿充分阅读、思考的空间。另一种容易出现的状况即是教师急于将绘本中所有的内容传递给幼儿,想要幼儿在一节教学活动中全面掌握教学内容,这显然是急于求成的表现,反而不利于幼儿的发展。所以教师要能够根据教学目标从绘本中的众多主线中有目的、有选择地整理出一条清晰的主线,将绘本的内容按照活动的教学重点进行分析和组织,以帮助幼儿掌握最合适的内容。

例如:绘本《小蓝和小黄》是用抽象的色块小蓝和小黄来展现友情的故事,故事的主线之一是友情,如将友情当主线,这就需要教师在开展活动之前将绘本中的各种色块代表的形象、其中的意义阐述了解清楚,并且制定出合适的探索活动、延伸活动或科学活动,才能够帮助幼儿理解色彩的变化和体会友情的含义,获得教学活动所蕴含的价值。

《小蓝和小黄》
绘本分享

(二)根据重难点,灵活显现绘本内容

在集体教学活动中经常使用多媒体技术进行辅助,针对绘本中一些重要信息和难以理解的画面,可以灵活运用多媒体技术进行展现。在呈现绘本内容时,可以根据需要进行删减或移动部分内容,或者对某个画面进行多次的重复、遮盖,或加入动作路径或音效,能够超越绘本客体的限制,将需要重点讲解的教学内容灵活地呈现在幼儿面前,能够极大地增加教学过程的灵活性。根据需要对绘本进行重新呈现和组合的方式,能够帮助幼儿更加清晰地了解画面转换的内在关系以及画面细节部分与整个绘本内容的联系。

例如:在绘本《跑跑镇》中展现的内容是两种事物撞在一起会变成一个新事物。公主和海豚撞在一起会变成美人鱼,馒头和肉丸撞在一起会变成包子,加入动画和音效的成分,有助于幼儿理解二者是如何相撞的,又是如何变成新事物的。

教师可以采用删减、遮盖画面的形式,给幼儿提供充足想象的空间,自由地想象两种不同的事物撞在一起究竟会变成什么,或者想象一个新事物是由哪两种物品撞在一起形成的。这样根据教学的需要灵活地变换组合能够促进幼儿全面发展。

(三)设计相关问题,逐渐引导幼儿理解重难点

在教学活动中教师的问题设计十分重要,对绘本内容中的重点和难点,教师不应该直接告诉幼儿,可以采用一些问题引导的方式启发幼儿独立探索,逐渐理解绘本内容。探究性问题可以启发幼儿带着疑问进行探索,阅读绘本过程中不断思索直

到找出答案。设置悬念能够为幼儿阅读绘本提供明确的目标,以保持幼儿的注意力贯穿在活动中,在找到问题的答案之后能增强幼儿自信心,培养良好的学习习惯。

例如:在绘本《菲菲生气了》教学活动中,可以设置"菲菲为什么会生气?""谁安慰了她?""最后她还生气吗?"等问题,引导幼儿逐步探索,找到问题的答案。

另外,猜想性问题鼓励幼儿大胆想象,激发幼儿对于绘本的阅读兴趣,根据绘本中的画面内容以及图画之间的关系进行猜想,培养幼儿的发散性思维。

例如:在绘本《方格子老虎》教学中,可以设置"为什么老虎的花纹变成了方格子?""变成方格子老虎之后会发生什么?"等问题,引导幼儿大胆想象,逐步理解父母对孩子的爱,以及小老虎的懂事与善良,培养幼儿积极的情感。

(四)鼓励幼儿交流讨论,自主探索重难点

幼儿是教学活动中的主体,要鼓励幼儿发挥其积极性和主动性,提供自由思考、讨论和交流的空间。许多幼儿面对同一本绘本,由于个性特点和生活经验的不同,在理解绘本中的重难点时会产生各种各样的想法。此时教师要鼓励幼儿细心观察、大胆想象、敢于表达,为幼儿与同伴提供自由交流和探讨的空间和时间,帮助幼儿独立思考,认真理解绘本的内容。在幼儿产生认知冲突并且交流讨论时,也是鼓励幼儿主动发现问题、解决问题的好时机。

例如:在绘本《谁咬了我的大饼》中,小猪看到大饼上面的牙印想要找到到底是哪个小动物咬了自己的大饼。幼儿对于小猪的大饼上面牙印的形状各自有不同的认识和理解,会自主想象和猜测大饼是谁咬的。

幼儿根据自己的理解、观察和经验,大胆表达自己的看法,跟同伴进行交流讨论。在独立地找寻答案并且按照自己的想法进行表达的过程中,促进幼儿积极主动地学习,培养幼儿的逻辑思维能力和语言表达能力。

四、必要而有效的延伸活动

在教学活动中有效的延伸活动对整个教学过程具有推进作用。结合幼儿园生活中的各个环节开展丰富多样的、富有创造性的延伸活动,能调动幼儿的多种感官,让幼儿愉快地参与到活动中来,有利于帮助幼儿把在绘本阅读活动中获得的经验慢慢迁移到自己的生活中,逐渐内化、掌握,充实自身经验,促进幼儿思维、动手能力等多方面发展。然而在实践中,教师通常使用复述故事和总结主题的形式结束教学活动,缺乏有效的活动延伸,没有帮助幼儿将阅读中获得的经验充分利用以促进幼儿的发展。因此,为开展必要而有效的延伸活动,提出以下几点建议。

(一)故事创编

采用故事创编的方式进行延伸活动。在教学过程中教师可以引导幼儿逐步理解故事内容,当故事中情节发生转变时先不向幼儿展示结局,而是留给幼儿思考和讨论的空间,促进幼儿发挥主动性进行大胆想象和创编。

例如:在绘本《菲菲生气了》中,菲菲由于姐姐抢自己的玩具大猩猩十分生气而跑出家门,进入森林中看到很多的小动物和花草树木,这时会发生什么呢?可以引导幼儿发挥想象进行创编。

创编故事能够帮助幼儿更加深入地了解故事内容,促进幼儿思考,按照自己的理解和想象创编故事内容。

(二)情境表演

依照绘本内容进行情境表演,一方面是由于绘本内容简短精练、情节戏剧化,为幼儿进行情境表演提供了充分的素材;另一方面表演能够极大地调动幼儿的兴趣,加深幼儿对于绘本内容的理解,感受绘本中蕴含的情感和意义。

例如:在绘本《母鸡萝丝去散步》中昂首阔步的母鸡萝丝和狡猾伶俐的狐狸引起幼儿极大的兴趣,教师可以一边播放图片和念出文字,一边引导幼儿表演母鸡萝丝散步和狡猾的狐狸尾随的令人嬉笑的有趣画面,幼儿乐在其中并且享受到表演的乐趣。

以情境表演的方式进行活动延伸能够加深幼儿对于绘本内容的理解和记忆,感受情节的起伏和变化,在表演的过程中结合自己的想象和理解,伴随符合角色的语调和表情进行展现,发展幼儿的想象力和肢体语言能力。

(三)自制绘本

根据绘本中的图画进行仿编,引导幼儿按照自己的理解和想象,描绘出自己想要展现的故事形象和内容,将幼儿的作品收集起来,装订成册,形成属于幼儿独特的小绘本。值得注意的是,在引导幼儿根据绘本进行绘画的同时,要注意减少对幼儿的干涉,减少模板式的绘画,给幼儿独立地进行选择绘画材料、内容和布局的自由。

例如:在绘本《我的连衣裙》中,幼儿可以根据绘本的内容进行仿绘,在绘本的花朵基础上,结合自己的想象和故事情节在连衣裙上画出自己喜爱的图案。

在幼儿绘画基础之上,再加上封面和封底装订成册,成为幼儿的《连衣裙》绘本。在动手制作绘本的过程中,幼儿可以增加对绘本结构的了解,培养幼儿的想象力和动手能力,获得成功体验,增强自信心。

(四)多领域活动的延伸

绘本的教学不应仅仅局限于语言领域,而是要贯穿于各个领域之中,融会贯通,促进幼儿全面发展。

例如：在绘本《是谁嗯嗯在我的头上》中，通过观察小鼹鼠想要找到谁是嗯嗯在它头上的元凶，在有趣的故事中发现许多动物的嗯嗯是不同的，同时能够延伸到健康领域，掌握卫生的生活习惯，不能随地嗯嗯，顾及别人的感受，不要给其他人带来麻烦。

除此之外，还可以通过画画、舞蹈、体育游戏等进行活动的延伸，将绘本的内容延伸到其他领域的活动中，如科学活动认知嗯嗯，促进幼儿德智体美劳全面发展。

活动内容的组织贯穿在教学活动的各个环节。选择合适的导入方式，尊重幼儿的主体性和积极性，设计灵活多样的教学环节和必要有效的活动延伸，将绘本的内容在促进幼儿全面发展方面发挥最大价值。

第三节 规划活动细节

常言道，细节决定成败。设计教学活动时对活动细节的考虑也是整个教学过程的关键一环。教师对活动细节的考虑可以作为衡量一个绘本教学活动是否成功的一个指标。教师对活动中的细节考虑得周全，这些细节就会变成活动的闪光点和强有力的助攻，使教学活动收获更大的成效；若是对活动细节考虑得不够周全，轻则会影响整个活动的教学质量和效果，严重的会前功尽弃，甚至会起到反效果。

教学活动的细节包括很多，如教师在设计活动时要充分考虑幼儿的兴趣和需要，关注所选绘本的细节，灵活分配活动各部分的时间，创设和谐、宽松的环境和氛围，注意倾听幼儿表达观点，讲解语言应简单易懂等。接下来我们就来详细谈谈教师要如何规划活动细节。

一、充分考虑幼儿的兴趣和需要

教师设计活动时应结合本班幼儿的实际情况，从本班幼儿的性格、兴趣、思维、想象等情况出发设计教学活动。幼儿是教学活动的主体，教学活动的设计和开展都是为了培养和发展幼儿的能力，幼儿对活动的兴趣和需要直接决定了幼儿参与活动的积极程度和本次绘本教学活动的优劣，以及该活动能不能有效地促进幼儿的发展。只有幼儿有兴趣参与到教学活动中，教师为该教学活动所做的种种准备和设计才能发挥出作用。

二、关注所选绘本的细节

（一）关注图片的局部细节

绘本以图画为生命，每个绘本都有大量的图片，这些图片中包含了大量的信息，其中有些信息是需要单独提取出来鼓励幼儿仔细观察分析的。

> 例如:《逃家小兔》中的图片既有彩色的又有黑白的,教师可以提醒幼儿注意这一细节,鼓励幼儿思考为什么有的图片是彩色的,有的图片却是黑白的,孩子们可以自由表达自己的观点,之后经过大家的讨论、分析和教师的引导,得出结论:兔妈妈和小兔在一起的时候图片都是彩色的,而小兔离开兔妈妈时图片就是黑白的。教师就可以引出下一个问题,作者为什么要这么画呢?经过一轮讨论后,教师进行总结:小兔离开妈妈时图片画成黑白的,是不是可以让我们感觉出来兔妈妈有点难过呢?兔妈妈看到的世界不再是彩色的了,只有单调的黑白色,从而让幼儿体会到绘本所要表达的情感,感受到妈妈对自己深深的爱。

教师要在绘本教学活动中引导幼儿关注图画,特别是绘本角色的造型、动作和细节的设置等,引导幼儿发现图画中的线索和创意设计,通过绘本引导幼儿去发现、探索、创造和表达。

(二)关注绘本封面信息

通常情况下,幼儿在拿到绘本时,往往喜欢直接打开绘本,阅读里面的故事和图画,而忽视了封面所包含的信息。绘本的封面难道只是告诉孩子绘本的名称吗?封面上图案的选择是不是也有深意呢?通过对一些绘本的仔细阅读,我们发现绘本封面所选择的图片基本直接反映绘本主人公所经历的事情。

> 例如:《月亮,生日快乐》的封面就包含了主人公小熊和他的月亮朋友,以及他们进行"对话"的地点——最高的山顶上,幼儿开始思考小熊都在山顶上和月亮说些什么呢?通过阅读绘本幼儿找到了答案,小熊在祝月亮生日快乐,并给月亮送了礼物!
>
> 《好消息坏消息》的封面上,小兔子一脸高兴地拿着一个被咬了一口的苹果,苹果里还钻出一只小虫子,而小老鼠却满脸不开心,这是发生了什么呀?他们为什么会有相反的情绪呢?幼儿带着问题阅读绘本,明白了原来是因为小兔子很乐观,凡事都会往好处想,而小老鼠就比较悲观,凡事习惯往坏处想,于是幼儿知道了遇到问题要保持乐观,坏事情也可以变成好事情。

通过对绘本封面信息的仔细观察,有助于幼儿更深入、更全面地理解绘本,也能够培养幼儿观察细节和从细节中寻找线索的习惯和意识。

三、灵活分配活动各部分的时间

教师在设计绘本教学活动时,往往会大致规划好活动各部分进行的时间,如讲解绘本故事十分钟,请幼儿分角色表演十分钟等。但是教师要能根据幼儿表现出来的对各部分的参与程度和积极性,及时调整活动进度,如幼儿都对教师此次选择的绘本很熟悉,教师就可以缩短绘本讲解的时间,把更多的时间留给后面的活动,而不是死板地遵循自己所做的计划而不知变通,或是若幼儿分角色表演进行得不顺利,教师就可以适当地延长这部分的时间,让幼儿的表演可以顺利地进行,而不是仓促地结束。

计划也是为活动服务的,教师不能为了计划而开展活动,而应该明确自己是为了活动而计划,因此教师不能被计划所束缚,应该能够灵活地分配活动各部分的时间,确保教学活动顺利进行。

四、创设和谐、宽松的环境和氛围

教学环境对幼儿具有强烈的暗示性,周围的环境应鲜活、生动、丰富、宽松、和谐,使幼儿在绘本教学活动中保持愉悦的心情,形成一种阅读使自己快乐的体验,从而使幼儿喜欢阅读。教师应在重视物质环境构建的同时,努力为幼儿创设良好的心理环境。阅读活动中教师的语言、表情、动作等正面的鼓励"刺激",都能唤起幼儿阅读的兴趣与热情,激发起幼儿的阅读欲望。

教师可以通过情绪饱满的朗读来给幼儿传达绘本中所包含的情感,但是教师要确保自己的朗读所传达出的情绪情感与绘本中所包含的是一致的。《指南》中提到,幼儿"能结合情境感受到不同语气、语调所表达的不同意思"。给出的教育建议也提出:"对幼儿讲话时,注意结合情境使用丰富的语言,以便于幼儿理解。""讲故事时,尽量把故事人物高兴、悲伤的心情用不同的语气、语调表现出来。"

例如:教师在读《逃家小兔》和《猜猜我有多爱你》时,两只小兔子说话应是活泼的,而兔妈妈的声音是温柔有力的,话语中充满了浓浓的对孩子的爱。

读《笨拙的螃蟹》时,要读出螃蟹尼尼对自己的大钳子总是碍事的伤心沮丧,以及用钳子轻松救出被海草缠住的章鱼时的喜悦开心。

这些情感都是建立在教师对绘本充分了解的基础之上的,通过有感情地朗读传递给幼儿,让幼儿也能感受绘本中所蕴含的丰富的情感。通过感受兔爸爸、兔妈妈对小兔子的爱,来明白爸爸、妈妈对自己深深的爱;在螃蟹尼尼和朋友一起游戏时,因为钳子碍事导致游戏中断而伤心难过;在尼尼成功救出同伴时一同欢欣雀跃。这样的情感共鸣对增强情感体验和同理心的发展有着很大的帮助。

五、注意倾听幼儿表达观点

不仅是绘本教学活动,无论什么活动教师都要注意倾听幼儿的观点。很多教师在教学活动中过于重视按照预定的教学计划进行活动,而对可能会"干扰"计划的幼儿提问或不同意见的表达等往往会选择无视甚至是让幼儿安心听讲不要随意说话，这样的做法其实是不可取的。绘本教学活动所要发展的能力就包括幼儿的语言表达能力，幼儿勇于表达自己的观点是语言能力发展的体现，教师要做的是鼓励他们大胆表达，而不是无视甚至抑制幼儿的这一行为。

教师也不能因为过于重视丰富幼儿的词汇而忽视幼儿原有语言的运用。词汇的丰富最终目的还是为了幼儿能够自如地运用词汇，教师不能舍本逐末，为了词汇的学习忽视了语言的运用。《指南》中也提到，教师应"为幼儿创造说话的机会并体验语言交往的乐趣；尊重和接纳幼儿的说话方式，无论幼儿的表达水平如何，都应认真地倾听并给予积极的回应"。

除了重视幼儿向教师表达观点外，教师还应该关注幼儿之间的语言交流。幼儿掌握的知识和语言能力一般是处在相似水平上的，他们之间更容易沟通。幼儿之间的沟通往往传达出了幼儿双方的很多观点，这就需要教师去关注并分析理解幼儿的语言。

六、讲解语言应简单易懂

教师要时刻谨记自己的听众是幼儿，在为幼儿讲解绘本、回答幼儿问题时，要注意自己语言的运用，要尽量简单易懂，不说深奥、拗口的词语，要尽可能地保证自己所说的话能够被幼儿理解。教师教学活动的目的是使幼儿的能力得到发展，一切行为都是为这一目的服务的。

因此教师讲解语言的使用只有一个要求，就是保证幼儿听得懂，时刻记得幼儿是活动的主体和中心，一切为了幼儿的发展。

七、活动准备要充分

1. 教师和幼儿经验的准备

教学活动设计之前要考虑教师和幼儿对此次选择的绘本的相关经验准备是否充足，教师面对幼儿提出的问题是束手无策或回答得没有底气，抑或是无法做绘本的延伸活动，这些都是教师活动准备不够充分的表现。为了确保活动顺利进行，教师活动前的经验准备是必须重视的。

同时，教师还要确保幼儿有与此次活动相关的一些经验，比如阅读《是谁嗯嗯在我的头上》绘本前，幼儿对常见的动物嗯嗯有一定的了解，有去过动物园的经历更好，这样才能确保在学习这个绘本时能听得懂教师的讲解，看得懂绘本的图画。这也说明绘本与生活经验联系起来，会更有助于解读绘本的内容和情感。

另外，教师还应该了解幼儿的语言水平是否能与选择的绘本相符，若大多数的幼儿语言水平还不足以支持他们学习这个绘本，教师就要考虑重新选择难度较小的、更符合幼儿语言水平的绘本。或是重新选定相对简单一些的教学目标,使其符合幼儿的语言发展水平。

例如:小班一位教师选择了《好饿的小蛇》绘本,他设定的教学目标是让幼儿学会说短句:"我吃了……水果,我变成了……蛇。"但是这个目标对小班幼儿来说有些超出了他们的语言发展水平,于是教师在了解幼儿的水平之后,将这个目标改为了教师说"我吃了……水果",幼儿接着回答"我变成了……蛇"。减少了句子的长度,相应地降低了幼儿重复句子的难度,使得小班的幼儿可以流畅地说出简短的句子,感受到参与游戏的乐趣。

2. 活动材料的准备

教师准备的活动材料既要丰富多样,又不能过于复杂。材料准备充分才能保证教学活动的效果,丰富的材料是优秀的教学活动不可或缺的条件。丰富的材料会使幼儿对接下来的活动充满兴趣,提高参与活动的积极性。此外活动材料既要与绘本相联系又要与幼儿的日常生活相联系,使得幼儿可以与生活经验结合起来,显得绘本不太陌生,从而有更多的熟悉感和代入感。

3. 组织形式上多样化

教师在教学组织形式上要根据教学需要适当多样化,不能一味地选择集体教学,教师可以适当地选择分小组进行交流讨论,如在进行分角色表演时就可以将幼儿分成几个小组,每个小组负责一个角色或是每个小组就是一个表演小组等。教师还可以在朗读绘本的时候选择较难理解的部分带领幼儿一起朗读,或是在教师朗读后请个别幼儿来重复朗读等。教学组织形式的多样化也是为了更好地服务于幼儿,更好地促进幼儿的发展。

八、选择适合的绘本教学模式

上一章我们已经讲解过几种绘本教学的模式,包括体验式、探究式和合作式。教师应该根据绘本的类型和所设计的教学目标来选择合适的教学模式。

《猜猜我有多爱你》
绘本解读

例如:应彩云老师在《猜猜我有多爱你》的绘本教学中就运用探究式教学模式,教师在讲解绘本的内容之余,还向幼儿提问有哪些东西可以表示爱呢?鼓励幼儿用自己的语言来表达自己心里的爱,幼儿的回答丰富多彩,如:"山有多高我就有多爱你""花有多漂亮我就有多爱你""路有多长我就有多爱你""祖国有多大我就有多爱你",等等。

幼儿积极思考和参与使得此次教学活动效果更佳,幼儿通过自己的方式表示爱会使得他们更加明白自己对父母的爱,也更能体会父母对自己的更多爱。

教师对活动细节的详细全面的规划是教学活动开展的必然要求,教师对活动的重视和设计都可以在细节中体现出来,这些细节也都处处体现着教师的教学水平和能力。因此教师必须重视对教学活动细节的规划和设计,在细节中展现水平和能力。

第四节　开展教学反思

一、何为反思

(一) 反思

对于反思学界存在着多种定义,通过追溯词源我们不难发现在我国古代就出现了有关反思的思想,在古代的反思等同于反省。例如:曾子提出:"吾日三省吾身",以此来鞭策自己,不断反思自己。《论语·里仁》中"见贤思齐焉,见不贤而内自省也"也提到了反思自己的思想。所以,由此看来,我国自古至今一直强调反省自己,以求进步与发展。根据《现代汉语词典》的解释,反思的意思为:思考过去的事情,从中总结经验教训。

(二) 教学反思

教学反思,是指教师对教育教学的再认识、再思考,并以此来总结经验教训,进一步提高教育教学水平。教学反思一直以来是教师提高个人业务水平的一种有效手段,深受教育大家的重视。现在很多教师会从自己的教育实践中来反观自己的得失,通过教育案例、教育故事或教育心得等来提高教学反思的质量。

二、为何反思

(一) 教学反思的必要性

教学反思是近些年在教育领域中十分热门的一个专业词汇,对于教师个人的提高与发展十分重要,也因此受到广泛关注。

通过教学反思教师可以发现自己在教学过程中的问题,在反思中成长,一步步提升自己,改进教学方法。进步不是一蹴而就的,教师的成长就是在一次次的反思中实现的,教师通过每日的教学反思,对自己的教学经验不断审视与分析、修改,积极探索教育过程中存在的问题,这样可以提高自身教育实践的科学性、合理性。通过教学反思,可以提升教师自身专业水平,有利于教师专业化发展。

(二) 绘本教学反思

绘本教学并不是简单的对故事的复述,绘本教学是教师根据绘本的内容,结合幼儿身心发展特点,有计划、有目的地进行教学活动,不仅要让幼儿了解其中的故事缘由,而且要让幼儿学会识图读图,培养幼儿欣赏美、鉴赏美的能力,懂得故事中的道理和人文情怀。所以教师要提高对绘本教学的重视,在制定教学目标、实施教学活动后,要结合教学实际情况,做好总结,进行教学反思。通过教学反思,教师可以更好地找出自己在绘本教学中的问题,认识自己的优势与不足,不断地努力提升自己的教学水平,也有利于教师做到自查自纠,从而使绘本教学效果达到最大化、最优化。

三、如何反思

(一)反思时间

教师的教学观念、教学方法不同,对教学过程的把控各异,对反思也会有不同的理解。在实际的教学过程中,很多教师都认为教学反思就应该发生在教学活动实施之后,其实这是一个错误的想法,教学反思意识应该贯穿于教学活动的始终。这里将教学反思大致分为三个阶段,分别是教学活动前、教学活动中、教学活动后。

1. 教学活动前

在进行教学活动前,教师也可以运用教学反思,预先审视自己的教学计划、目标是否合理,绘本的选择是否符合幼儿身心发展水平,能否激起幼儿的兴趣以及学习方面的深层次思考,等等。在进行教学活动之前,教师就要针对这些问题,对教学活动产生的效果进行预判,最大程度地完善教学计划。

2. 教学活动中

在进行绘本教学活动时,由于幼儿的幼稚性和不确定性,我们可能会遇到这样那样的问题,可能会和预先的教学设计有所出入,在这种情况下就需要教师针对具体情况适当调整。比如教师想通过一节活动课将绘本讲解完毕,但在教学过程中幼儿突然对绘本的某一观点或图画的某一细节产生了浓厚的兴趣,并激烈地讨论起来,而且此讨论对绘本的主题理解大有裨益,那么教师就可以改变计划,用辩证的方式开展活动,将此问题理清、弄懂,而其他内容可以安排在下一活动继续进行。

3. 教学活动后

在教学活动结束后进行的教学反思是最常见、最普遍的,是教师对教学活动的再认识、再思考。教师在结束一堂绘本教学课程后,应该回顾与反思整个教学过程,这里的反思不只是要找出问题,也应该找到优点,在下一次的教学活动中更好地运用。相较而言这一阶段的教学反思应该更具体和全面,是对整个教学设计、教学过程、教学效果的认识和思考。例如:教学设计中对教学目标的制定是否恰当,教学时间的安排是否合理,师幼互动是否科学,绘本的选择是否合适,等等。在教学过程的反思中,教师主要应当思考整个教学活动实施过程中的各个环节,如导入、讲读、结束与延伸等方面幼儿是否有兴趣。教学效果方面教师要客观地认识自己的教学活动是否达到了预期的效果,如何改进和完善。

（二）反思角度

在教学反思中，为了使教学反思行之有效，对后面的教育教学起到良好的促进作用，教师应该立足整体，进行全面的教育教学反思，所以教师要从不同的角度考量自己的教学活动，具体分为以下几个方面。

1. 自我反思

在绘本教学活动结束后，教师应根据实际的教学情况，先从自身的教学行为上进行反思。比如：导入部分是否生动有趣，能否激起幼儿的兴趣和好奇心，是否调动了幼儿的学习积极性；提问环节教师提出的问题是否恰当合理，当教师的问题幼儿回答不上来时，教师要注意可能是自己提问的方式不符合幼儿的认知能力；同时，教师也要注意反思自己的教态，在教学中一定要使用普通话，对于小班幼儿要用他们听得懂的儿童语言。

2. 幼儿方面

在教学反思中，很少有教师从幼儿角度进行分析，但是幼儿是教学活动的主体，而且幼儿身上具有很强的不确定性，所以尤其要重视从幼儿角度进行反思。这就要求我们在教学中要留心幼儿的一举一动，运用观察法，观察幼儿在绘本教学活动中状态是否积极，幼儿对此绘本是否感兴趣。幼儿年龄虽小，但也可以对教学活动做出自己的直观感受评价，教师要重视幼儿的评价，改进教学方法或策略。

在绘本教学中，有几种常见的错误教学方法，如：识字朗读型、忽略图画型、封闭提问型、无指导型等。教师在教学中要尽量避免这些教学方法的误用，通过观察幼儿的学习状态，做出适当的调整。

3. 其他方面

教师在对教学活动进行反思时，不应只局限于本次教学活动，还应综合一些其他因素，如家长的反馈、同事间的交流建议、书本中的理论启示等。我们可以通过与家长的交流，了解幼儿的一些生活习惯、性格特点等，在教学活动中会对教师起到指导作用。常见的家园交流途径有家长会、家长开放日、家长学校，或者家长接送幼儿时的随机交流等。在进行教学反思时，也要多多听取其他教师的建议，多与其他教师交流、沟通，吸取优秀的教学方法，取长补短，完善自己的教学设计，更好地为今后的教学积累经验。除此之外，教师还可以在教学活动后通过看书、看杂志，不断丰富自己的文化素养和教育理论知识，更好地为教育教学工作打下基础。

（三）反思方法

反思方法是指教师在进行自我反思时所选用的外显的方法，主要分为以下几类。

1. 从反思主体来说，分为自我反思和同伴互助

自我反思是指教师自己进行教学反思，这种反思方法是最普遍的，也是教师进

行教学反思最直接、最便捷的方法。这种方法的优点是可以加强自我认同感，提高自身肯定。在反思的时候，对于教学活动中幼儿反响不错的设计，教师会给予自身肯定，知道这样做是对的，当教学活动遇到了困难，教师就可以在反思中着重考虑自己的做法是否正确。缺点是不管教师自身的教学设计多么具有创意性或者趣味性，在进行教学反思时，教师还是会用自己的视角来进行反思，总是会陷入自己的视野不能自拔。

所以，教师在进行教学反思时，只把目光停留在自身反思是不够的，还应该进行同事间的交流，采用同伴互助的方法科学地进行教学反思。同伴互助是指发生在两个或者两个以上教师之间的通过多种形式和手段开展的，旨在促进教师自我能力提升、相互合作、共同进步的教育研究活动。在进行同伴间的教学反思时，教师间可以交流想法，相互沟通，互提建议，这一点对于教师反思和专业成长是十分重要的。

2. 从反思工具来说，分为"大脑回忆反思""反思笔记""实际行动"

"大脑回忆反思"，顾名思义，就是在自己的脑中进行回忆反思，这可能不是专门的某种反思方式，但是在教师队伍中，几乎每位教师每天都会用到这种反思方法。这种方法的优点在于它的便捷性，不需要借助其他工具，而且教师可以随时随地在脑海中进行反思总结。可以是教学中出现问题时，也可以是茶余饭后或者入睡前，想一想自己哪些地方做得好，哪些地方还有欠缺，绘本的选择是否恰当，教学活动的设计幼儿是否有兴趣等，这些都可以在教师的脑海中形成反思。缺点就是这种方法只停留在教师的"想"，没有形成实际的反思内容，所以很多教师没有把它当作一种正式的方法。

"反思笔记"是教师教学反思中最为普遍的一种方法，是指教师们将自己教学过程的观念、想法、行为通过笔记的方法记录下来的过程。可以让教师有依据地回顾自己的教学过程，找出自己的问题，看到自己的改变，这种方法让教师的教学反思有据可依。相比"大脑回忆反思"的零碎、随意，这种方法系统性更强，更清晰完整。"反思笔记"的形式多样，可以是日记式，也可以是个案记录反思、观察记录反思等。在写"反思笔记"时教师要注意，对于教学过程的描写要尽量做到详细，对自己教学过程的表现要具体，优缺点要分明，以便为日后提供参考。

我们进行教学反思的最终目的要落实到实践中，所以教师进行教学反思单有理论上的依据还不够，在教学反思后，要在下一次的教学活动中"实际行动"。不管是在脑海中想，还是记录下来，这样的教学反思都不完整，只有将教学反思的结果在教学中得以运用，并进行验证，才是一个经得起检验的完整反思教学。

 小结

　　本章详细介绍了绘本教学的每一环节如何实施,结合具体的案例进行分析,并给出教师具体可操作的指导策略。对一次成功的绘本教学活动来说,活动目标是核心,所有的活动内容或教学策略均是为活动目标服务的,因此制定好恰当合适的活动目标就等于有了清晰的方向。接下来就是组织活动内容,包括导入环节、教学过程和延伸活动,在每一环节提问哪些问题,设计哪些游戏和互动方式等。当开展一节绘本教学活动之后,不能忽略的就是教学反思,反思教学活动是否顺利,教学方法是否得当,教学效果是否良好,对于问题要正确对待,对于优点要继续保持。本章有丰富的案例可供参考,教师根据提供的案例,要举一反三,融会贯通,才能为自己的绘本教学指明方向,才能在教学过程中游刃有余。

 问题与思考

1. 绘本教学活动目标的制定原则是什么?
2. 绘本教学活动的导入方式有哪些?
3. 对一节绘本教学活动要从哪些方面进行反思?

第五章　优秀教学活动展示

第一节　健康领域

一、小班案例:《小熊不刷牙》

《小熊不刷牙》

一、绘本简介

书名:《小熊不刷牙》

文/图:〔瑞士〕斯伐拉纳·提欧利那

译:曾璇

内容简介:小熊哈利讨厌刷牙,因为好麻烦哟!所以,他总是不刷牙就上床睡觉了。一天,他做了一个奇怪的梦,梦见自己的牙齿全没了!这真是太奇怪了,不过小熊可不这么觉得。他还到处炫耀,遭到了大家的嘲笑。终于,他发现有牙齿还是挺好的。所以,醒来以后,哈利一下子就变成了一个爱刷牙的好孩子。

二、小班绘本教学活动设计

(一)设计背景

教师在和幼儿的谈话中发现,班上大部分幼儿都不愿意刷牙,也不知道刷牙有什么好处,更没有刷牙的习惯,很多都是在爸爸妈妈强制性要求下才刷牙,因此,此绘本比较适合开展培养幼儿刷牙习惯的健康教育活动。

(二) 活动目标

① 能够理解故事内容,知道刷牙的重要性。
② 感受到良好卫生习惯的好处。
③ 体验小熊从不愿意刷牙到积极刷牙的情感变化。

(三) 活动准备

物质准备:绘本《小熊不刷牙》PPT、刷牙操音乐。

经验准备:了解刷牙的一些好处。

(四) 活动重难点

重点:知道刷牙的重要性。

难点:愿意养成良好的卫生习惯。

三、小班绘本教学活动过程

教学活动过程实录:

1. 观察图画,回忆刷牙的方法

教师:画面上有什么?这些东西是干什么用的?你们会刷牙吗?怎么刷牙呢?

幼儿 A:是牙刷。

幼儿 B:刷牙用的。

幼儿 C:妈妈帮我刷牙。

幼儿 D:刷牙难受。

教师小结:刷牙虽然有时会觉得不舒服,但是我们每天早晚都要刷牙,这样才能让我们的牙齿健健康康的。

2. 初步理解绘本内容,体验小熊的情感变化

教师:瞧,他是谁?小熊有一个好听的名字叫哈利,我们一起和哈利打个招呼吧!哈利,你好!

幼儿集体:哈利,你好!

教师:晚上妈妈喊哈利刷牙,哈利不耐烦地说知道了,请问哈利愿意刷牙吗?

幼儿 A:他肯定不愿意刷牙。

教师:你从哪里看出他不愿意刷牙的?

幼儿 B:他都不耐烦了。

幼儿C:他的眼睛和嘴巴。

教师小结:哈利眼睛斜斜地看着妈妈,一脸不情愿的样子。

教师:哈利不愿意刷牙,他干了一件什么事儿?

幼儿A:哈利不开心地刷牙了。

幼儿B:哈利去洗手池刷牙了。

教师:哈利把水开得大大的,你们看这个牙膏快要怎么样了?

幼儿A:快要掉了。

幼儿B:马上就要掉下去了。

教师小结:原来他是想把这个牙膏全都冲掉啊,这样就不用刷牙了。

教师:哈利没有刷牙就睡觉了,忽然他觉得嘴巴里怪怪的,小朋友们,你们觉得可能发生什么事儿了?

幼儿A:小虫子在吃他的牙齿。

幼儿B:牙齿都掉了。

教师:看,哈利大大的嘴巴里一颗牙齿都没有了,小朋友没有了牙齿会很难受,哈利为什么这么高兴呢?

幼儿A:不用刷牙了。

教师小结:哈利心里可高兴了,哈哈,没有牙齿了,我再也不用刷牙了,他想把这个好消息告诉他的朋友们。

教师:朋友们听了这个消息笑哈利什么呢?

幼儿A:笑哈利没有牙齿了。

幼儿B:笑哈利不能吃东西了。

教师:这个时候,小熊哈利还高兴吗?

幼儿C:哈利不高兴了。

幼儿D:大家都在笑话他,他不开心了。

教师小结:看来没有了牙齿,真的没有什么好炫耀的。好朋友们都笑话他,没有了牙齿就不能称得上是一只熊了,而且说话都不清楚,也不能吃东西。

教师:哈利伤心地回到了家,妈妈为哈利准备了一桌丰盛的晚餐,有些什么呢?这么多好吃的,可是哈利怎么不吃呢?

幼儿A:哈利没有牙齿,吃不了。

幼儿B:因为他不开心。

教师小结:没有了牙齿,哈利什么也吃不了,他难过地哭了起来。

教师:发生什么事了?牙齿怎么回来了?刚才哈利其实在干什么?

幼儿A:哈利睡了一觉牙齿就回来了。

幼儿B:哈利重新长牙齿了。

幼儿C:哈利刚刚在做梦,牙齿不是掉了。

教师:其实刚才哈利没有牙齿了,被朋友们嘲笑不能吃东西,这些都不是真的,这是哈利做的一个梦!

教师:你们猜猜,哈利一起床就去干吗了?

幼儿集体:去刷牙。

教师:如果我们想保护好我们的牙齿,让牙齿能够更好地帮我们吃东西,我们应该怎么做呢?

幼儿A:刷牙。

幼儿B:早晚都要刷。

3. 完整欣赏绘本

教师:我们再来完整地看一遍,会讲的小朋友可以跟着老师一起说。教师有感情地讲述故事。

4. 律动刷牙歌

教师:我们的牙齿本领真大,那我们也要像哈利一样保护好我们的牙齿,小朋友们我们一起来做个刷牙操吧!

教师小结:我们的牙齿本领可大了,一定要好好爱护牙齿,每天要坚持早晚刷牙,而且不能吃太多的糖果哦,我们在家里吃完东西可以刷牙,那没有牙刷的时候怎么办呢?

教师总结:漱口真是一个好办法,这样你的牙齿才会更健康、更漂亮。

5. 延伸活动

发放刷牙记录表,养成刷牙好习惯。

四、专家点评

第一,本次活动设计较为完整,活动分为五个部分。首先,用一张图片进行导入,快速地将幼儿引入到教学主题——刷牙;其次,师生共读绘本,让幼儿整体感知故事的内容;再次,完整阅读绘本,加深幼儿印象;然后,通过律动让幼儿进行刷牙的游戏,实现了游戏化教学,激发了幼儿的兴趣;最后,通过记录表,将幼儿园和家庭联系在一起,实现了家园共育。

第二,整个活动在引导幼儿阅读绘本时,不应该急着说教、不断地提问、说明,应注重引导幼儿仔细地观察画面,发现故事中没有叙述出的细节,启发幼儿用自己的语言大胆、连贯地讲述哈利的内心情感的变化,并且尊重每个幼儿不同的感受,积极鼓励他们参与到故事中,鼓励他们将自己比拟成故事中的角色。例如,可以让幼儿将自己想象成小熊哈利,他们就会很自然地以"哈利"的身份进入故事,感受故事。把空间留给幼儿,让他们有足够的时间来思考"哈利"会怎么想,这样也许能让幼儿更好地体会哈利的内心情感变化。

第三,活动材料的准备不够充分。由于幼儿具有具体形象思维的特点,而且本节活动在于让幼儿掌握刷牙的方法,我们应该切实地摆放一个牙齿的模型,以及给每个幼儿发放一个小牙刷,通过直观讲解的方法向幼儿介绍如何刷牙,在讲解过后,我们还可以通过实践的方法,让幼儿自己动手刷刷牙,这样不仅可以引起幼儿的兴趣,也能够更好地达到教学目的。

五、绘本《小熊不刷牙》拓展

(一)科学领域

1. 活动名称

动物们的牙齿

2. 活动目标

① 知道不同的动物牙齿是不一样的。

② 了解什么是食肉动物和食草动物。

③ 认识牙齿的不同分工。

3. 活动准备

物质准备:《动物世界》纪录片片段;熊、虎、狼、狮子等食肉动物和食草动物的牙齿图片、人类牙齿的图片。

经验准备:熟悉《小熊不刷牙》绘本故事;去过动物园。

4. 活动过程

① 视频导入——《动物世界》纪录片。

② 播放动物图片,说出动物的名字。

③ 请幼儿回答哪些动物是吃草的,哪些动物是吃肉的,并将以上动物分类。

④ 提供动物的口腔图片,让幼儿观察牙齿的不同和相同之处,并尝试说出原因。

⑤ 总结：食肉动物有尖锐锋利的犬齿，可以用来撕咬肉，而食草动物没有犬齿，有宽大的磨牙，可以用来磨碎草。

（二）艺术领域

1. 活动名称

梦的颜色

2. 活动目标

① 了解不同颜色给人的感受。

② 能够用不同的色彩表示自己的梦。

③ 喜欢通过绘画表现自己的情感。

3. 活动准备

物质准备：彩色画笔、白色画纸、绘本《小熊不刷牙》中小熊梦中的图片。

经验准备：知道梦是什么，自己做过梦。

4. 活动过程

① 师生共读绘本，详细地说一说小熊的梦里都有什么，背景的颜色是什么样的，给你的感觉是什么样子的。

② 谈一谈你做过什么样子的梦。

③ 用你喜欢的颜色，画出你自己的梦。

附：小班绘本教学活动操作指导

一、误区点拨

（一）常见误区

在健康教育与日常生活的结合中，教师习惯于把生活活动单纯地看作是满足幼儿吃喝拉撒睡的生理需要，是对身体的保育而忽视蕴含其中的教育因素，把生活活动中对幼儿进行常规培养，片面地称为管理手段，而忽视要从小培养幼儿良好的品质行为习惯和社会适应能力，在生活活动中忽视发挥幼儿的主体作用。

（二）迷津指点

健康教育渗透在幼儿一日生活中，幼儿本身是一个有机整体，其各方面的发展是相互联系、相互影响的。陈鹤琴先生说过，儿童离不开生活，生活离不开健康教育。儿童的生活是丰富多彩的，健康教育也要把握时机，因此，幼儿健康教育应当在进餐、清洁、睡眠、游戏等幼儿一日生活中渗透健康教育理念，实施健康教育策略，例如在洗手时让幼儿了解讲卫生的重要性，在户外活动荡秋千、滑滑梯时了解保护自己的运动方法等。

二、教育建议

第一，采用灵活多样的健康教育活动形式。幼儿教学活动应根据不同的教学内容，充分利用周围环境的有利条件，灵活运用儿歌、律动、游戏、操作、视频等多种形式，为幼儿提供活动的机会，以促进每个幼儿在不同水平上的发展。特别是各种各样的游戏活动，是向幼儿进行健康教育的主要形式。

第二，开展三位一体的教育。幼儿园健康活动必须与家庭和社会健康教育密切结合，这是因为幼儿在接受幼儿园健康教育的同时还要受到家庭和社会因素的影响，而家庭和社会的健康教育活动与幼儿园健康教育活动具有不同的特点，它们会对幼儿健康和卫生知识的获得、态度的改善以及健康行为和习惯的养成起着与幼儿园不同的作用。因此，幼儿园健康教育活动与家庭和社会健康教育活动应互相联系、互相配合，充分发挥各自的作用，从而产生综合的协同教育效应。

三、绘本作者介绍

斯伐拉纳·提欧利那是瑞士图画书作家，代表作为《小熊不刷牙》。斯伐拉纳·提欧利那擅长描写人物的心理，从儿童的视角描写儿童的心理变化，他的图画书充满童真和想象力，与儿童的生活密切相关，受到了众多大人和孩子们的追捧和喜爱。

二、中班案例：《鳄鱼怕怕 牙医怕怕》

《鳄鱼怕怕 牙医怕怕》

一、绘本简介

书　名：《鳄鱼怕怕 牙医怕怕》
文/图：〔日〕五味太郎

译:信谊编辑部

内容简介:《鳄鱼怕怕 牙医怕怕》讲的是一场鳄鱼和牙医之间的心理较量,用简单、反复的语句刻画了鳄鱼和牙医每时每刻戏剧性的心理变化。他们相互惧怕,可是那颗蛀牙把他们凑到了一起。凶恶的鳄鱼只得乖乖听牙医的摆弄,而红脸的牙医也只能壮着胆子上。这种反差不禁让人开怀大笑。鳄鱼都知道该刷牙,小朋友就更应该自觉了。这是一种快乐的略带讽刺意味的生活教育。

二、中班绘本教学活动设计

(一)设计背景

幼儿喜爱吃甜食,但是对于牙齿的养护知识了解甚少,未能及时清洁牙齿造成蛀牙等问题,影响咀嚼功能和消化能力,不利于幼儿生长发育。针对幼儿存在的问题,设计以树立幼儿对牙齿的健康意识、掌握养护牙齿的技巧为重点的教学活动。

(二)活动目标

① 学习一些护牙技巧。
② 认识一些不利于牙齿健康的食物。
③ 注意牙齿清洁,养成爱牙、护牙的习惯。

(三)活动准备

物质准备:绘本《鳄鱼怕怕 牙医怕怕》、儿歌《刷牙歌》、影响幼儿牙齿健康的食物图片、牙齿模型、牙刷。

经验准备:幼儿有刷牙的经历。

(四)活动重难点

重点:了解危害牙齿健康的食物,少吃或不吃。

难度:学习爱牙护牙技巧,保持牙齿清洁。

三、中班绘本教学活动过程

教学活动过程实录:

教师通过出示碳酸饮料、糖果、蛋糕、冰激凌、巧克力等不利于幼儿牙齿健康的食物图片,引起幼儿的兴趣。

教师:你们知道这些是什么吗?小朋友们都爱吃什么?

幼儿A:我喜欢吃糖果、蛋糕、冰激凌。

幼儿B:我全部都爱吃。

教师:有一只小鳄鱼跟你们的口味一样,也特别爱吃这些甜食,吃完甜食就去玩玩具、睡觉,也不刷牙、漱口,结果呀,小鳄鱼的牙齿就开始疼了起来。(教师出示绘本。)

教师:你们看小鳄鱼现在是什么表情?心里在想什么呀?

幼儿A:感觉小鳄鱼牙齿很疼。

幼儿B:他肯定想以后再也不吃甜食了。

幼儿C:他是害怕去医院看医生。

教师:我们来看看小鳄鱼到底在想什么呢?他又去了哪里缓解牙齿的疼痛呢?(教师讲述绘本故事。)

教师:你们听完故事感觉小鳄鱼在治牙齿的过程中都是什么样的心情啊?

幼儿A:感觉他特别不想去。

幼儿B:他都要放弃了,感觉好疼。

幼儿C:他特别害怕。

教师:是的,小鳄鱼在看牙齿的时候心里是害怕的,感觉很煎熬,甚至开始后悔为什么要吃甜食。你们来猜一猜小鳄鱼可能吃了哪些甜食导致牙疼呢?

幼儿A:糖果。

幼儿B:巧克力蛋糕。

幼儿C:我猜是巧克力糖果蛋糕。

教师:你们刚刚说的这些甜食,你们爱吃吗?

幼儿:爱吃。

教师:但是吃多了这些甜食,你们会像小鳄鱼一样,长蛀牙,会特别疼,还要去医院拔牙。用什么样的方法能预防蛀牙的产生呢?

幼儿A:再也不吃甜食了。

幼儿B:吃完甜食去刷牙。

幼儿C:别再吃那么多了。

教师:是的,可能一下子让你们不去吃甜食有些困难,但是我们一定要记住甜食对牙齿的危害,一定要少吃,吃完东西后记得勤刷牙,养成良好的习惯。你们知道怎么刷牙才是正确的吗?每天刷几次?每次刷多长时间?

幼儿A:上下刷。

幼儿B:每天刷两次。

教师：（出示牙齿模型和牙刷，教师示范。）我们一天最少要刷两次牙，每次不少于两分钟，记得上下刷、左右刷、里面外面刷、刷刷小舌头。伸出自己的食指，我们一起来做一次。（教师播放《刷牙歌》。）

  小牙刷，手中拿，
  我呀张开小嘴巴。
  刷左边，刷右边，
  上下里外都刷刷。
  早上刷，晚上刷，
  刷得牙齿没蛀牙。
  张张口，笑一笑，
  我的牙齿刷得白花花。

教师：都会了吗？回到家里记得勤刷牙哦，将我们学习的刷牙小本领告诉爸爸妈妈，一起养成爱护牙齿的好习惯。

四、专家点评

第一，4—5岁是孩子接受各种事物的最佳时期，形象知觉发展最敏感，机械记忆能力也较强，好奇心、求知欲望较强烈，肌肉的灵活性及手眼的协调性增强。他们需要通过感觉、知觉以及各种活动来探索世界，建立对周围环境的认识，具体形象思维发挥主要作用。教师以绘本《鳄鱼怕怕 牙医怕怕》为媒介进行健康领域活动，满足幼儿强烈的好奇心，幼儿的思维会随着绘本画面的变化而变化，引起与小鳄鱼的情感共鸣。通过《刷牙歌》将运动与儿歌结合在一起，训练幼儿的协调能力，将运动作为辅助幼儿记忆儿歌的手段。

第二，幼儿都是活泼好动的，他们总是手脚不停地变化姿势和活动方式。如果要求他们安静坐一会儿，很快就会有烦躁的表现；如果此时让他们自由活动，一个个立即又生龙活虎一般。活泼好动的特点在中班幼儿身上表现得特别突出，甚至表现为顽皮、淘气。不少保育员都反映"中班的孩子最难带"。教学活动中绘本教学的"静"，儿歌游戏的"动"，是教师根据幼儿心理特点设置的动静结合的活动，既不会违背学生活泼好动的特性，也不会出现幼儿过于活泼的情况。

第三，本次活动的不足之处是教学内容过于简单，幼儿学习起来难度较低，容易引起幼儿注意力分散的情况。教师可以从丰富活动内容方面进行改进，例如让幼儿说一下自己平时是如何刷牙的,与教师的刷牙方式做一下对比,改进自己的刷牙方式。还可以充分发挥幼儿的作用,引导幼儿说出哪些食物会对牙齿造成损害,或者扩充了解一些不良的饮食习惯,拓展幼儿的认知。

五、绘本《鳄鱼怕怕 牙医怕怕》拓展

(一)科学领域

1. 活动名称

蔬菜一家人

2. 活动目标

① 认识几种常见的蔬菜名称及外形特征。

② 感受蔬菜的多种多样。

③ 养成爱吃蔬菜不挑食的习惯。

3. 活动准备

物质准备:各种蔬菜实物图片、各种水果头饰。

经验准备:熟悉《鳄鱼怕怕 牙医怕怕》绘本故事、事先了解一些蔬菜的名称及外形特征。

4. 活动过程

① 复习导入,引导幼儿理解饮食习惯的重要性,熟悉生活中常见蔬菜。

② 引导幼儿描述自己知道的蔬菜类型、特征。

③ 教师讲解蔬菜中的营养,幼儿认识到爱吃蔬菜的好处,养成不挑食的好习惯。

④ 戴上水果头饰,请幼儿说一说它的营养。

(二)艺术领域

1. 活动名称

可爱的小鳄鱼

2. 活动目标

① 了解绘本中鳄鱼的线条特点。

② 能够用叶子粘贴出小鳄鱼形象。

③ 体验动手操作的乐趣。

3. 活动准备

物质准备:树叶、卡纸、胶棒。

经验准备：熟悉《鳄鱼怕怕 牙医怕怕》绘本故事。

4. 活动过程

① 引导幼儿观察绘本画面，找出鳄鱼的形象特点。

② 教师引导幼儿进行粘贴画活动，创作自己眼中的小鳄鱼形象。

③ 教师点评，将幼儿作品进行展示。

附：中班绘本教学活动操作指导

一、误区点拨

（一）常见误区

许多幼儿都存在贪吃的习惯，遇到自己喜欢吃的就会吃很多。首先这是一种不良的饮食习惯，应当引导幼儿控制自己的饮食。其次要认识到习惯的养成是一个漫长的过程，不可想当然地认为告诉幼儿一次就能够彻底养成好习惯，所以家长和教师要有耐心，准备打持久战。

（二）迷津指点

饮食方面的不良习惯是由于幼儿自律性差导致的，教师可以在班级张贴规范饮食的图片或勤加提醒，逐步培养幼儿的良好饮食习惯。针对卫生习惯，教师和家长应当通过适当的方式教给幼儿，绘本故事、儿歌、游戏等都是适合的手段，家长、教师在幼儿习惯培养过程中注意耐心、细致地观察幼儿。

二、教育建议

第一，教师的示范作用是幼儿养成卫生习惯的重要途径。幼儿每天跟教师接触的时间可能比家长还要多，教师的言行举止潜移默化地影响幼儿。在教学活动中，教师一味地告诉学生操作步骤，都不如利用实物操作一遍。幼儿以具体形象思维为主，难以理解抽象化的行为，直观性的行为幼儿才能够进行模仿，教师在教学活动中注意幼儿的心理特点。

第二，帮助幼儿学习控制自己的饮食习惯。幼儿由于受到身心发展的限制，自制力和自律性不强，但是幼儿时期是饮食习惯养成的关键期，教师要在教学和一日生活环节渗透一些正确的饮食习惯。

三、绘本作者介绍

　　五味太郎是日本著名图画书作家,毕业于桑泽设计研究所,至今已出版了上百本创意独特的图画书。五味太郎的图画书画面简洁却意义深刻,代表作有:《鳄鱼怕怕 牙医怕怕》《鲸鱼》《兔子先生去散步》《谁吃掉的》《谁藏起来的》《小牛的春天》,其中,《谁吃掉的》《谁藏起来的》获日本产经儿童出版文化奖,《小牛的春天》获意大利波罗尼亚那国际图画书原画展奖。他的图画书已有几十本被译成外文,受到广大小读者的喜爱。

三、大班案例:《菲菲生气了》

《菲菲生气了》

一、绘本简介

　　书名:《菲菲生气了》

　　文/图:〔美〕莫莉·卞

　　译:李坤珊

　　内容简介:当菲菲玩得正高兴时,她的姐姐一把夺走了她的玩偶大猩猩,菲菲跌倒在地,妈妈也认为该姐姐玩了,这一下子让菲菲生气到了极点,她摔门而出……作者以言简意赅的文字和极具表现力的图画,直接抓住抽象的情绪,直观形象地把它呈现了出来。故事中的菲菲先是以肢体动作表达愤怒,进而躲进自己的世界,宣泄悲伤、渐渐缓和、最终恢复平静。

二、大班绘本教学活动设计

(一) 设计背景

　　因刚刚升入大班,幼儿的情绪管理能力有待加强,有的幼儿会因为没有喜欢的绘本而生气,有的幼儿因为别人不小心碰到自己而愤怒,总之,幼儿还不能很好地控制自己的情绪。《指南》中明确指出大班幼儿应经常保持愉快的情绪,知道引起自己某种情绪的原因,并努力缓解,不乱发脾气。根据幼儿情绪控制能力弱的情况,教师需要在教学活动中有针对性地观察幼儿的情绪,关注幼儿的心理健康/发展需求,保护幼儿的自尊心,以平等的态度和他交流,提高幼儿的情绪管理能力。

(二) 活动目标

① 了解不同表情代表的情绪及产生的原因。
② 理解故事内容,能够认识、接纳生气的情绪。
③ 有积极调整自己情绪的愿望。

(三) 活动准备

物质准备:不同表情的图片、绘本《菲菲生气了》、儿童歌曲《拉勾勾》。

经验准备:幼儿有不同情绪的经验。

(四) 活动重难点

重点:了解生气的表情及产生的原因。

难点:获得消除生气的方法。

三、大班绘本教学活动过程

教学活动过程实录:

教师在导入过程中,出示了各种各样的表情,给幼儿一分钟的时间,让幼儿观察并识别图片上的表情。

教师:你们来说说都是什么表情?表达了什么?哪些是高兴的表情?

教师总结:原来这些不同的表情是表达不同的情绪呀。大笑、微笑、调皮的笑都是表示高兴,以后我们在高兴的时候就可以这样笑。

教师:你在什么时候会感到高兴?

幼儿A:出去玩耍。

幼儿B:吃冰激凌。

幼儿C:看动画片。

教师:你们开心的时候会怎么表示呀?

幼儿A:哈哈大笑。

几乎班上的孩子都是这么表达的,只有几个人是拥抱爸爸妈妈或者跑跳。

教师总结:原来有这么多的方法都可以表达开心。请小朋友来说说哪些事情会让你开心,说出来给大家分享一下。

幼儿又重复上述回答。

教师总结：生活中让我们开心的事情有很多很多，我们好幸福呀。

教师出示《菲菲生气了》绘本的封面，让幼儿进行观察。

教师：有一位小朋友叫菲菲，我们来看看她现在的表情是什么样呢？

孩子们都可以回答出来是生气的表情。

幼儿A：是愤怒不开心的。

教师追问：你从哪些地方看出菲菲生气了？

幼儿们：嘴巴、眼睛。

教师总结：原来生活中除了高兴的事情，还有许多让人不愉快、不开心的事情，这些不愉快的事情会让我们很生气。

教师：是什么事情让菲菲这么生气呢？我们来猜一猜，一起听听到底什么事情让菲菲生气了。

教师：如果你是菲菲你会怎么办？（讲述故事前半段。）

幼儿A：不给姐姐。

幼儿B：让姐姐玩一会儿。

幼儿C：我会大声哭。

幼儿D：我可以问问姐姐能不能一起玩。

教师：你们真聪明，想出这么好的办法，可是菲菲生气了，很不开心，有什么办法可以让她开心起来，不再生气呢？

幼儿E：可以给她吃糖。

幼儿F：让爸爸妈妈给她抱抱。

幼儿G：可以让爸爸妈妈给她玩具。

幼儿H：我可以安慰她，让她别难过。

教师：我们每个人都有过生气、不开心的时候，但开心是最重要的。所以平时我们遇到不开心的事儿时，要想办法解决问题，使自己不再生气，做个开心的小朋友。

教师：那菲菲到底是用什么办法让自己不生气的？我们继续后面的故事。

教师小结：我们每个人都会有不开心的时候，生气没关系，只要你像菲菲一样有办法使自己心情好起来，那你每天都会拥有好心情。

教师：你们有什么方式可以让自己高兴起来呢？（孩子们的回答和让菲菲高兴起来的方法差不多。）

教师：我们要时刻保持开心的心情，不开心的时候要想办法让自己变得开心。

教师播放儿歌歌曲《拉拉钩》。

拉拉钩

你也生气了 我也生气了

不理不睬 不理不睬

小嘴巴往上翘呀

小嘴巴往上翘

你伸小指头 我伸小指头

拉拉钩 拉拉钩 拉拉钩

我们又做好朋友了

我们又做好朋友呀

你也生气了 我也生气了

不理不睬 不理不睬

小嘴巴往上翘呀

小嘴巴往上翘

你伸小指头 我伸小指头

拉拉钩 拉拉钩 拉拉钩

我们又做好朋友了

我们又做好朋友呀

教师:请小朋友欣赏儿歌,并且说出歌曲中有哪些调节情绪的好方法。

教师让幼儿边听儿歌边模仿儿歌中拉钩的动作,教师在过程中也跟着儿歌一起做动作。

教师:歌曲中除了拉钩还有什么你觉得可以开心的方法?请你和同伴分享一下。

幼儿开始热闹地讨论,有的说互相抱一抱,有的说跳一跳。

教师:今天你们回到家后,可以和自己的爸爸妈妈、爷爷奶奶、姥姥姥爷分享一下你们觉得开心的好方法,让他们和你一起开心。

四、专家点评

第一,5—6岁的幼儿大脑发育显著加速,这个时候他们的好奇心驱使他们不再仅关注于事物的表面而是逐渐深层次地剖析事物的本质,这个阶段的幼儿观察能力较强。本案例中,教师出示了几张表情图片,给幼儿一分钟的时间观察,符合大班幼儿的观察特点。大班幼儿能够做到根据观察的任务,有目的地克服困难和干扰，坚持细致观察，但是图片难度的设置过于简单，仅选取几幅大笑、微笑、调皮、憨笑等简单的表情难以满足大班幼儿对事物深层次的观察。建议在此基础上多添加一些幼儿难以区分的表情，有利于大班幼儿判断性思维的发展。从提问次数上看，教师的提问次数偏多，存在部分无效提问，如：你在什么时候会感到高兴？说说哪些事情会让你开心？从提问方式上看，教师应将不必要的封闭性问题换成可以让幼儿自由发挥的开放性问题。如将"哪些是高兴的表情？"换成"请小朋友来描述一下这些表情"。封闭性提问不利于幼儿发散性思维的发展，限制了幼儿创造能力的发展。在教师问完有哪些高兴的事情后，幼儿的答案千篇一律，教师可以说一个自己的例子，借此开拓幼儿的思路。但是由于教师并没有在回答中恰当地引导，导致幼儿的思路不够开阔。如果教师以亲身体验来感染幼儿，可以引起幼儿的情绪共鸣，达到良好的教育效果。

第二，5—6岁的幼儿可以正确地从身体动作、表情来推断一个人的情绪。他们也能正确判断许多基本情绪产生的原因，所以这个环节是符合大班幼儿年龄特点的。但是在幼儿表达如何判断情绪时，教师没有引导幼儿观察哪里，而是任由幼儿自己随机发现。其实利用这个教育契机可以使幼儿有顺序地观察，比如从眼睛到鼻子，再到嘴巴，或者相反。教师没能有效地引导幼儿学习有顺序地观察情绪，使得孩子的观察能力没有得到进一步的提升。在讨论如何让菲菲开心的时候，是一个教育孩子如何管理情绪的过程，如果教师可以从幼儿的实际出发，围绕幼儿在园的活动，举几个不开心的例子，反而可以让幼儿凡事从实际经验出发，找到合适的方法。由于时间有限，教师没能把握住这个环节，以幼儿为主体，引导幼儿自己找到排解情绪的方法。在幼儿不开心的时候，可以让幼儿说说如何让自己开心，与同伴一起分享如何化解情绪，有助于孩子们形成开放的内心，帮助他们建立一种安全的心理环境。

第三，教师利用儿歌《拉拉钩》作为活动的延伸部分，让幼儿在具体的游戏操作中深化化解情绪的多种方法，加深幼儿对健康快乐心理的认识和理解。这个环节可以说是将化解消极情绪的部分推向了高潮。在平时日常活动中也经常听这首儿歌，幼儿熟悉儿歌，儿歌的设置让幼儿带着明确的目的倾听。幼儿在做动作的时候，脸上是开心欢乐的表情，之前并未完全投入的幼儿也露出了笑容，真正开心起来，和同伴一起拉拉钩。活动的结尾，教师让这次活动得到了升华，幼儿在学校学习到的东西可以回到家后和家长分享，帮助幼儿学以致用。此环节还可以加强它的趣味性，让孩子们动起来、跳起来，让幼儿自由自在地在游戏中学习。

五、绘本《菲菲生气了》拓展

(一) 语言领域

1. 活动名称

我是沟通好宝贝

2. 活动目标

① 理解绘本大概内容,了解人物的情绪转变。

② 联想并用完整的语言表达菲菲当时的心理活动。

③ 联系生活实际,愿意用沟通的方式解决矛盾。

3. 活动准备

物质准备:绘本《菲菲生气了》PPT、四幅菲菲生气的图片。

经验准备:幼儿可以说完整话的已有经验。

4. 活动过程

① 出示PPT,教师引导幼儿仔细观察绘本内容,理解菲菲的不同情绪。

② 出示四幅菲菲生气的图片,让幼儿用完整的语言表达菲菲的心理活动。

③ 询问幼儿最近有什么生气的事情,教师与幼儿共同讨论如何用沟通的方式解决。

(二) 科学领域

1. 活动名称

我是小小侦查员

2. 活动目标

① 能观察、比较与分析菲菲生气时和心情平静时周围景物的不同。

② 愿意分享自己发现的不同。

3. 活动准备

物质准备:绘本《菲菲生气了》PPT。

经验准备:幼儿具有初步的探究能力。

4. 活动过程

① 共读绘本,着重观察菲菲生气时和平静时树木的状态及颜色的变化。

② 敢于大胆分享自己的发现。

(三)艺术领域

1. 活动名称

表情变变变

2. 活动目标

① 认识不同表情的特征。

② 能够画出不同表情代表情绪的具体特征。

③ 愿意用绘画的方式表达情绪。

3. 活动准备

物质准备:不同表情的图片、绘本《菲菲生气了》PPT、白卡纸、彩笔、蜡笔等。

经验准备:幼儿熟悉不同表情的特征。

4. 活动过程

① 导入活动,教师出示一些表情的图片,幼儿观察不同表情的具体特征。

② 分发白卡纸与绘画材料,让幼儿画出不同情绪的表情。

③ 分享自己的绘画作品并解释表情背后的情绪。

附:大班绘本教学活动操作指导

一、误区点拨

(一)常见误区

当幼儿出现生气、愤怒的情绪后,家长、教师往往会忽视幼儿的这种消极情绪,或者大发雷霆强迫幼儿转变情绪,重智力开发、轻情绪管理,不注意幼儿的心理。有调查表明,5—6岁幼儿脾气不好的近16%,性格古怪的占5%,幼儿情绪方面的问题占很大的比重。忽视幼儿的不良情绪往往会对幼儿的情绪管理造成消极的影响,幼儿不能正确表达情绪会使幼儿掩藏、压抑自己的情绪,这样的幼儿在成长过程中遇到不如意的事情可能会出现一些极端行为。

(二)迷津指点

对待情绪失控的幼儿,家长和教师要从根源上寻找问题所在,即从自身的教育理念和教育方式进行反思。家长和教师应注意在幼儿面前少发脾气,如果控制不住,可以先冷静一下,再与幼儿谈话,正向引导幼儿,让幼儿在日常生活中学会化解不良情绪的正确方法,让幼儿拥有开朗的性格,积极乐观地对待生活。

二、教育建议

第一,营造温暖、轻松的心理环境,让幼儿形成安全感和信赖感。家长和教师应保持健康的情绪,以积极、乐观的情绪影响幼儿。接纳不同的幼儿,关注幼儿的情绪,在幼儿做错事情后要冷静处理,不要大发雷霆,更不要打骂。

第二,帮助幼儿学会恰当处理不良情绪的方法。家长和教师要用恰当的方式表达情绪,生气时不要乱发脾气,不要摔东西。与幼儿一起谈论自己高兴或者生气的事情,鼓励幼儿与他人分享情绪,允许幼儿表达不良的情绪,教师和家长应进行正确的引导。幼儿发脾气时,不硬性制止,等幼儿冷静后告诉幼儿什么样的行为是对的。发现幼儿生气时,应主动询问原因,帮助他们化解消极情绪。

三、绘本作者介绍

莫莉·卞,美国图画书作家,1943年出生于美国的新泽西州,先后获亚利桑那大学和哈佛大学的艺术硕士学位,代表作有:《菲菲生气了》《灰袍奶奶和草莓盗贼》。莫莉·卞的图画书色彩鲜明,浓厚的情绪情感贯穿全书,给人以强烈的情感共鸣。菲菲系列图书是莫莉·卞的代表作品,这一系列的作品除了《菲菲生气了》,还包括《菲菲受伤了》《菲菲真的不行吗?》,其中,《菲菲生气了》荣获2000年美国凯迪克银奖,受到广大读者的喜爱。

第二节 语言领域

一、小班案例:《猜猜看!这种花纹是谁的?》

《猜猜看!这种花纹是谁的?》

一、绘本简介

书 名:《猜猜看!这种花纹是谁的?》
故事·绘:〔克罗地亚〕薛蓝·约纳科维奇
译:柳漾

内容简介：紫羚羊身上有一片田径赛道，长颈鹿身上有一片美丽的农田，乌龟坚硬的外壳就像一堆木头，老虎是丛林里了不起的伪装者……作者让我们看到，利用简单的点、线、面，大自然为动物们创造了各种各样神奇而美丽的花纹。这本书围绕十二种花纹呈现了十二个小小的谜题，随着折页的展开，隐藏在花纹中的动物们一一出现，为孩子们带来换个角度看世界的乐趣。

二、小班绘本教学活动设计

（一）设计背景

《纲要》中指出早期阅读的目标是"利用图书、绘画和其他多种方式，引发幼儿对书籍、阅读和书写的兴趣，培养前阅读和前书写技能"。刚刚入园的小班幼儿，课堂常规还不是很好，大多数幼儿在上课时不会主动积极地倾听，以无意注意为主。同时对于绘本的态度是比较随意的，有的幼儿甚至不能按照顺序翻阅书籍。本次活动中，教师选取了幼儿最喜欢的以小动物为内容的创意翻翻书，符合小班幼儿的特征，激发了幼儿的阅读兴趣，进而逐步培养幼儿喜欢听教师讲述图书内容的良好习惯。

（二）活动目标

① 在看看、猜猜、讲讲中了解动物的花纹，能大胆想象并表述想法。
② 学说短句"这种花纹是×××的"。
③ 体验参与集体游戏的乐趣。

（三）活动准备

物质准备：绘本《猜猜看！这种花纹是谁的？》PPT，大公鸡、狐狸、熊的图片以及对应动物的部分皮毛的细节图片。

经验准备：认识常见的动物，去过动物园。

（四）活动重难点

重点：学说短句"这种花纹是×××的"。
难点：在集体中，大胆地表述自己的想法。

三、小班绘本教学活动过程

教学活动过程实录：

1. 师幼共读封面，引导幼儿讲述

教师：小朋友们，在这个封面上你看到了哪些动物的花纹呀？

幼儿A:长颈鹿。

幼儿B:猫头鹰。

教师:封面上有几个字是这个绘本的名字,这个绘本叫作《猜猜看!这种花纹是谁的?》。

2. 师幼共读绘本

翻开绘本第一页(长颈鹿)。

教师:小朋友们看到了哪个动物的花纹?(它的脖子长长的,身上有一片美丽的麦田)猜猜看,这种花纹是谁的?

幼儿A:是长颈鹿。

幼儿B:长长的脖子只有长颈鹿。

教师:我们可以这样说"这种花纹是长颈鹿的"。

全体幼儿:这种花纹是长颈鹿的。

翻开绘本第二页(老虎)。

教师:引导幼儿观察画面,这种花纹是谁的?(鼓励幼儿大胆猜想)它是百兽之王,也是丛林里了不起的伪装者。猜猜看,这种花纹是谁的?

幼儿A:百兽之王是大老虎。

幼儿B:是狮子,狮子很厉害的。

教师:我们可以这样说"这种花纹是老虎的"。

全体幼儿:这种花纹是老虎的。

翻开绘本第三页(奶牛)。

教师:引导幼儿观察画面,这种花纹是谁的?(鼓励幼儿大胆猜测)黑白配呀黑白配,说它是大熊猫可不对。(听听它的叫声"哞~")猜猜看,这种花纹是谁的?

幼儿A:斑马。

幼儿B:哞哞叫的是牛。

幼儿C:应该是奶牛。

教师:我们可以这样说"这种花纹是奶牛的"。

全体幼儿:这种花纹是奶牛的。

翻开绘本第四页(斑马)。

教师:引导幼儿观察画面,这种花纹是谁的?(注意:不要从它的身上走,这可不是斑马线)。

幼儿A:这种花纹是斑马。

幼儿B:我在电视上见过斑马。

教师:我们可以这样说"这种花纹是斑马的"。

全体幼儿:这种花纹是斑马的。

翻开绘本第五页(猫头鹰)。

教师:观察画面,这种花纹是谁的?(它的羽毛很浓密,就像披了一件蓑衣,大家都睡觉的时候它却睁着又大又圆的眼睛)请你猜一猜这种花纹是谁的?

幼儿A:这种花纹是鸟的。

幼儿B:这种花纹是猫头鹰的。

幼儿C:只有猫头鹰睡觉才睁眼睛。

教师:我们可以这样说"这种花纹是猫头鹰的"。

全体幼儿:这种花纹是猫头鹰的。

游戏环节——猜猜看!这种花纹是谁的?

教师:今天有三只小动物找不到自己的衣服了,请小朋友们来帮它们找一找吧,请小朋友拿出藏在座位下的卡片。

玩法:教师问:"×××小朋友,这种花纹是谁的呀?"

引导幼儿回答:这种花纹是×××的,并请答对的小朋友把卡片贴到对应动物的下面。

四、专家点评

第一,内容新颖,符合小班幼儿年龄特点。小班幼儿情绪很不稳定,很容易受外界环境的影响,看见别的幼儿哭了,自己也莫名其妙地哭起来,老师拿来玩具,马上又破涕为笑。因此小班教师每年开学初都要面临一个接待新生入园的问题。大多数刚入园的小班幼儿总是用哭来表达他们的情绪。有经验的老师通常会用亲切的态度对待每一个幼儿,稳定他们的情绪,同时用新鲜的事物(如新奇的玩具、幼儿喜爱的小动物等)吸引幼儿的注意,使幼儿不知不觉地加入伙伴的行列。本次教学活动教师使用了以小动物为题材的绘本进行教学,对幼儿情绪的安定有巨大的作用。

第二,能根据幼儿的兴趣和需要组织教育活动。著名教育家陶行知曾说过:"生活即教育",即教师应该成为幼儿生活的观察者,在幼儿的日常生活中观察幼儿的兴趣和需要,及时地对幼儿感兴趣的事情进行挖掘,将其转变为教育活动的内容;活动形式应尽量"游戏化",使其在活动过程中有愉快的体验,游戏是幼儿活动的基本形式,同时也是幼儿学习的一种基本形式,我们要充分地运用游戏调动幼儿的兴趣,案例中教师在活动中开展了为小动物找花纹的游戏,将教育内容蕴含到了游戏中,让幼儿在快乐的情感体验中获得句型的学习。

第三,教师应该运用多种方式进行提问。提问有很多形式,例如追问、对比提问等,通过提问方式的变化培养幼儿质疑、反思、预期、假设等能力。相反,一成不变的提问方式只会让幼儿感到无聊和厌烦。

五、绘本《猜猜看!这种花纹是谁的?》拓展

(一)健康领域

1. *活动名称*

动物体操

2. *活动目标*

① 了解动物运动方面的特征。

② 能模仿动物的动作。

3. *活动准备*

物质准备:各种动物的视频、绘本PPT。

经验准备:能进行简单的大肌肉运动。

4. *活动过程*

① 教师引导幼儿观看动物视频。

② 教师示范动物的动作,幼儿模仿。

③ 模仿鸟类做扩胸运动,模仿兔子做跳跃运动,模仿公鸡做仰头运动,模仿猫头鹰做转头动作,模仿鸵鸟做弯腰动作,模仿驴子做踢腿动作,模仿乌龟做爬行动作。

(二)科学领域

1. *活动名称*

爱护小动物

2. *活动目标*

① 认识书中的动物。

② 能够说出不常见的一些动物的名字。

③ 喜欢小动物,知道要保护小动物。

3. 活动准备

物质准备:小动物的图片和头饰、绘本《猜猜看！这种花纹是谁的?》PPT。

经验准备:去过动物园。

4. 活动过程

① 教师戴着小动物的头饰走进教室,并和幼儿打招呼。

② 回顾绘本《猜猜看！这种花纹是谁的?》。

③ 教师向幼儿介绍每个小动物的名字,引导幼儿观察每个动物的花纹。

④ 讨论如果世界上没有了动物会怎么样？

⑤ 介绍动物对我们人和大自然的好处,要关爱和保护我们身边的动物。

(三) 艺术领域

1. 活动名称

美丽的花纹

2. 活动目标

① 熟悉动物身上的花纹。

② 能在纸上画出动物的花纹。

③ 尝试将动物身上的花纹运用到其他服饰、物品上。

3. 活动准备

物质准备:绘本PPT、水彩笔、白色画纸、画有衣服的可以涂色的卡片。

经验准备:有画画的经验,并且能够在规定的图形里涂色。

4. 活动过程

① 教师引导幼儿对绘本中不同动物的花纹进行观察。

② 引导幼儿挑选一个喜欢的动物,并按照动物的花纹进行绘画。

③ 幼儿将自己喜欢动物的花纹画到卡片中。

附：小班绘本教学活动操作指导

一、误区点拨

（一）常见误区

从教师方面说，在早期阅读的教学实践中，幼儿教师过于强调认知目标的达成，幼儿教师经常通过不断地提问以检查幼儿是否记住了故事的内容，非常强调把绘本中的文字信息传递给幼儿。事实上，我们可以先不讲给幼儿听，而是给幼儿充分的时间让幼儿看图，在看图猜测、想象或者理解之后，让幼儿自由讲述自己的看法，或者让幼儿充分地体验、表演，进而引发创编等。案例中教师每次向孩子介绍完动物后，都会让孩子说一遍"这种花纹是×××的"，这种教学手段比较单一，同时这种为教而教的方式也让绘本原有的趣味丧失了很多，幼儿体会不到阅读的快乐，从而无法感受到在阅读中发现惊喜的乐趣。

从家长方面说，由于现在竞争激烈，很多家长对孩子的学业特别关注，"不能让孩子输在起跑线上"让很多家长都主观地以为幼儿阶段认识的字越多，将来的发展也就越好。为了满足家长功利化的需求，很多幼儿园过早地将早期阅读当成一种获取知识的手段，将早期阅读等同于早期识字，严重地损害了幼儿的阅读兴趣。此外，逼孩子读不喜欢的书，也是家长中很常见的一个问题，家长经常不征求孩子的意见，买来自己认为重要的书，逼着孩子读，这样做很有可能会让孩子本能地抵触阅读。

（二）迷津指点

在家长方面，首先要尊重孩子的兴趣爱好。家长要通过观察，了解孩子的阅读兴趣，并尊重他们的兴趣，帮孩子寻找他们感兴趣的更多好书。其次，家长要将识字和阅读区分开来看。我们认为，早期阅读是指0—6岁学前儿童凭借变化的色彩、图像、文字或凭借成人形象的读、讲来理解读物的活动过程。周兢教授曾指出："过分强调识字可能导致阅读困难：其一，一味地强调早期识字，很可能忽略了学前儿童的口语学习良机，也严重影响了他们书面阅读的能力的发展；其二，早期识字将儿童阅读的注意力主要引到识字方面，使他们一拿起书本就联系到枯燥、机械、乏味的认字经验，最终导致他们厌烦阅读，缺乏阅读兴趣和动机。"

在教师方面，教师在早期阅读活动中要重视幼儿的情感态度与价值观，将教学重点难点更多地放在培养幼儿喜欢阅读的态度上，进而培养幼儿自主阅读的能力，从而为幼儿的终身学习奠定基础。

二、教育建议

第一，构建"对话式"的阅读过程。"对话式"阅读使用的最基本的方法是"对等式"交流。即儿童与成人之间进行简短的对话，成人不断提示幼儿说出书中的内容，并对儿童的回答给予评价，可增加一些信息或用更清晰的方式进行重新描述，来补充儿童的回答，继而再通过一些提问观察儿童是否能从新给出的描述中有所收获。"对话式"阅读中，成人除第一遍阅读以外，对书中的每一页内容都应该进行"对等式"交流。成人应该减少对文字的阅读，把更多的机会留给儿童。如果儿童主动说出了书中的一些内容，成人可以紧接着给予评价、补充和重复，这是由儿童代替成人开启阅读的过程。

第二，实现语言教育目标的整合。在制定学前儿童语言教育目标时，既要考虑语言各组成成分的情感、能力和知识方面的培养目标，也要考虑在语言教育中可以实现哪些与语言相关的其他领域的目标，同时还要考虑哪些语言教育目标可以在其他领域的教育中得以实现，使语言教育目标成为以促进儿童的语言发展为主线，同时促进儿童其他方面发展的整合的目标体系。只有树立了整合的语言教育目标意识，才能实现语言教育与其他方面的整合。

三、绘本作者介绍

薛蓝·约纳科维奇1961年生于克罗地亚的首都萨格勒布，1985年毕业于米兰的布拉雷艺术学院，后成为克罗地亚著名的图画书作家、插画家、雕塑家，代表作有《大世界，小世界》《企鹅比斯在哪里？》《我的路》《万亚和野兽》等。曾获布拉迪斯拉发国际插画双年展金徽奖、意大利博洛尼亚国际童书展最佳童书奖特别奖等多项大奖，其作品已被译成数十种语言在世界各地出版。他的作品生动活泼、情感丰富，同时又妙趣横生，富有想象力、感染力。"猜猜看"系列翻翻书共有9部，作者匠心独运的折页设计，让孩子在不断收获惊喜的同时，也了解动物的多种特征，是一套知识与趣味兼备的创意图画书。

二、中班案例:《想吃苹果的鼠小弟》

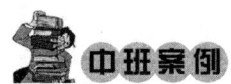

《想吃苹果的鼠小弟》

一、绘本简介

书名:《想吃苹果的鼠小弟》

文:〔日〕中江嘉男

图:〔日〕上野纪子

译:赵静、文纪子

内容简介:高高的树上长着可爱的红苹果,鼠小弟好想吃。要是像鸟儿一样能飞,像猴子一样会爬树,像大象一样有长长的鼻子,像……多好啊,看到其他动物一个个使出自己的本领摘走苹果,鼠小弟很是羡慕。他学袋鼠跳,可是跳不高,学犀牛去撞树,结果碰了个鼻青脸肿。海狮虽然也没有其他动物那样的本领,可是,当他用顶球的绝活把鼠小弟抛到树上时,他们终于摘到了苹果!

二、中班绘本教学活动设计

(一) 设计背景

中班幼儿处于儿童叙事能力发展的萌芽阶段,口语能力是幼儿叙事能力的体现,关系到幼儿各个方面的发展以及与人沟通的能力。《指南》中就对中班幼儿语言领域提出"能基本完整地讲述自己的所见所闻和经历的事情"的要求,这是幼儿叙事能力萌芽的初步体现。中班幼儿在语言表达过程中存在叙事能力发展偏弱的情况,绘本教学可以以丰富、幽默的形式以及故事经验训练幼儿叙事能力,增加幼儿表达机会。

(二) 活动目标

① 能够大胆猜测故事情节,表述画面内容,发表自己的想法。

② 体会到合作与成功的喜悦。

(三) 活动准备

物质准备:绘本《想吃苹果的鼠小弟》PPT。

经验准备:认识常见的动物,去过动物园。

(四)活动重难点

重点:通过绘本学习拓展幼儿词汇量以及丰富幼儿叙事情感。

难点:幼儿围绕主题进行讲述。

三、中班绘本教学活动过程

教学活动过程实录:

教师:今天给大家带来一个很有意思的绘本,名字叫《想吃苹果的鼠小弟》,你们仔细观察这个封面上都有什么啊?

幼儿A:有一只小老鼠。

幼儿B:有苹果树。

教师:那你们看这个苹果树跟小老鼠相比,最大的不同是什么?

幼儿A:苹果树高。

幼儿B:苹果树是圆柱那样的。

教师:苹果树是又高又长的,那这只小老鼠呢?

幼儿A:矮矮的。

幼儿B:小小的。

教师:矮矮小小的小老鼠想吃高高的树上的苹果,他能够到吗?他会用什么办法才能吃到好吃的苹果呢?

幼儿A:他会爬树。

幼儿B:他会撞树,像牛一样。

教师:鼠小弟到底会用什么办法呢?我们一起来看一看吧……

教师:看一看,谁来了?

幼儿A:一只鸟。

教师:小鸟能够飞,所以能拿走一个苹果。看一下鼠小弟在做什么?

幼儿A:他在学小鸟飞。

幼儿B:他飞不起来。

教师:你们说的真棒!我们看看后面,这次谁拿走了苹果呢?

幼儿A:小猴子。

教师:看一下鼠小弟在干什么?

幼儿A:他在学猴子爬树。

教师:但是他爬不上去,还是拿不到苹果。看看接下来谁来了?

幼儿A：大象。

教师：大象是怎么拿到苹果的呢？

幼儿A：用长鼻子。

教师：你说的很好，就是用长鼻子。鼠小弟看到大象，他打算怎么做呢？

幼儿A：拽他的鼻子。

幼儿B：他也想有个长鼻子。

教师：看！这次是谁来了？

幼儿A：长颈鹿。

幼儿B：长颈鹿的脖子可真长啊！

教师：我们看现在鼠小弟在干什么？

幼儿A：他还以为自己也是长颈鹿呢！在那伸脖子呢！

教师：说的很棒，但不管他多用力伸，他都够不到。小朋友们，看一下接下来是谁来了？

幼儿A：袋鼠。

教师：袋鼠蹦蹦跳跳地就摘到了苹果，鼠小弟呢？

幼儿A：他也想跳上去。

幼儿B：他太小了，跳不上去。

教师：眼看着上面的苹果越来越少了，还会有动物来拿走苹果吗？

幼儿A：是犀牛。

幼儿B：犀牛快要把树撞倒了。

教师：犀牛力气大，撞下来一个苹果，我们看看鼠小弟呢？

幼儿A：他也在撞树。

幼儿B：撞得尾巴都卷起来了。

教师：说的很好。现在树上只剩下两个苹果了，而这个时候海狮来了，海狮能够到苹果吗？

幼儿A：不能。

教师：海狮说他有个本领，我们一起看看是什么本领吧！

幼儿A：海狮把鼠小弟顶了上去。

教师：海狮和鼠小弟合作，成功拿到了苹果。

教师：鼠小弟摘不到苹果的时候特别着急，你们平时有没有遇到过因为做不到而特别着急的事情啊？你们是怎么解决这个困难的呢？

幼儿 A:以前我家养了一只小虫子,有一天它跑到树上了,我怎么够都够不到,然后我爷爷、我哥哥和我姐姐帮我把小虫子拿下来了。

幼儿 B:有一次我特别想让爸爸、妈妈给我读书,但是他们都没有时间,我特别着急,最后只好等着他们有时间了再给我讲。

幼儿 C:我在山东海边玩的时候,我跟妈妈一起抓蛤蜊,妈妈用小铲子挖,我来抓,最后抓到了。

幼儿 D:姥爷找不到瓶子,我和姥爷一起找瓶子,最后姥爷找到了一个,我找到了一个。

教师:这几个小朋友有一个共同的特点就是遇到困难都没有放弃,就像我们的鼠小弟一样。以后小朋友们遇到什么困难都不要放弃,可以去找爸爸、妈妈、老师和小朋友帮忙,通过互相合作,这个事情可能就变得简单很多。

四、专家点评

第一,《纲要》中明确指出:发展幼儿语言的关键是创设一个能使他们想说、敢说、喜欢说、有机会说并能得到积极应答的环境。鼓励幼儿大胆、清楚地表达自己的想法和感受,尝试说明、描述简单的事物或过程,发展语言表达能力和思维能力。教师在进行绘本教学活动中忽视了环境创设因素,导致部分幼儿可能由于羞涩、表达欲低、表达机会少等原因不愿进行语言表达。教师需要关注到每个不同发展程度的幼儿,讲述活动前创设一个激励幼儿表达的环境,调动幼儿的兴趣。另外教师在整个教学过程中缺乏对幼儿回答的积极回应,不能调动幼儿继续回答的愿望,无法深入地探讨问题。

第二,绘本素材要符合幼儿的认知和心理特点。在进行绘本教学之前,教师要对绘本以及绘本适合的年龄有清楚的认识。《想吃苹果的鼠小弟》是非常简单的绘本,属于低幼年龄的阅读层次,放在中班不太合适,除非教师能够挖掘更深的东西。教育要抓住幼儿的最近发展区,让幼儿"跳一跳"就能够得到,而非坐着都能够到。

第三,教学形式过于单一,容易将语言领域变得枯燥乏味。绘本讲述属于"静态"活动,在此基础上可以设置一些动态化的活动,防止注意疲劳,例如设计一个需要合作才能完成的游戏,让幼儿在游戏中体验到合作带来的成功,从而更好地理解绘本的主题。

第四,教师的评价方式也会对幼儿的语言表达产生影响。无论幼儿表达好与不好,能够有勇气在集体面前表达就是值得肯定的,以鼓励、支持的态度面对幼儿,也应当避免无意义评价,如"说的很棒""讲的很好"等,应给予幼儿具体的评语,如"你举的这个例子很合适,你是遇到了困难,通过家长的帮助来解决的"。

五、绘本《想吃苹果的鼠小弟》拓展

(一) 健康领域

1. 活动名称

蔬菜、水果营养大

2. 活动目标

① 了解不同的蔬菜、水果具有不同的营养价值。

② 喜欢吃蔬菜、水果。

3. 活动准备

物质准备:不同蔬菜、水果图片,儿歌4首。

经验准备:熟悉《想吃苹果的鼠小弟》绘本故事。

4. 活动过程

① 导入环节,复习绘本,引出吃苹果好处多的话题。

② 教师出示蔬菜、水果图片,引导幼儿认识名称并了解不同蔬菜、水果的营养价值。

③ 出示图片学儿歌。

西红柿

西红柿,红又圆,吃到嘴里酸又甜,能做菜,能烧汤,味道鲜美大家尝。

猕猴桃

我是猕猴桃,身上长毛毛,别看我不美,酸甜营养好。

大白菜

大白菜,大白菜,颗儿大,人人爱,一人抱不动,咱们两人抬。

大白菜,里一层,外一层,一层层,包得紧。不让太阳晒,不让大雨淋。

宝宝爱吃嫩菜心,他要长得白又嫩。

西瓜

大西瓜,圆又大,绿皮红瓤甜又沙。小朋友,快快来,大家一起吃西瓜。

大西瓜,圆又圆,一个一个躺农田。咬一口,香又甜,吃得肚皮溜溜圆。

(二) 科学领域

1. 活动名称

鼠小弟来数数

2. 活动目标

① 能够快速目测5以内数量。

② 能够说出两盘水果之间相差几个。

③ 在数学游戏中体验数数的乐趣。

3. 活动准备

物质准备：绘本《想吃苹果的鼠小弟》，苹果、香蕉、桃子、草莓的图片各5个，4个盘子，鼠小弟图片。

经验准备：熟悉《想吃苹果的鼠小弟》绘本故事。

4. 活动过程

① 出示绘本内容，教师讲解绘本故事，引导幼儿观察苹果一共有几个。

② 与幼儿开展数学游戏，分别摆放不同数量的水果，摆成4堆，鼠小弟走到哪堆就引导幼儿抢答对应水果的数量。

③ 对比两个盘子的水果数量，能够快速说出差几个。

(三) 艺术领域

1. 活动名称

制作苹果树

2. 活动目标

① 在剪纸和粘贴的操作中能够创造出不同的苹果树形象。

② 幼儿体会到手工制作的乐趣，提高审美能力。

3. 活动准备

物质准备：彩色卡纸、胶棒、剪刀、长方形"树干"。

经验准备：熟悉《想吃苹果的鼠小弟》绘本故事。

4. 活动过程

① 复习《想吃苹果的鼠小弟》绘本，引导幼儿思考如何制作绘本中苹果树形象。

② 教师分配材料，引导幼儿在"树干"上粘贴"树枝"和"苹果"。

附：中班绘本教学活动操作指导

一、误区点拨

(一) 常见误区

大多数教师理解的绘本语言教学活动就是拿着绘本逐页逐页进行讲述，中间以师生问答作为引导,教学过程过于简单,教学活动的侧重点就由促进幼儿语言发展转变为引导幼儿理解绘本内容。这种绘本教学流于表面,对幼儿语言能力发展作用甚小,仅靠教师讲故事中穿插的简单问答,幼儿的表达能力是不能很好发展的。

(二) 迷津指点

教育模式的探索应以了解幼儿为前提。教师通过了解幼儿词汇发展到何种程度、叙事能力有哪些欠缺,再进行语言教学活动。如幼儿词汇广度较低时,教师在教学活动中的侧重点就放在词汇量上,以扩大幼儿词汇量为核心;如幼儿叙事时缺少情感表达和评价,教师在绘本教学时就应侧重引导幼儿通过观察画面感受"鼠小弟"情绪的变化。一次高效的教学活动是针对幼儿本身特点来实施的。

二、教育建议

第一,丰富幼儿词汇量,增加幼儿词汇储备,幼儿能够表达出自己想说的话。词汇的积累是一个漫长的过程,应掌握适宜的教学方法丰富幼儿的词汇量。认真观察画面时幼儿的表达、师生互动中幼儿的表达、主题讲述时幼儿的表达,都是丰富词汇以及应用词汇的机会。绘本教学活动中应注意为幼儿创造适宜的环境,增加记忆储备,让幼儿"想说、敢说"。通过师幼互动引导幼儿对已有信息进行加工,加深词汇深度和扩大词汇广度以促进幼儿叙事能力的发展。

第二,丰富幼儿的叙事情感,讲述内容更为生动。教师应深度挖掘绘本中的情感因素,在熟知绘本的基础上开展活动。在绘本教学活动中训练幼儿情绪感知时,应当引导幼儿认真观察画面,将回答的机会交给幼儿以训练幼儿发散性思维,培养幼儿主动观察绘本人物心情、情绪变化的习惯。在培养叙事语气过程中,教师应做好自身的榜样作用,通过夸大情绪表现力来感染幼儿的情绪,使幼儿叙事内容能够更加生动、富有感染力。《想吃苹果的鼠小弟》绘本中并没有直接将鼠小弟的心情用语言表达出来,但是通过观察鼠小弟的表情以及绘本细节字词能发现鼠小弟的情绪表达。在叙事过程中,情绪表达可以使表达更生动,如将"鼠小弟最后摘到了苹果,跟海狮一起分享了"与"鼠小弟最后摘到了苹果,他高兴坏了,急急忙忙跳下来跟海狮分享了,他们两个一起高高兴兴回了家"比较,显然是后者将鼠小弟心情描绘得更生动。

三、绘本作者介绍

《想吃苹果的鼠小弟》是由日本一对夫妇中江嘉男、上野纪子创作的,两人都毕业于日本大学艺术学系美术专业。夫妇两人的主要作品是"可爱的鼠小弟"系列。此系列书籍自1974年问世以来就以构思精巧有趣、绘图简约传神的特点而深受孩子们的喜爱,并荣获日本图书馆协会好绘本奖等一系列大奖,不仅是日本绘本的巅峰之作,也是世界绘本中的经典。中江嘉男的主要作品除了"鼠小弟"之外,还有《淘气的小拉拉》《心灵绘本》等,其中《淘气的小拉拉》获日本绘本奖。

三、大班案例:《没有耳朵的兔子》

《没有耳朵的兔子》

一、绘本简介

书名:《没有耳朵的兔子》

文:〔德〕克劳斯·鲍姆加特、蒂尔·施威格

译:王星

内容简介:有一只没有耳朵的兔子,他能跑、能跳、爱吃胡萝卜。其他的兔子都不和他做朋友,就连狐狸都懒得捉他。可是,在他捡到了一个蛋后,一切都变了……图书富有创意地将电影拍摄技巧融于绘本当中,形成独特的画面语言。作者用巧妙的构图和温馨的画面,告诉读者:不管你有多特别,只要能够认同自己,同样能够快快乐乐。

二、大班绘本教学活动设计

(一)设计背景

3—6岁是幼儿语言发展和自我意识形成与发展的重要时期。在这个时期,幼儿的自我意识总体上呈现快速发展的态势,但个别差异也相当显著,并受到家庭、幼儿园、同伴等多方面的影响。作为教师,有责任给幼儿积极的影响,帮助幼儿形成良好的口语理解和表达能力,且形成积极的自我意识,从而促进幼儿心理的健康发展。

升入大班一个多月以来,本班的幼儿很快地适应了新的环境,在生活中有良好的卫生、行为习惯,能够自主、有序地做事。在学习品质方面,大多数幼儿思维活跃,敢于表达自己的想法,做事比较积极主动。但有的幼儿在语言复述创编上能力较弱,且不容易认识到每一个人都是独一无二的,出现了自卑情绪。本次活动的目的在于引导幼儿认识到每一个幼儿都是独一无二的,要接纳和认识自己。

(二)活动目标

① 感受没有耳朵的兔子从孤单、悲伤到快乐的情绪变化。

② 尝试复述、续编故事以及连贯表达绘本内容。

③ 认识到每一个幼儿都是独一无二的,要接纳和认识自己。

(三) 活动准备

物质准备:绘本《没有耳朵的兔子》PPT。

经验准备:幼儿已有复述、创编的经验。

(四) 活动重难点

重点:可以复述、创编故事。

难点:认识到不管你有多特别,也要健康快乐地生活。

三、大班绘本教学活动过程

教学活动过程实录:

教师在教学活动准备阶段进行了一些简单的提问。

教师:提到兔子你们会想到什么?

幼儿 A:会蹦会跳。

幼儿 B:爱吃萝卜、耳朵长。

教师:如果是一只没有耳朵的兔子,你们会有什么感受呢?

幼儿 C:有点怪怪的。

教师:今天老师介绍你们认识一只没有耳朵的兔子。

幼儿 D:没有耳朵的兔子(拖长音)?

教师:老师认为大班小朋友说话拖长音就像是在催眠,说话速度快代表反应快、聪明。接下来我们来看看书里讲了什么?故事开始了,有一只兔子生下来就与别人有点不一样,天生没有耳朵,可是他也有他的本领啊。你们谁能马上告诉我他有什么本领?

幼儿集体:跑步。

在绘本阅读过程中,教师注意到一名男幼儿举手,并给予他鼓励。

教师:好了,小朋友我们来看下咱们的 PPT 吧。(引导幼儿看 PPT)小朋友知道这是什么意思吗?这幅画谁看懂了?谁把图画中的内容说出来?

幼儿 A(坐在距离教师较近的位置上,举起了自己胖乎乎的小手)

教师:来,老师看到你举手了,我很高兴你能举手,到我这里来。

幼儿 A(害羞地走到了前面)用比较低的声音说:他跳得很高。

教师:这是他说的内容吗?

幼儿 A 思考了一下,把绘本上的字读了出来:我跳得很高。

教师:对,让我们一起来说得更完整一点。

幼儿 A:没有耳朵的兔子说,我跳得很高。

教师：你回答得真完整,老师给你点赞。

绘本阅读过程中教师引导儿童描述绘本中的内容。

教师展示了一张PPT,在这张PPT中的小兔子低着头,脸上呈现出悲伤沮丧的神情。

教师：小朋友,图中的小兔子怎么了?

幼儿B：老师,他很孤独。

教师：你从哪里看出来的?

幼儿B：因为他低下头,他好孤独,要是没有家人陪我玩,我也会感到孤独。

教师：嗯,他低下头,一个人坐在那里。

绘本活动的扩展,教师利用情境"没有耳朵的兔子发现了一个鸡蛋",进行语言环境创设,为幼儿的语言表达创造环境。

教师：他发现了这个鸡蛋会怎么做呢?

幼儿A：他会把它吃掉。

幼儿B：他会跟生下的小鸡做朋友。

教师：等鸡蛋变小鸡,小鸡跟他成为朋友,这个蛮奇特的,为什么要跟他成为朋友呢?

幼儿B：因为他很孤独。

教师：有些小朋友会觉得他不舍得吃鸡蛋,他想跟鸡蛋变成的小鸡做朋友,你们觉得这么想有没有道理?

幼儿集体：有。

教师：你们看这么多画面,他在干吗?

(幼儿七嘴八舌地说,和鸡蛋一起洗澡、看电视、看书、爬山……)

幼儿E：他做什么都要跟鸡蛋在一起。

教师：这个小朋友说的一句话你们听到了吗?这句话很有水平,老师都不一定能说出来,再说一遍。

教师：没有耳朵的兔子和别的小兔子长得不一样,鸡蛋孵出来的小鸡也和别的小鸡不一样,但是他们依然可以很快乐地生活,可以跑、可以跳。小朋友们也要像这只小兔子一样,不管你有多特别,都要快乐健康地生活。

四、专家点评

第一,提问是最能够反映幼儿教师教学能力和教学水平的形式。提问是一门科学,是一种教学艺术,是提高教学质量的有效手段,也是教学过程中的一个重要环节。好的提问能调动幼儿的学习积极性,发挥幼儿的思维、想象和创造力。总体看来,教师的提问更加多样,增加了一些提问形式,如追问等。例如在幼儿回答小兔子很孤单后,教师又立即进行了追问"你从哪里看出来的?"促进了幼儿进一步思考及思维的进一步成熟。该教师在提问时以开放性提问为主,以封闭性问题做铺垫,促进了幼儿的思考和注意力的集中,照顾到了不同能力的幼儿。不过在提问上,存在留给幼儿思考时间少、急于让幼儿回答问题的现象。

第二,面对幼儿的回答,教师能够给予积极有效的回应。在语言活动中,该教师关注到幼儿的表现,并且给予一定的积极鼓励,促进幼儿成长。在幼儿A的回答不够完善的基础上,教师对他进行了一定的引导,帮助幼儿完整回答问题,并且给予积极的正强化和赞扬等反馈。幼儿E回答"他做什么都要跟鸡蛋在一起"。这是一个概括性回答,属于高水平总结,教师给予了很高的评价,并请他再重复一遍,让所有幼儿都能注意到这句话,一方面对幼儿E后续的回答起了积极的强化作用,另一方面也为其他幼儿树立了榜样,激发了其他幼儿的回答热情。不过,面对幼儿B的解释性回答时"因为他低下头,他好孤独,要是没有家人陪我玩,我也会感到孤独",教师仅仅是回应"嗯,他低下头,一个人坐在那里",这其实是一个无效回应,可以这样回应:"看来你也有过类似这样的经历,所以你才能说出他很孤独,回答得很准确,老师给你点赞。"

第三,结尾有些应付。大班幼儿的生活经验、自我认知和语言表达都有了很大的进步,借着绘本的主题,教师可以引导幼儿说一说自己有哪些缺点,害怕别人不喜欢自己,同时也说一说自己有哪些优点,引导幼儿在正确认识自我的基础上要包容别人的不足,欣赏别人的优点,接纳自己的不完美,认识到我们都是独一无二的。

五、绘本《没有耳朵的兔子》拓展

(一)健康领域

1. 活动名称

兔子王国跳绳比赛

2. 活动目标

① 学会单人跳绳的基本技巧。

② 能够连续地跳绳。

③ 感受跳绳的乐趣和与他人比赛带来的欢乐。

3. 活动准备

物质准备：绘本《没有耳朵的兔子》、若干个跳绳、口哨、欢快的音乐。

经验准备：平时生活中幼儿已有双脚同时跳绳的经验。

4. 活动过程

① 代入《没有耳朵的兔子》故事情节，举办兔子王国跳绳比赛。

② 幼儿扮演不同长相的兔子参加比赛，分为两组：有耳朵的兔子和没有耳朵的兔子，教师引导幼儿探索跳绳的技巧。

③ 口哨响起，两组幼儿同时跳绳，持续时间最长的组获胜。

④ 教师带领幼儿做放松活动后，带幼儿回教室。

(二) 社会领域

1. 活动名称

我们都是不同的

2. 活动目标

① 认识到人与人之间存在着差异。

② 能够尊重、接纳他人。

③ 愿意与他人交往。

3. 活动准备

物质准备：绘本《没有耳朵的兔子》PPT、儿歌《找朋友》。

经验准备：熟悉《没有耳朵的兔子》绘本故事。

4. 活动过程

① 讲述绘本《没有耳朵的兔子》，让幼儿感受尽管长相不同但是仍然可以一起生活、一起玩耍。

② 同伴之间互相指出不同之处，认识到每个人都是不一样的。

③ 播放音乐，玩《找朋友》的游戏。

(三) 科学领域

1. 活动名称

找一找、分分类

2. 活动目标

① 认识到事物的不同特征。

② 能够根据事物共同的特征进行分类。

③ 感受分类、找不同活动带来的快乐。

3. 活动准备

物质准备：绘本《没有耳朵的兔子》、不同事物不同特征的若干个图片、白板。

经验准备：平时生活中幼儿已有的分类经验。

4. 活动过程

① 带领幼儿阅读绘本《没有耳朵的兔子》，认识到兔子可以分为没有耳朵的、有耳朵的。

② 展示一系列一只眼、两只眼、穿裙子、穿裤子、戴帽子、戴眼镜、一条腿、两条腿等不同特征的兔子，让幼儿分组讨论并按照兔子的特征分类后粘贴到自己组的白板上。

③ 教师总结分类结果并解释原因。

(四) 艺术领域

1. 活动名称

谁的兔子最特别

2. 活动目标

① 能够发挥想象力，画出不同特征的兔子。

② 体验绘画带来的乐趣。

3. 活动准备

物质准备：绘本《没有耳朵的兔子》PPT、白纸若干张、彩笔、蜡笔等。

经验准备：平时生活中幼儿已有的绘画兔子的经验。

4. 活动过程

① 带领幼儿欣赏《没有耳朵的兔子》的绘本图片，观察没有耳朵的兔子的相貌特征。

② 鼓励幼儿发挥想象力，画一只特别的兔子。

③ 鼓励幼儿表达自己的作品，说出绘画兔子的特别之处。

附：大班绘本教学活动操作指导

一、误区点拨

(一) 常见误区

教师经常会问幼儿这个故事讲了什么道理？仔细看看，这一页你认识几个字？在教学过程中更加重视文学知识和技能，忽视感受和体验。把掌握文学知识当作目标和任务,将故事情节和画面内容拆散,把阅读活动变成了单调的文字知识学习。强硬地把知识塞给孩子,这会造成幼儿对书籍、对知识的厌恶,无法提升幼儿的学习品质。

(二)迷津指点

幼儿在发展的每个阶段都有自己观察世界的独特方式,教师应为不同年龄阶段的幼儿选择适合的绘本,以平等的态度和幼儿一起阅读。随着年龄增长,幼儿的主观能动性增强,可以让幼儿自由地选取喜欢的绘本。在引导幼儿读图时不要采用训斥的方式,少强调故事内容的意义和背后的大道理,多让幼儿思考,培养其创造性思维。幼儿需要沉浸在故事的港湾中,自由地阅读,获得愉悦和美的享受。

二、教育建议

第一,经常和幼儿一起阅读,引导幼儿以自己的方式去理解绘本的内容。引导幼儿仔细观察绘本,结合绘本内容讨论。和幼儿一起讨论或回忆书中的故事情节,引导他们有逻辑性地说出故事的大致内容。在给幼儿读书或讲故事时,可先不告诉幼儿名字,让幼儿听完后自己命名,并说出这样做的理由,鼓励幼儿自主地阅读,与他人讨论在阅读中的发现、感悟。

第二,在阅读中发展幼儿的想象力和创造力,鼓励幼儿根据画面讲述故事,大胆推测想象故事情节的发展,改编故事情节,创编故事结尾。鼓励幼儿用表演、绘画等不同的方式表达自己对绘本的理解,鼓励和支持幼儿自己创编故事,并配上插图制成绘本。

第三,激发幼儿的阅读兴趣,培养阅读习惯。当幼儿遇到感兴趣的事物或问题时,和他们一起去查阅资料,让他们感受通过阅读获得信息的快乐。阅读活动中,教师应积极采用对话、讨论的方式,引导幼儿进行协同合作,分享感受。只有这样,幼儿才能自主发挥主动性和能动性,学会观察,深入理解,引起情感的共鸣,形成正确的阅读策略,提高阅读理解的能力。

三、绘本作者介绍

《没有耳朵的兔子》是德国插画家克劳斯·鲍姆加特和德国著名电影制作人蒂尔·施威格共同创作的。克劳斯·鲍姆加特是德国一位非常著名的图画书作者。多年来一直致力于儿童图画书的艺术创作,《劳拉的星星》是他的成名作,凭借这部作品他跻身于世界最优秀的童话书作家行列。1990年以《小怪物》《被抓住了》获得奥地利青少年图书奖提名;1994年《小怪物》获得"金书奖";1999年《劳拉的星星》获得英文奖项"儿童图书奖"。

第三节 社会领域

一、小班案例:《抱抱》

《抱 抱》

一、绘本简介

书名:《抱抱》

文/图:〔英〕杰兹·阿波罗

译:上谊编辑部

内容简介:一只小猩猩和妈妈走丢了,寻遍森林,想要妈妈抱抱。结果走着走着,一路上看到象妈妈给小象抱抱、狮子妈妈给小狮子抱抱、长颈鹿妈妈也给小长颈鹿抱抱……小猩猩愈看愈着急,忍不住大哭了起来。就在这个时候,猩猩妈妈出现了,好好地给了小猩猩一个甜蜜的拥抱,森林里的动物不禁都在欢呼"抱抱"。

二、小班绘本教学活动设计

（一）设计背景

通过对幼儿在园行为进行观察,教师发现小班幼儿在早晨入园时没有与家长和教师拥抱的行为习惯,在班级的区域活动中也没有表现出想要和喜欢的小朋友进行游戏的意愿。每到区域活动时,大部分幼儿都选择独立游戏,没有明显的交往倾向。在性别差异上,男生在一起打闹的情况要多于女生,女生更喜欢自己独自玩耍。因此,现阶段应该注重引导幼儿学会与他人进行交往。

（二）活动目标

① 欣赏绘本《抱抱》,感受故事中各动物抱抱与妈妈的爱。

② 通过拥抱,引导幼儿用动作表达对亲人的爱,增进亲子情感。

③ 喜欢和班级内的小朋友、老师拥抱。

(三) 活动准备

物质准备:绘本《抱抱》PPT、《爱我你就抱抱我》音乐。

经验准备:感受过拥抱的温暖。

(四) 活动重难点

重点:感受妈妈的爱。

难点:喜欢和妈妈以及班级内小朋友、老师拥抱。

三、小班绘本教学活动过程

教学活动过程实录:

倾听音乐,做律动操"爱我你就抱抱我"。

1. 绘本阅读

教师:刚才我们听了《爱我你就抱抱我》的歌曲,那老师想问你们平时最喜欢和谁抱抱?为什么?

幼儿A:最喜欢和妈妈抱抱,因为妈妈总是送我上学。

幼儿B:最喜欢和奶奶抱抱。

幼儿C:我喜欢和老师抱抱。

教师:原来你们这么喜欢抱抱,那老师今天给你们带来了一个关于抱抱的故事。(打开绘本的第一页)

教师:看看我们今天故事的主人公是谁呀?

幼儿A:猴子。

幼儿B:猩猩。

幼儿C:这就是猩猩。

教师:猩猩和猴子的区别在于,猩猩没有尾巴,猴子有尾巴。那你们再来说一说这是猩猩还是猴子吧!

幼儿A:这个没有尾巴,是猩猩。

教师:今天小猩猩不开心,大家来看看小猩猩为什么不开心?(将小猩猩看到各种动物拥抱的画面一起展示出来。)

教师:这些动物都在干什么?

幼儿A：他们在玩。

幼儿B：他们在笑。

教师：那他们都是和谁在一起呢？

幼儿A：他们的小伙伴。

幼儿B：哥哥姐姐。

幼儿C：他们的爸爸妈妈。

教师：他们是在和自己的妈妈拥抱呢，只是不同的动物拥抱的方式不是很一样。你们看大象是怎么样拥抱呢？

幼儿A：他们在钩鼻子。

教师：对啦，你说的钩鼻子非常准确，因为大象的鼻子特别长，所以他们拥抱的方式是钩鼻子。

教师：我们再来看看其他的动物是怎么拥抱的。

幼儿A：蛇缠在了一起。

幼儿B：长颈鹿用脖子拥抱。

幼儿C：老虎用爪子拥抱。

教师：那我们来看看小猩猩在看到这么多人拥抱后，心情是什么样子的。

幼儿A：他哭了。

幼儿B：他张开嘴哭了。

教师：我们的主人公小猩猩为什么在看到这么多人拥抱后，会很伤心呢？他是因为什么哭呢？

幼儿A：他不能跟别人拥抱。

幼儿B：他找不到妈妈了。

幼儿C：他也想和他们拥抱。

教师：小猩猩的妈妈找不到了，小猩猩看到其他人都在和自己的妈妈拥抱，自己找不到妈妈，所以小猩猩很伤心。

教师：你们有找不到妈妈而不开心的时候吗？

幼儿A：上幼儿园的时候。

幼儿B：在超市的时候。

教师：那你们当时是不是特别想要妈妈呀？

幼儿：是。

教师：那我们的小猩猩怎样才能开心起来呢？

幼儿A：帮他找妈妈。

幼儿B：找到妈妈。

幼儿C:和妈妈拥抱。

教师:我们来看看小猩猩有没有找到他的妈妈(翻开小猩猩和妈妈拥抱的图片)。

幼儿集体:找到了。

教师:你们看他现在是开心的还是伤心的?

幼儿集体:开心的。

教师:小猩猩因为找到了妈妈,并且获得了妈妈爱的抱抱,所以他很开心。

2. 抱抱游戏

播放《爱我你就抱抱我》音乐,每当歌词中出现"抱抱我"的时候就和周围的小朋友进行拥抱,感受抱抱的快乐。

四、专家点评

第一,绘本价值的挖掘不够深入。绘本《抱抱》中的拥抱是一种爱的表达,这种表达不仅是猩猩妈妈和小猩猩之间,也有其他小动物对小猩猩的爱。在整个《抱抱》中占大篇幅的是小猩猩看到其他小动物拥抱的场景,而这些场景几乎都是大象妈妈驮着小猩猩的时候看到的,这是大象妈妈对小猩猩的关心。在小猩猩伤心欲绝地坐在石头上大哭的时候和小猩猩找到妈妈与妈妈开心地拥抱的时候,所有的小动物都是围在一起,大家为小猩猩的遭遇感到难过,也为小猩猩找到妈妈感到开心。这些都体现了周围的人对小猩猩的关心和爱,在本次活动中教师在讲述绘本时主要讲小猩猩和妈妈之间的爱,没有告诉幼儿周围的小动物也是关心小猩猩的。

第二,科学领域与社会领域的互相渗透。本次活动是一个社会领域的活动,但是当教师在问幼儿第一页的小猩猩是什么动物时,孩子们很多都回答是猴子,这个时候教师用了很简短的话去总结了猩猩与猴子之间的区别:猩猩没有尾巴,猴子有尾巴,抓住了猩猩与猴子之间最大的区别,再看绘本时就可以很轻松地辨认出绘本中的动物是猴子还是猩猩了。这体现了我们教学活动的整体性,促进了幼儿的认知。

第三,音乐的选择很符合这个绘本。首先,《爱我你就抱抱我》这首歌曲的内容是通过拥抱的方式传递亲子之间的情感,这有利于幼儿在欢快的情感氛围中体会父母和幼儿之间的爱。其次,这首歌曲用于最后的游戏环节,有利于引导幼儿和周围的小朋友和教师进行拥抱。

五、绘本《抱抱》拓展

(一) 健康领域

1. 活动名称

伤心的猩猩

2. 活动目标

① 知道悲伤对身体不好。

② 能够通过和朋友或家长倾诉,缓解自己的悲伤情绪。

3. 活动准备

物质准备:绘本《抱抱》PPT、《幸福拍手歌》音乐。

经验准备:有过悲伤的体验。

4. 活动过程

① 讲述绘本,了解小猩猩悲伤的原因。

② 说出自己什么时候是难过的,当时自己是用什么方法解决的呢?

③ 游戏:《幸福拍手歌》。

(二) 社会领域

1. 活动名称

温暖的抱抱

2. 活动目标

① 知道拥抱是传递爱的一种方式。

② 能够张开双手拥抱周围的小朋友、老师。

③ 喜欢和小朋友、老师拥抱。

3. 活动准备

物质准备:报纸。

经验准备:能够和其他人抱在一起行走。

4. 活动过程

① 讨论什么时候和别人拥抱过,为什么拥抱。

② 两个小朋友为一组,拥抱在一起运报纸。

③ 谈一谈刚才和小朋友拥抱在一起运报纸的感受。

(三) 科学领域

1. 活动名称

不同的动物,不同的抱抱

2. 活动目标

① 知道绘本中动物是如何抱抱的。

② 能够模仿书中动物的拥抱。

3. 活动准备

物质准备：绘本《抱抱》PPT。

经验准备：知道常见的动物。

4. 活动过程

① 阅读绘本，观察书中不同动物的拥抱。

② 说一说为什么这些动物这样拥抱。

③ 我们也要抱一抱（模仿书中动物的拥抱姿势）。

(四) 艺术领域

1. 活动名称

如果爱我，你就抱抱我

2. 活动目标

① 感受不同的节奏。

② 感受到四分音符和八分音符的区别。

③ 喜欢唱《爱我你就抱抱我》这首儿歌。

3. 活动准备

物质准备：音乐、电子白板。

经验准备：有过抱抱的体验。

4. 活动过程

① 活动导入，播放音乐《爱我你就抱抱我》，教师和幼儿一起唱跳进入教室。

② 说歌词，拍手。大家感受四分音符和八分音符的长度。

③ 在歌唱活动中引导幼儿跟着音乐的节奏拍桌子。

附：小班绘本教学活动操作指导

一、误区点拨

(一) 常见误区

不少年轻父母受到网上流传的哭声免疫法、延迟满足训练法、婴儿独立完整睡眠训练法的影响,在幼儿要求抱抱的时候都会认为:孩子不能惯,要让孩子独立,自己走路,自己睡觉,等等。但有研究发现,被哭声免疫法训练长大的孩子,有可能出现轻则睡眠障碍,重则人格障碍,甚至精神分裂。

(二)迷津指点

美国著名教育学家斯基尔斯在20世纪30年代做了一个著名的实验:他找来两组孤儿,一组找人来做他们的母亲,与他们交流对话拥抱,另一组只供给食物、水、衣服等必备生活用品。20年后跟踪这些孤儿发现,前一组智力发展良好,大都结婚,能够自食其力。后一组恰恰相反,生存质量很一般,有很多人患病,有些人甚至没能存活下来。通过这个实验我们可以知道,拥抱和爱等身体接触,对于孩子的健康成长来说非常重要,没有爱的滋养,只想用一些手段、方法培养孩子只能在短时间内取得效果,但是背后的伤害更大。一切违背幼儿身心发展的教育都会给孩子带来伤害。

二、教育建议

第一,采用适宜的方式搭建教学支架。建构主义学者皮亚杰认为:"教师在教学中所要发挥的作用应该是一个支架的作用。"支架教学中的主要步骤是:搭建支架—进入情境—独立探索—协作学习—效果评价。在使用教学支架时,要学会懂得创设合理情境,并且借助于言语以及其他非言语性方式,作为支架帮助儿童获得更高水平的认识。

第二,教学形式灵活多变,集体教学、小组教学、个别指导等形式相结合。在集体教学中,引导幼儿了解绘本故事的内容;在小组教学中,让幼儿探讨绘本中一些与自己的生活有关的经验;在个别指导中,我们需要面向发展比较慢的和发展较快的幼儿,以便在幼儿最近发展区内对幼儿进行教育。

三、绘本作者介绍

杰兹·阿波罗,1959年出生于英国伦敦萨里,英国绘本大师,曾获凯特·格林威大奖、博洛尼亚儿童图书插画奖、诺丁汉童书奖、红房子童书奖、鹅妈妈奖等众多大奖。其代表作有"埃迪与大熊""鸭子达克"系列,他漫画式的画风意在配合搞笑的语言,特别是他特有的色彩技巧,备受赞誉!

二、中班案例:《狼和七只小羊》

《狼和七只小羊》

一、绘本简介

书名:《狼和七只小羊》

文:〔德〕格林兄弟

图:〔瑞士〕菲利克斯·霍夫曼

译:王星

内容简介:羊妈妈带着她的七只小羊过着平静的生活,可是贪婪的狼却趁羊妈妈外出时欺骗了善良单纯的小羊,将他们一口气吞进了肚子里。羊妈妈回来后发现只有最小的小羊还活着,其他小羊都被狼吃掉了,后来发现狼的肚子里有动静,羊妈妈用剪刀剪开恶狼的肚皮,救出了6个宝宝,并将大石头放进恶狼的肚子里,最后恶狼因口渴喝水掉进水井里淹死了。

二、中班绘本教学活动设计

(一)设计背景

中班是幼儿语言发展爆发期,同时也是品格塑造的关键期。在《指南》的社会领域目标中,针对4—5岁的幼儿年龄阶段目标"具有自尊、自信、自主的表现"中指出:幼儿要"敢于尝试有一定难度的活动和任务"。随着年龄的增长,儿童更加自信、勇敢,但个别幼儿还是比较害羞、胆怯,缺乏主动性。教师通过绘本教学活动,逐步消除幼儿的害怕情绪,培养幼儿自尊、自信、自主的能力,塑造幼儿的勇敢品格。

(二)活动目标

① 能够感知到羊妈妈快乐、悲伤到勇敢的情绪变化。

② 能够根据绘本内容勇敢尝试表述。

③ 在表达和表演中表现出自信、勇敢的良好品质。

(三)活动准备

物质准备:绘本《狼和七只小羊》PPT、绘本图片、狼和小羊的服装道具。

经验准备:事先了解一些狼和小羊的性格特点。

（四）活动重难点

重点：幼儿能够根据绘本内容勇敢尝试讲述。

难点：幼儿自信、勇敢品质的培养。

三、中班绘本教学活动过程

教学活动过程实录：

导入和讲述环节

教师：(出示绘本封面)小朋友们，猜一猜这个绘本讲了什么故事？

幼儿A：这是关于小羊和大灰狼的故事。

教师：你们看到狼在哪里了吗？

幼儿B：就在门外边，他的爪子还在窗户上呢。

教师：你观察的真仔细，通过爪子就能判断是狼。

幼儿B：我认识字，书上写着"狼和七只小羊"，所以那个爪子就是狼的。

教师：想一想狼和七只小羊会发生什么样的故事呢？

幼儿A：大灰狼肯定会把小羊们都吃掉的。

教师：那如果你是羊妈妈，宝宝被吃掉了，你们会怎样做呢？

幼儿C：我会很伤心。

幼儿D：我会哭起来。

幼儿E：让猎人把大灰狼打死。

幼儿F：可是我害怕大灰狼，怎么办？（浑身发抖的样子）

教师：出示绘本PPT，教师逐页讲解整个故事内容，幼儿熟悉故事情节。

复述回顾环节

教师：刚才我们一起了解了故事的内容，有几个问题老师要考一考小朋友，看看谁刚才听得很认真。羊妈妈出门要去干什么？对羊宝宝们说了什么话呢？大灰狼来干什么了？他是怎样做的？

幼儿A：羊妈妈要去森林里采食物了，说：妈妈要去森林里采食物了，千万不要给大灰狼开门，否则他会把你们连皮带毛统统吃掉。羊宝宝：好的，妈妈。我们不会给大灰狼开门的。

幼儿B：大灰狼来到了小羊家门口声音粗哑地说：快开门呐，你们的妈妈回来了。小羊说：你不是我们的妈妈，我们妈妈说话声音又温柔又好听。于是大灰狼去商店买了一种土，吃下去嗓子就变细了。

教师:你们的记忆力非常强,给你们点赞!现在想一想大灰狼一共去了几次小羊的家,分别都做了什么呢?

幼儿C:大灰狼一共去了三次小羊的家,第一次是用沙哑的声音说话。小羊发现了,然后大灰狼去买了白垩土;第二次是小羊发现了他的黑爪子,大灰狼涂了面粉;第三次是把小羊们吃到了肚子里。

表演环节

教师:(将绘本打印成图片贴到黑板上,便于幼儿观看)现在我们要准备表演啦,八个小朋友一组,分别饰演狼和七只小羊,自己商量扮演的角色,练一练对话,看哪组小朋友能够说得最完整,最后要请表演最好的小朋友穿上老师为你们准备好的大灰狼和小羊的服饰,完整表演一段。(教师观察幼儿的结组情况,以免出现人数不够或者人数过多,必要时帮助其安排,教师鼓励幼儿勇敢尝试故事表演。)

教师:(出示表演的服饰)小朋友们这是什么?

幼儿A:是大灰狼的衣服。(激动地喊)

幼儿B:旁边白白的那个肯定是小羊的衣服。(手舞足蹈地说)

教师:刚才看了小朋友们自由结组的表演,接下来老师当旁白,谁认为自己能表演好哪个角色,可以轮流上台表演,看谁表演的最像。我们从大灰狼第一次来敲门开始,谁来尝试大灰狼这个角色?(刚才分组饰演大灰狼的小朋友纷纷举手,老师安排了顺序)

幼儿A:小宝贝,快开门,妈妈回来了,给你们带好吃的了!(大声地喊)

教师:你的记忆力真好!完整地记下来大灰狼的话,不过,不足的地方是声音不够沙哑。

幼儿B:小宝贝,快开门,妈妈回来了,给你们带好吃的了!(用手捏住嗓子,还故意咳嗽了两声,然后压低声音说。)

教师:他们两个相比,谁的声音更沙哑,更像大灰狼呢?

幼儿一起说:幼儿B。

教师:这个时候,小羊们是怎么说的呢?谁来表演一下?(幼儿纷纷举手并且轮流表演,全部表演完毕后,教师点评)

教师:毛毛小朋友记的词很准;多多小朋友在表演时加上了动作,很合适;乐乐小朋友的语气特别好,能够听出来小羊的坚决和气愤;西西小朋友说的词虽然和书上的不一样,但是表达的意思基本是一样的;壮壮小朋友以前很少主动表演,但是今天他主动举手要表演,老师要为你的勇敢点赞,虽然一开始声音很小,有些害羞,但是经过提醒后,声音也变大了,老师能够看到你的进步!

这几个小朋友,他们都很喜欢表演,而且能够按顺序轮流表演,能够耐心等待,非常棒!

教师:今天我们只表演了大灰狼第一次敲门,小朋友们可以回家好好看看后面的内容,在家也多练习练习,明天我们试一试表演大灰狼的第二次和第三次敲门时的对话,好不好?

幼儿:好!

四、专家点评

第一,提问是绘本教学活动中主要的组成部分。有效提问在教学活动中显得尤为重要。在此次的教学活动中,教师的提问方式主要包含三种类型:描述性提问、思考性提问、假设性提问。以提问的方式激发幼儿对故事的学习兴趣,通过交流、讨论、分享自己的意见,配以声情并茂的故事讲解以及绘本PPT给幼儿营造出绘本中的语言情境,感知故事中蕴含的勇敢。在这个过程中,孩子们出现了害怕、紧张、恐怖、勇敢的不同情绪变化,对幼儿自信、自主的表现进行了心理铺垫,奠定了良好的基础。当然,此次教学活动中教师的提问方式也有需改进的地方,比如"想一想狼和七只小羊会发生什么样的故事呢?"这一问题的设计既属于开放性提问,也符合思考性的提问,但是给予幼儿自主回答的次数与时间比较少,所以要充分给予幼儿思考、回答的时间,体现以幼儿为本的教育理念。

第二,《纲要》社会领域的内容与要求中的第三条指出:应为幼儿提供自由活动的机会,支持幼儿自主地选择、计划活动,鼓励他们通过多方面的努力解决问题,不轻易放弃克服困难的尝试。以上案例,可以看出教师鼓励幼儿自愿结组,并尝试进行角色分工,然后分角色练习对话,用竞争的方式激励幼儿主动展示自己。

第三,《指南》社会适应中的4—5岁目标第一条:"愿意并主动参加群体活动。"在这个活动中,幼儿前期的经验,让他们熟悉了故事的对话与角色。首先,"表演环节"锻炼了幼儿的语言表达能力。语言是社会交往过程中的工具,通过语言来传递自己的想法,是"表演环节"所要实现的重要目标之一。其次,在具体活动中,教师能够对上台表演的每一个幼儿进行点评,让幼儿认识到自己的优点和不足,同时也发现别人的优点,相互学习。在表演中,幼儿不断地尝试有一定难度的任务,而且还很享受其中的过程,面对自己喜欢的角色,能够做到轮流进行,也体现了幼儿同伴间的交往水平。

五、绘本《狼和七只小羊》拓展

(一) 健康领域

1. 活动名称

独自在家

2. 活动目标

① 学习在危急时刻自我保护的方法。

② 了解独自在家时的自我保护方法,能运用较完整的语言表达自己的想法。

3. 活动准备

物质准备:《独自在家》情景表演视频。

经验准备:熟悉《狼和七只小羊》绘本故事。

4. 活动过程

① 复习绘本,引出幼儿自己一个人在家的话题。

② 观看《独自在家》情境表演视频,老师进行旁白,重点讲解"亮亮"勇敢的地方。

③ 让幼儿讲述自己一个人在家的经历,学习应该如何保护自己。

(二) 社会领域

1. 活动名称

妈妈不见了

2. 活动目标

① 知道外出时要紧跟大人,不乱跑,以免走丢。

② 学习走丢后求助别人或拨打求助电话等自我救助的方法。

3. 活动准备

物质准备:绘本《狼和七只小羊》。

经验准备:熟悉《狼和七只小羊》绘本故事。

4. 活动过程

① 复习导入,幼儿回忆总结七只小羊对付大灰狼的办法。

② 幼儿思考如果妈妈不在自己身旁,应当怎么办,引起幼儿讨论。

③ 教师最后总结。

(三) 科学领域

1. 活动名称

奇妙的声音

2. 活动目标

① 知道声音是怎样产生的，不同材料的物体可以发出不同的声音。

② 发展幼儿的听辨能力，能够对探索周围世界感兴趣。

3. 活动准备

物质准备：乐器铃鼓、三角铁、木鱼、碰铃等若干件，琴一架，大鼓一面，乐音和噪声的录音。

经验准备：熟悉《狼和七只小羊》绘本故事。

4. 活动过程

① 复习回忆大灰狼改变声音的方式，幼儿理解不同的物体具有不同的音色。

② 听声音辨别乐器。

③ 引导幼儿辨别乐音和噪声的区别，认识不同乐器的声音。

附：中班绘本教学活动操作指导

一、误区点拨

（一）常见误区

在幼儿回答问题表现出胆小、害羞的情况时，教师经常忽略幼儿的心理感受，用"下次想好了再回答"的口吻，严重打消了幼儿回答问题的积极性，把幼儿举手的一点点勇气也磨灭了。教师应当结合幼儿的性格特点，作出评价。只要幼儿敢于积极回答问题，是否正确不是评价幼儿回答问题的唯一标准。经常会出现教师这样评价幼儿的回答——"你回答的对""你说的真棒""你回答的没在点上"等，不仅出现负面评价，正向评价也过于泛泛。

（二）迷津指点

教师要培养幼儿良好的性格。面对答非所问、举手站起来又什么都不说的幼儿时，教师应考虑出于何种原因，再进行有针对性的指导。教师的评价中不要出现负面评价，无论幼儿回答得如何都要以鼓励为主，培养幼儿自信、敢于表达等良好品质。教师在点评幼儿回答的时候要有针对性，不仅让回答问题的幼儿知道自己回答的好在哪里，也让听的幼儿得到学习。

二、教育建议

第一,增加同伴互动的机会。《纲要》社会目标中的第一条就是"能主动地参与各项活动,有自信心"。在这个教学活动中,这位教师注意到了胆小、内敛的幼儿,对于他们来说举手就是一种自信的表现,当幼儿迈出第一步之后,教师给予及时的回应,落实了《纲要》精神。在幼儿讲述故事的时候,教师运用了幼幼互动的学习方式。在社会领域活动中,同伴之间的学习往往是最有效的,教师扮演着支持者、引导者、合作者的角色,学会放手,让幼儿与幼儿在互动、交往中迸发学习的欲望和灵感。

第二,发挥幼儿主体性,在尊重幼儿选择的基础上促进幼儿社会发展。《指南》中指出:"创造交往的机会,让幼儿体会交往的乐趣。""幼儿园应多为幼儿提供自由交往和游戏的机会,鼓励他们自主选择、自由结伴开展活动。"幼儿期主要是以具体形象思维为主,"经验性"是这一时期幼儿学习的特点。幼儿经验的获得有直接经验与间接经验两种。不同幼儿达到某一阶段水平的时间有早有晚,幼儿 E 的回答体现了与已有经验的结合,因此幼儿 E 经验运用能力与本班幼儿相比较处于较高的水平。需要注意的是,幼儿在进行角色扮演的时候,要以正面角色为主,若需要反面角色则应避免让某一幼儿经常性扮演;不能用扮演反面角色的方式来惩罚幼儿;在反面角色选派时,要注意观察,以免让幼儿困窘或不安。

三、绘本作者介绍

格林兄弟是雅各布·格林和威廉·格林兄弟两人的合称。他们是德国19世纪著名的历史学家、语言学家,民间故事和古老传说的搜集者。两人因经历相似,兴趣相近,合作研究语言学、搜集和整理民间童话与传说,故称"格林兄弟"。他们共同整理了销量仅次于《圣经》的最畅销的德文作品——《格林童话》,是世界儿童文学中的宝贵财富。

菲利克斯·霍夫曼,瑞士画家、艺术家,世界著名的绘本画家之一,曾荣获国际安徒生奖提名、瑞士青少年文学奖、《纽约先驱论坛报》儿童书籍奖等重要奖项。一生中为儿童书籍、文学作品和杂志创作了大量插图,主要绘本作品有《狼和七只小羊》《睡美人》《画眉嘴国王》等。他在创作绘本的过程中,擅长运用笔触的变化营造出版画的肌理效果,用色古朴典雅,透射出温暖真挚的情感,并以丰富的细节而著称,让孩子在阅读中获得无数的惊喜。

三、大班案例:《小黑鱼》

《小 黑 鱼》

一、绘本简介

书名:《小黑鱼》

文/图:〔美〕李欧·李奥尼

译:彭懿

内容简介:在大海的一个角落里住着一群小鱼,大家都是红色的,只有一条是黑色的。有一天,一只凶猛的金枪鱼吃掉了所有的小红鱼,只有小黑鱼逃走了,他孤身一人在海里游荡,遇到了很多稀奇古怪的生命,渐渐又高兴起来。直到一天,他又遇到一群躲在礁石后的小红鱼,为了生存,为了不用再躲避,他想了个好办法,他教小鱼游成大鱼的样子,而自己来当眼睛!就这样,他们在清凉的早晨游,在明媚的中午游,把大鱼都吓跑了。

二、大班绘本教学活动设计

(一)设计背景

对于大班幼儿而言,需要掌握一定的人际交往技能,其中合作能力是最为重要的能力之一。《指南》提出,幼儿"能想办法吸引同伴和自己一起游戏。活动时能与同伴分工合作,遇到困难能一起克服"。5—6岁是幼儿阶段合作能力发展的重要时期。在这个年龄段,他们喜欢与同伴进行交流、讨论,但是在交往中经常会出现一些问题,比如,与同伴争吵后向教师告状、别人给予的意见不乐于接受等。从这些问题中可以看出幼儿的交往技能和合作方式需要教师给予更多的关注和引导。教师应考虑到不同年龄阶段幼儿交往的方式,注重让幼儿通过合作共同学习。因此,通过本次绘本教学活动,让大班幼儿懂得团结的力量,获得合作成功后欢乐的情绪体验,以促进大班幼儿社会人际交往能力的发展。

(二) 活动目标

① 认识到团结起来力量大,利用合作解决问题。
② 了解合作的方法,感受合作成功后带来的乐趣。

(三) 活动准备

物质准备:不同种类鱼图片、绘本《小黑鱼》PPT、若干拼图垫。

经验准备:幼儿已有的合作经验。

(四) 活动重难点

重点:让大班幼儿懂得团结的力量、获得成功和愉悦的情绪体验。

难点:让大班幼儿在真实的情境中学会合作。

三、大班绘本教学活动过程

教学活动过程实录:

教师:今天,老师给大家带来了一群好朋友,小朋友们想不想认识一下他们啊?

幼儿:想。

教师:(呈现一张鱼的照片)小朋友们认识这个好朋友吗?

幼儿G:老师,我认识它,这是鱼,每次吃鱼前,妈妈都会给我挑刺。

教师:你回答的真好,不但说出了这是一条鱼,还向我们分享了吃鱼前要挑刺的习惯,相信你之后吃鱼可以尝试自己挑刺,好吗?老师提前给你一个赞。

教师:今天来我们班做客的是鱼先生,小朋友们可否想象一下,如果你是一条小鱼,在大海里你会看到什么?

(幼儿开始进行讨论,过了一分钟,有小朋友举起小手。)

幼儿K:老师,我会看见好多条鱼。

幼儿W:我会看到蓝蓝的天空和蓝蓝的海水。

教师:好,现在有两名小朋友认为在大海里,我们既可以看到好多鱼,也可以看到蓝蓝的海水。但是海水是蓝色的吗?(有些幼儿点头认为是,有些认为不是。)

教师:海水也是水,日常用的水都是没有颜色的,是透明的,我们看到大海是蓝色的,是因为天空是蓝色的,大海就像一面镜子一样将天空的蓝色反射了。

教师:大海是一个奇妙的世界,今天我们就来看一个发生在大海里的故事吧!(播放PPT)

教师:在大海的一个角落里,住着一群小鱼,他们都是红色的,只有一条是黑色的,黑得就像淡菜壳。他比他的兄弟姐妹们游得都要快,他叫小黑。一个可怕的日子,从海浪里突然冲出一条又快、又凶、又饿的金枪鱼。他一口就把所有的小红鱼都吞到肚子里,只有小黑鱼逃走了(讲述故事)。

教师:小朋友们看看这条金枪鱼,它和小黑鱼有什么不一样的地方?(切换PPT,呈现出金枪鱼和小黑鱼的不同。)

幼儿C:金枪鱼比小黑鱼大。

幼儿D:金枪鱼的牙齿很尖。

教师:(引导幼儿回到主题)是的,观察得很仔细,金枪鱼又大,牙又尖,如果你们是小黑鱼,看到金枪鱼把你的兄弟姐妹和同伴都吃掉了,你会有什么感受呢?

幼儿A:我会感到害怕。

幼儿B:老师,我会愤怒。

教师:你为什么会愤怒呢?

幼儿B:因为金枪鱼把我的朋友都吃了,我要为他们报仇。

教师:但是小黑鱼太弱小了,金枪鱼太大了,他必须借助朋友的力量才能保护自己,抵御外敌。我们一起看看小黑鱼是怎么做的吧!

教师:小黑鱼逃到了大海的深处,他既害怕,又孤独,伤心极了。和我们有的小朋友有同样的感受……然后看到了和自己一样大的一群小鱼,这些小鱼们躲在礁石和海草的影子里。

教师:小朋友们,你们来猜一猜,这些小红鱼为什么要躲起来呢?

幼儿C:因为小红鱼们害怕被大鱼吃掉,所以要躲起来。

教师:是的,小红鱼们很害怕大鱼把自己吃掉,都躲在礁石和海草的后面。

教师:小黑鱼是怎么解决这个问题的呢?他说:"我们可以游在一起,变成海里最大的鱼!"于是他教他们各就各位,紧紧地游在一起。等到他们可以游得像一条大鱼了,小黑鱼说:"我来当眼睛。"他们在清凉的早上游,在明媚的中午游,把大鱼都吓跑了。

教师:小朋友们,这些小鱼们是怎样把大鱼吓跑的呢?

幼儿D:因为小鱼们变成了一条更大的大鱼,所以把大鱼吓跑了。

教师:是的,小鱼们齐心协力依靠自己的智慧把大鱼吓跑了。小朋友们想一想,小黑鱼和小红鱼们还有什么办法能够保护自己呢?

幼儿E:他们可以建一个房子。

教师:建房子是一个好主意,可是这个房子要坚固牢靠才行,不然被大鱼一撞就倒了。小朋友们拿起面前的拼图垫,我们分为4组,总共10分钟,一起为小鱼们搭建一个牢固的房子吧。我们搭建的房子不求多高,但是要牢固,不能倒。

幼儿D:我们可以把垫子拼成正方形,正方形不容易倒。

教师:(引导幼儿将拼图垫拼成立体图形。)小朋友们,搭建一个房子是一个大工程,你们要商量谁来做房顶,谁来做墙,谁来做地板,怎么把垫子拼成一个立体的图形。

10分钟后,各个小组纷纷完成任务,有的小组将垫子拼成牢固的正方形作为房子的主体,获得了教师的赞扬。

四、专家点评

第一,《指南》的社会领域中明确指出,在幼儿的社会化发展中有两个重要的方面:社会适应和人际交往。其中人际交往是社会领域中的首要目标,人际交往针对大班幼儿的要求是"有自己的好朋友,也喜欢结交新朋友"。在本次教学活动中,教师为我们带来了《小黑鱼》的故事,在教学引入环节中,大班幼儿也比较愿意结交这位新朋友。当幼儿G对于吃鱼总是妈妈给挑鱼刺时,教师鼓励孩子可以尝试自己挑鱼刺。对于感到愤怒的幼儿B,教师不是第一时间否定孩子的说法,而是引导孩子将愤怒转化为团结合作的力量。在本次教学活动设计中,教师关注到了社会领域中的关键经验,并且尝试借助搭建房子的情境,为幼儿创设良好的人际交往经验。除此之外,教师在面对"海水是蓝色的吗?"这个问题时,采用的解决方式缺乏合理性。其实可以将大海是什么颜色的问题留一个悬念,布置为下次科学活动的内容,让幼儿查阅相关资料进行准备,再进行讨论。

第二,在这个教学片段中,教师利用建构游戏的方式帮助大班幼儿懂得团结与合作的重要性。社会领域的活动多是融合在其他领域进行的,本片段的教学活动也融合了科学领域的相关关键经验。在幼儿D提出搭建稳固的正方形作为房子的主体的建议之后,在教师的引导下,几个幼儿合作把六个垫子拼成一个正方形,这种行为符合"活动时能与同伴分工合作,遇到困难能一起克服"的精神要求。本次教学活动设计中主要的社会关键经验是"合作",大班幼儿在游戏的过程中需要掌握合作这种重要的交往技能。学者鲁彬曾经指出,对于合作的掌握程度可以直接预测儿童进入成年生活中的现实情况,此外游戏还具有提高儿童社会性问题的解决能力的作用。在本教学片段中,采用常规的方式很难完成任务,一名大班幼儿提出了自己的意见,还让其他幼儿采纳了这样的意见并主动承担了相应的责任,这样的过程可以更好地促进大班幼儿的合作能力以及人际交往水平的提升。

五、绘本《小黑鱼》拓展

(一) 健康领域

1. 活动名称

合作搬运

2. 活动目标

① 尝试搬运货物的各种方法,发展肢体力量。

② 获得平衡能力及快速反应能力。

③ 感受与同伴合作搬运的乐趣,敢于挑战并乐意分享。

3. 活动准备

物质准备:绘本《小黑鱼》;货物:油画棒、A4纸整箱、洗洁精、卫生纸大包、洗衣粉大袋、矿泉水大瓶、涂料桶;工具:扁担5根、圆盘推车3辆、绳子、独轮车2辆、整理大篮筐2个、自行车2辆;路线示意图1张、站点标志2张、货物摆放标志3张、工具摆放标志1张、平衡凳3张、长木凳4张、粉笔;欢快音乐、扩音器一台。

经验准备:观看过搬运工工作视频,并且讨论搬运安全注意事项。

4. 活动过程

① 热身准备。

② 回顾绘本《小黑鱼》合作战胜大鱼的故事,认识到团结就是力量,人多力量大。创设搬运情境,在自主搬运货物过程中锻炼肢体力量。

③ 小结:当我们一个人力量不够大搬不动时,我们还可以和好朋友合作搬运,共同完成任务。

④ 交流运用工具合作搬运货物至第二站。通过合作、搬运工具的帮忙,把货物安全整齐地运送到了第二站。提问幼儿用了哪种工具、怎样搬运的。

⑤ 自主选择搬运方法运送货物至终点站,交流分享搬运故事。

⑥ 放松练习。

(二)语言领域

1. 活动名称

小黑鱼续编

2. 活动目标

① 熟悉小黑鱼的故事情节。

② 对小黑鱼的故事进行续编。

③ 体验续编故事的快乐。

3. 活动准备

物质准备:绘本《小黑鱼》、白纸、绘画工具。

经验准备:平时生活中幼儿已有的创编、续编经验。

4. 活动过程

① 熟悉绘本《小黑鱼》,引导幼儿发挥想象力,创编更加丰富的故事情节。

② 鼓励幼儿续编《小黑鱼》的故事结尾,并展开交流讨论。

③ 教师与幼儿一起分享"小黑鱼续编",并一起制作绘本。

(三)社会领域

1. 活动名称

相亲相爱一家人

2. 活动目标

① 了解维吾尔族、蒙古族的相关文化以及各民族的风情特色。

② 知道中国有56个民族,各族人民相亲相爱,知道自己是哪族人。

③ 通过体验感受少数民族风情,关心关爱少数民族。

3. 活动准备

物质准备:绘本《小黑鱼》、课件《相亲相爱一家人》、音乐《大中国》、情景布置等。

经验准备:知道我国是一个多民族国家,提前了解自己所属民族。

4. 活动过程

① 在学习绘本《小黑鱼》后,教师延伸出一家人的深意,让幼儿了解小黑鱼和小红鱼是相亲相爱的一家人,我们也是相亲相爱的中国人。教师谈话导入:知道我们都是中国人,知道中国有56个民族。

教师小结:少数民族的人口相对较少,但是我们都是同一个国家(中国)的公民。我们国家有56个民族,我们都生活在同一个大家庭里。

②教师结合课件,让幼儿了解维吾尔族、蒙古族的相关文化和风情特色。请幼儿仔细观察,说说自己是哪个民族的?随后,教师展现家乡的相关照片。请幼儿一起分享特产。

③结束活动,教师与幼儿一起表演舞蹈《大中国》。

④教师总结:我们中国有56个民族,各民族人民团结友爱,互相帮助,我们是相亲相爱的大家庭。让我们手牵手,一起欢歌起舞,为我们都是中国人而骄傲。

(四)艺术领域

1. 活动名称

聪明的小黑鱼

2. 活动目标

①能够观察出小黑鱼的主要特点。

②能够画出小黑鱼勇敢聪明的场景。

③体验绘画的乐趣。

3. 活动准备

物质准备:绘本《小黑鱼》PPT、水彩笔和A4纸。

经验准备:认识鱼并且画过小鱼。

4. 活动过程

①再次欣赏绘本《小黑鱼》,重点观察小黑鱼的轮廓和特点以及小黑鱼聪明勇敢的场景。

②分发水彩笔和A4纸,绘画故事情境,突出小黑鱼的聪明和勇敢。

③鼓励幼儿发挥想象和创造力,画出你心中小黑鱼的光辉形象。

④分享交流绘画作品。

附:大班绘本教学活动操作指导

一、误区点拨

(一)常见误区

现在由于生活节奏快,父母没有足够多的时间陪伴孩子,与孩子进行亲子游戏。另外,由于多重条件限制,幼儿往往找不到合适的玩伴,缺少游戏伙伴,只能和电子产品为伴。教师应利用游戏的方式,让幼儿自主、自由地通过游戏体验与同伴交往的快乐,知道合作力量大。幼儿通过游戏建立平等的关系,学会相互信任,学会理解和包容。

(二) 迷津指点

大班幼儿的自我意识强,在与人交往的过程中往往以利己原则为先导,教师也不用太急于为幼儿定性,因为这是他们的年龄特征所导致的。成人可以通过游戏等各种形式鼓励他们进行换位思考,尝试合作解决问题,让他们发现合作的力量更加大,从而改变人际交往的方式。作为幼儿教师和家长要创造机会,让幼儿尽情游戏,让幼儿去探索、去发现。在游戏中,幼儿学会与人交往,理解他人,使幼儿明白游戏追求的是过程,而不是结果。

二、教育建议

第一,教师应多给幼儿创造合作交往的机会,让幼儿体会到合作交往的乐趣。利用小组合作的方式,鼓励幼儿与同伴接触和交谈,鼓励幼儿参与同伴的游戏,邀请同伴共同玩耍,感受和同伴一起玩耍的快乐。教师应多为幼儿提供自由交往和游戏的机会,鼓励他们自主选择、自由结伴。教师应结合具体情境,指导幼儿学习交往的基本规则和技能。当幼儿与同伴发生矛盾或冲突时,指导他们用合作等方式解决冲突。教师应多为幼儿提供需要大家齐心协力才能完成的活动,让幼儿在具体活动中体验合作的重要性,学会分工合作。

第二,游戏是幼儿喜爱的活动。尽管是大班幼儿,他们也是通过游戏去学习怎样交往和解决问题的,教师可以结合情境让幼儿学习交往技能。用简单的话说教是无法转变他们的交往观念的,只有通过观察、模仿、学习才能更加直接地转变幼儿的交往方式。教师需要多一点耐心走进孩子的内心,打动他们,引导他们向积极正面的方向发展。一些社会交往能力有所欠缺的孩子,是可以通过正面的积极引导纠正过来的。教师为幼儿创设和谐、平等的学习氛围可以帮助他们建立安全感和信任感。

三、绘本作者介绍

李欧·李奥尼,美国儿童文学作家、画家,1910年出生于荷兰阿姆斯特丹。李奥尼是一个才华横溢、不受拘束的艺术天才,绘画、雕刻、平面设计、印刷、陶艺、摄影等,样样精通,曾任美国《财富》杂志设计主管长达10年。其间,他多次在欧洲和美国举办个人画展、设计展,并曾担任美国平面造型艺术学会主席。尽管李奥尼开始创作绘本时已经49岁,他却开创了一个绘本的新时代,他笔下的故事生动有趣又富含哲理,被誉为"20世纪的伊索"。代表作《一寸虫》《小黑鱼》《田鼠阿佛》《亚历山大和发条老鼠》分别于1961年、1964年、1968年及1970年四次荣获美国凯迪克大奖。

第四节 科学领域

一、小班案例:《好饿的毛毛虫》

《好饿的毛毛虫》

一、绘本简介

书名:《好饿的毛毛虫》

文/图:〔美〕艾瑞·卡尔

译:郑明进

内容简介:从壳里爬出来一条又小又饿的毛毛虫,它开始去找吃的。它一天比一天吃的多,后来它造了一间房子,叫作"茧",把自己包在里头。它在里头住了两个多星期,然后把茧咬破了一个洞,钻了出来,变成了一只美丽的蝴蝶。

《好饿的毛毛虫》
绘本解读

二、小班绘本教学活动设计

(一) 设计背景

《指南》中指出,小班幼儿"在探究中认识周围事物和现象"的目标为"认识常见的动植物,能注意并发现周围的动植物是多种多样的",对数学认知中提出的目标为"感知和发现周围物体的形状是多种多样的,对不同的形状感兴趣""能手口一致地点数5个以内的物体"。小班幼儿几乎都能够说出常见的水果的名称,对于点数,有一小部分幼儿能够有序地数5以内的数,大部分幼儿不能够进行有序点数,小班幼儿的点数能力有待发展。

(二) 活动目标

① 通过多种形式感知水果的特征。

② 感知5以内的数量。

③ 尝试通过一一对应的方法说出哪个多,哪个少。

（三）活动准备

物质准备：绘本《好饿的毛毛虫》PPT、儿歌《毛毛虫》、篮子、布、绘本中的水果。

经验准备：了解各种水果的基本特征。

（四）活动重难点

重点：感知5以内的数。

难点：尝试通过一一对应的方法比较数量多少。

三、小班绘本教学活动过程

教学活动过程实录：

儿歌导入，营造欢快的氛围，激发幼儿兴趣。

> 毛毛虫，爬呀爬，爬到花前不再爬。
> 是休息？是看花？不！前面有只大青蛙！

教师：我们一起来唱《毛毛虫》儿歌吧！

（教师和幼儿一起边唱边做动作进入活动室）

教师：刚才儿歌的名字是什么呢？

幼儿集体：毛毛虫。

教师：我这里有一本关于毛毛虫的故事书，我们一起来看一看，听一听。

教师：小朋友们，在一个星期天的晚上，一片树叶上的卵破了，从里面爬出来一条小小的毛毛虫，出生的第一天毛毛虫吃了什么？

幼儿集体：苹果。

教师：什么样的苹果？

幼儿A：甜甜的。

幼儿B：香香的。

幼儿C：大大的、红红的。

教师：很好。那毛毛虫到底吃了几个甜甜的、大大的红苹果？

幼儿集体：吃了一个。

教师：说的很好。那毛毛虫星期二又找到了什么好吃的？

幼儿集体：梨。

教师：你们见过的梨是什么样子的呢？

幼儿A：黄色的。

幼儿B：甜甜的，水特别多。

幼儿C：像个葫芦一样。

教师：说的真棒。那毛毛虫吃了几个梨呀？（带领幼儿一起数）

幼儿集体：吃了两个。

教师：那我们接下来看看第三天毛毛虫又吃了什么？

幼儿集体：李子。

教师：你们吃的李子长什么样子？

幼儿A：李子是酸的。

幼儿B：李子是小小的。

幼儿C：李子是圆圆的。

教师：毛毛虫吃了几个李子？（带领幼儿一起数）

幼儿集体：吃了三个。

……

游戏环节：将水果放到篮子里，用布蒙上幼儿的眼睛，让幼儿用手摸一摸，并说一说是什么水果。

最后将水果全部摸出来后，带领幼儿再点数一遍。摆到桌子上尝试让幼儿说一说哪种水果最多。

四、专家点评

第一，《好饿的毛毛虫》是一本充满了诗情与创意的绘本。它没有太多的文字，而是以孩子感兴趣的图画表现出来。毛毛虫每天会吃不同的水果，数量和星期几有关系。书上还有小洞洞，而且可以看到虫子从小洞洞里爬出来，最后还变成了美丽的蝴蝶。这个有趣的故事将语言、科学、数学的知识进行了有效的融合。图画生动形象，非常符合小班幼儿好奇、爱观察的特点。

第二，学前儿童的感知觉是在活动中发展起来的。只有在"看"中才能学会看，在"听"中才能学会听，在摆弄物体中了解物体的特性。只有在活动中丰富幼儿的感知觉，才能够丰富幼儿的知识经验。小班幼儿往往需要把出现在眼前的事物的各种属性一一感知后,才能形成对该事物的完整知觉。例如:案例中,当老师问"什么样的苹果",幼儿通过调动自己的感知觉以及知识经验,回答出了苹果是什么样子的;在蒙眼猜水果的游戏中,幼儿调动的是对水果的形状和触觉的感知,因此我们应该在活动中尽可能地增加幼儿感知的环节,丰富幼儿的知识经验。

五、绘本《好饿的毛毛虫》拓展

(一) 健康领域

1. 活动名称

吃坏肚子的毛毛虫

2. 活动目标

① 意识到乱吃东西、暴饮暴食的坏处。

② 跟随音乐,模仿毛毛虫爬行的动作。

③ 喜欢进行体育活动。

3. 活动准备

物质准备:音乐、毛毛虫爬行视频。

经验准备:幼儿能够进行一些基本身体运动。

4. 活动过程

① 在活动场地铺上地毯,并播放轻快、活泼的音乐,和幼儿一起扮演小毛毛虫。

② 邀请幼儿模仿毛毛虫的爬行动作。

③ 玩毛毛虫运树叶的游戏。

(二) 社会领域

1. 活动名称

帮帮毛毛虫

2. 活动目标

① 知道当别人有困难的时候,要积极地帮助他人。

② 喜欢帮助他人。

3. 活动准备

物质准备:绘本《好饿的毛毛虫》PPT。

经验准备:熟悉《好饿的毛毛虫》绘本故事。

4. 活动过程

① 教师和幼儿共读绘本。

② 让幼儿想办法,怎么帮助毛毛虫缓解肚子痛。

③ 模仿过家家,让一名幼儿当肚子疼的毛毛虫,其他幼儿用实际行动表达关爱和帮助。

(三) 艺术领域

1. 活动名称

胖嘟嘟的毛毛虫

2. 活动目标

① 幼儿尝试通过撕圆、把圆连续粘贴、添画等方式制作毛毛虫。

② 养成良好的手工活动习惯。

③ 激发幼儿对美工活动的兴趣。

3. 活动准备

物质准备:绘本《好饿的毛毛虫》、柔软的纸、胶水。

经验准备:能够撕纸。

4. 活动过程

① 出示毛毛虫图片,向大家介绍为什么毛毛虫变大了。

② 引导幼儿观察变大了的毛毛虫。

③ 幼儿通过撕纸制作毛毛虫。

附:小班绘本教学活动操作指导

一、误区点拨

(一) 常见误区

绘本教学不能够与幼儿科学认知活动有机结合。绘本中包括了水果外形的辨认、蝴蝶的变化过程、水果的多少、数概念的感知,这么多知识点,哪些是幼儿生活中能够轻易获得的?哪些知识点是不容易被幼儿记住的呢?水果的外形、切面、味道的感知,在日常的生活体验中就能够解决。生活体验,如摸一摸,尝一尝,得到的体验会比绘本活动更加真实,水果长在哪里,怎么找,这些经验是孩子们生活中比较难获得的,需要绘本的支持。

(二)迷津指点

对书中庞大的知识量进行取与舍,把生活中能够亲历的体验放在科学认知活动中,把生活中难以获得的知识作为绘本活动的教学重点。绘本阅读的意义在于培养幼儿喜欢阅读的习惯,让幼儿知道书本可以让他们获得知识。那么,使用这本绘本最好的时机就是幼儿互相分享收集的水果,获得水果外形、剖面、种子、味道的真实经验后,老师们在与幼儿一同阅读时,与幼儿一同梳理旧经验,在梳理的过程中获得新认知,即水果外形与芯的配对、归纳水果的里和外、大和小、多和少等概念,体会绘本浓缩知识和归纳概念的教育功能,这在科学认知活动里是比较难实现的。

二、教育建议

第一,在将绘本故事《好饿的毛毛虫》运用到教学中的时候,教师可根据幼儿的年龄特点,结合本班要进行的教学目标来进行取舍,不一定面面俱到,但在教学中要突出重点。例如:该故事适合幼儿园各年龄段幼儿选用,但"想象迁移"部分用于小班幼儿教学有些难度,用于中班、大班幼儿教学比较适合。总之,教师在通过绘本故事开展教学前,要深入理解故事内容,不仅领会故事的表面意思,还要挖掘故事的隐性含义,根据教学目标要求有重点地选取其中可利用的内容,在教学活动前就做好充分准备。

第二,帮幼儿在多领域得到提高。(1)自然科学领域。可以让幼儿了解毛毛虫的生长过程及蝴蝶的由来,从而增长孩子的自然知识。(2)数学领域。通过该故事可帮助幼儿学习、理解数与数之间的关系。(3)美育领域。该绘本画面色彩丰富、层次清晰,形态既具有自然性,又有艺术性。阅读故事后,教师可引导幼儿开展绘画或手工等活动(如泥工制作毛毛虫,彩纸粘贴蝴蝶、树叶、风筝等),还可以教幼儿跳蝴蝶舞,做毛毛虫律动操,玩手指游戏等。(4)健康领域。毛毛虫递进的饮食量可以启发幼儿明白不乱吃东西、不暴饮暴食的道理。(5)语言领域。绘本是培养幼儿语言能力的有效途径。幼儿通过观察画面、寻找故事信息、捕捉故事情节、编织故事经过,充分发挥想象力、创造力,锻炼思维能力。

三、绘本作者介绍

艾瑞·卡尔,美国设计师、插画家、儿童绘本作家和儿童文学作家,一生共创作了70多本图书。他的作品大多与昆虫以及其他动物有关,如《好安静的蟋蟀》《好忙的蜘蛛》《好寂寞的萤火虫》《好慢、好慢、好慢的树懒》《棕色的熊,棕色的熊,你在看什么?》等。

二、中班案例:《肚子里有个火车站》

《肚子里有个火车站》

一、绘本简介

书名:《肚子里有个火车站》

文/图:〔德〕安娜·鲁斯曼

译:张振

内容简介:《肚子里有个火车站》内容为朱莉娅吃得太多、太快,所以她的肚子出事了!饭菜一大块一大块地掉进肚子火车站里,堆得像小山一样高。这可害惨了肚子里的小精灵们,他们冒着被砸晕的危险拼命干活,想把这些食物统统装上火车,送到弯弯曲曲的隧道里去。可是没想到,还有更大的暴风雪在等着他们。小精灵们被激怒了,他们游行示威、罢工抗议……肚子火车站里一片混乱。小精灵们能渡过这个难关吗?肚子火车站究竟是怎样一个地方?神秘的隧道会通向哪里呢?这本独具创意的绘本会带领读者参观肚子火车站,以一种极其有趣的方式使我们了解自己的消化系统,从而帮助我们养成健康的饮食习惯。

二、中班绘本教学活动设计

(一)设计背景

中班幼儿处于活泼、好奇、好动的阶段,科学活动成为满足幼儿探究欲望的最佳途径。在班级进餐中本班部分幼儿为了尽快进玩具区玩,经常狼吞虎咽地进餐,这种方式不利于幼儿身体健康以及良好饮食习惯的养成。根据班级幼儿存在的问题,以绘本教学的形式引导幼儿探究消化的奥秘,满足幼儿好奇心的同时,引导幼儿认识到细嚼慢咽的重要性,养成健康、正确的饮食和进餐习惯。

(二)活动目标

① 认识人体消化系统主要器官的名称及其功能。

② 了解食物在人体内的变化过程。

③满足幼儿的探究欲望,培养幼儿细嚼慢咽的饮食习惯。

(三)活动准备

物质准备:绘本《肚子里有个火车站》PPT、消化系统图。

经验准备:有狼吞虎咽或肚子难受的经历。

(四)活动重难点

重点:养成良好的饮食习惯。

难点:了解食物在人体中的消化过程。

三、中班绘本教学活动过程

教学活动过程实录:

教师:小朋友们,谁来模仿一下自己平时是怎么吃东西的?

幼儿A:(表现得狼吞虎咽)。

幼儿B:(表现得不急不慢)。

教师:那你们觉得哪种吃东西的方式好呢?

幼儿C:我觉得快一点吃好,还有时间去玩玩具。

幼儿D:妈妈告诉我要细嚼慢咽。

教师:你们知道吃进嘴里的食物都去哪儿了吗?我们咽下食物后会发生什么变化?

幼儿A:进入肚子里了。

幼儿B:应该都消化掉了。

教师:其实呀,我们每个人的肚子里都有一座神奇的火车站,里面住着一群可爱的小精灵。今天我们就来认识一下叫朱莉娅的小女孩,她肚子里有一个这样的火车站。

教师:(出示PPT)小朋友们,用你们的小眼睛仔细观察,你们在这张图片里都看到了什么呀?

幼儿D:小精灵、大草莓、小火车、一座火车站。

老师:这些小精灵就住在朱莉娅肚子中的这个火车站里,那里到底会发生什么神奇的事呢?现在就让我们一起来欣赏绘本吧。

教师:这个小姑娘叫朱莉娅,她刚刚从幼儿园出来,走在回家的路上。突然,朱莉娅听到了一阵"咕噜噜"的声音。小朋友猜一下这"咕噜噜"的声音是从哪里发出来的?

幼儿B：朱莉娅饿啦。

幼儿D：小精灵在叫吗？

教师：小朋友在画面中都看到了什么？小精灵都干什么呢？

幼儿D：看到了一座火车站、火车，还有小精灵。

幼儿A：小精灵都在睡觉呢。

教师：原来朱莉娅肚子里"咕噜噜"的声音是小精灵睡觉打呼噜的声音呀。小精灵们的工作是什么呢？（继续讲解故事）

教师：朱莉娅吃午餐的时候发生了什么事情？小精灵们为什么会那么生气？如果是你们，你们会怎么做？

幼儿A：她吃了很多面条，而且不细嚼慢咽。

幼儿B：她吃的东西太多了，小精灵忙不过来了。

幼儿C：朱莉娅吃的太快了，我吃东西都会很慢。

幼儿D：我是朱莉娅的话，我就少吃一点。

幼儿E：老师告诉过我们要细嚼慢咽的。

教师：继续讲述故事。朱莉娅吃的食物到了肚子里小精灵们会怎么做呢？他们是怎么工作的呀？拿着什么工具？小精灵们把食物变成泥装进火车厢后会运到哪里去？

幼儿C：小精灵的工作是帮朱莉娅弄碎食物。

幼儿A：小精灵手里都拿着剪刀、水枪。

幼儿B：还有钉耙、梯子、锤子、锯刀。

教师：你们猜猜这些食物会先到哪儿？然后到哪儿？最后到哪儿？

幼儿E：先到胃里，然后到肚子里，最后消化不见了。

幼儿C：先到肚子里，消化以后就是大便。（幼儿偷笑）

幼儿A：先到肚子里，然后到小肠，最后进入马桶。

教师：朱莉娅肚子里的小精灵工作的时候是不是一帆风顺的呢？我们一起来听听又发生了什么事情。火车不够用，食物大山怎么运走呢？香草冰激凌、巧克力奶昔又把火车给冻住了，小精灵们开始抗议，朱莉娅开始肚子疼了。朱莉娅为什么会生病？

幼儿B：她吃的太快了。

幼儿A：她吃的太多了。

幼儿D：小精灵累了。

教师：继续讲述故事，朱莉娅的肚子为什么不疼了呢？小精灵做了哪些事呢？

幼儿A:她喝了热水,肚子里就暖和了。

幼儿E:她还在肚子上放了热水袋。

幼儿C:小精灵又开始工作了。

教师:我们每个人的肚子里也有一个火车站,里面也有工作的小精灵。你们有什么想对小精灵说的吗?

幼儿B:辛苦你们了。

幼儿C:我以后一定慢慢吃饭,不让你们那么累。

教师:(出示人体消化系统图)这个就是小火车的行驶路径,我们来看看小火车都是怎么走的吧。首先食物通过食道传输进入胃里,经消化后(捣碎)进入小肠(吸收营养的过程),再进入大肠,最后通过粪便排出体外。我们吃东西的时候要注意什么呢?

幼儿A:要细嚼慢咽。

幼儿C:不能暴饮暴食。

幼儿B:不要吃太凉的东西。

幼儿D:多喝热水。

教师:小朋友们说的真好,肚子里的小精灵们希望小朋友们都健健康康,他们也给了我们一些健康饮食的建议,让我们一起读一读。

早吃好,午吃饱,晚吃巧。

暴饮暴食会生病,定时定量可安宁!

吃得慌,咽得忙,伤了胃口害了肠。

若要身体壮,饭菜嚼成浆。

若要百病不生,常带饥饿三分。

扮演游戏:进行小精灵的角色扮演活动,幼儿自主分配角色,按照掌握的消化顺序完成工作任务,体会小精灵工作的繁重和复杂。

四、专家点评

第一,《指南》中提出要鼓励幼儿之间的合作,教师应使幼儿运用感官,亲自动手、动脑去发现问题、解决问题,并积极参与幼儿的探索活动。本次活动中在幼儿角色扮演活动时,教师采用旁观的方式观察每组幼儿在操作过程中存在的问题,并及时给予幼儿指导和建议。相对来说,培养幼儿探究意识的部分不够突出,简单角色扮演游戏难以满足幼儿的好奇心和探索能力。

第二,整个过程较为流畅,但是在师幼互动中可以发现,教师在课堂教学中占据主体地位,极少出现幼儿通过思考而进行提问的情况,幼儿在活动中的主动性不高。在绘本讲述过程中,以师幼问答作为师幼交往的活动形式,方法上不够丰富。教师在提问环节中,有时会存在一次提出很多问题的情况,针对幼儿当前的发展现状,没有能力记忆全部问题内容,教师可改进一次提问的个数,一次以1—2个问题为最佳。在幼儿回答之后教师要给予反馈,而不是直接进行绘本的讲述,否则幼儿会疑惑自己回答的是否正确,教师为什么不搭理他,损害幼儿回答的积极性。主要以师生问答开展活动,对于幼儿探究的部分不够重视。

五、绘本《肚子里有个火车站》拓展

(一)健康领域

1. 活动名称

自律小达人

2. 活动目标

① 能正确选择健康的食物,养成良好的饮食习惯。

② 愿意按时进餐,控制零食和养成健康的作息。

3. 活动准备

物质准备:绘本《肚子里有个火车站》PPT、笔、纸。

经验准备:熟悉《肚子里有个火车站》绘本故事。

4. 活动过程

① 教师提问导入,引导幼儿讨论自己喜欢的食物。

② 教师讲述绘本《肚子里有个火车站》,引导幼儿思考饮食习惯的重要性。

③ 师生共同设计健康饮食表,设计不良饮食表,引导幼儿学习控制自己。

(二)社会领域

1. 活动名称

学会关心

2. 活动目标

① 理解小精灵情绪变化的过程及其原因。

② 能注意到别人的情绪,并有关心、体贴的表现。

3. 活动准备

物质准备:绘本《肚子里有个火车站》PPT。

经验准备:熟悉《肚子里有个火车站》绘本故事。

4. 活动过程

① 引导幼儿观察画面中小精灵的情绪变化,教师讲述绘本内容。

② 根据绘本内容引导幼儿理解小精灵的情绪,表现出关心的态度。

③ 围绕互相帮助主题进行话题讲述。

(三) 科学领域

1. 活动名称

数学真奇妙

2. 活动目标

① 能区分上下、左右、中间、旁边等方位词。

② 能比较绘本中的大小、颜色、粗细。

③ 体会到学数学的乐趣。

3. 活动准备

物质准备:绘本《肚子里有个火车站》PPT。

经验准备:熟悉《肚子里有个火车站》绘本故事。

4. 活动过程

① 教师对绘本进行讲解,引导幼儿观察画面内容,辨别事物的大小、颜色等变化。

② 辨认绘本中指定事物的方位关系。

③ 以游戏的形式,对幼儿进行现实世界中的方位关系训练。

(四) 艺术领域

1. 活动名称

创意消化图

2. 活动目标

① 根据绘本内容,能够画出消化流程图。

② 感知人体消化的奇妙,体会绘画的乐趣。

3. 活动准备

物质准备:纸、彩笔。

经验准备:熟悉《肚子里有个火车站》绘本故事。

4. 活动过程

① 复习《肚子里有个火车站》绘本内容,回忆消化系统流程。

② 教师分发纸和彩色笔,引导幼儿画出消化流程图。

③ 幼儿大胆对自己的作品进行讲述。

附：中班绘本教学活动操作指导

一、误区点拨

（一）常见误区

幼儿的好奇心是最宝贵的品质，但是当幼儿向教师提出疑问时，如果教师正在忙其他事情，经常会采用将幼儿的问题晾在一边，或者选择让幼儿下次再问的处理方式。幼儿对于事物的好奇心是即时产生的，当时得不到解答，换个时间就不会再询问教师。长此以往，会令幼儿丧失对事物的好奇心和探索欲。

（二）迷津指点

教育的目的就是促进幼儿的发展，而好奇心、探索欲是幼儿教育的重要组成部分，所以面对幼儿表现出强烈好奇心的时候，教师无论在做什么应该先停下来（如果确实顾不上，一定要等忙完手里的工作之后再去回应幼儿），以解答幼儿为首要任务，训练幼儿的思维能力，养成凡事都要问一个"为什么"的习惯，这个过程就是幼儿动脑思考的过程。

二、教育建议

第一，为幼儿创建积极探索的环境。教师在教学活动、日常生活中多投放些低结构的材料，创造机会吸引幼儿探索。幼儿如果生活在一个物质环境匮乏的单一环境中，每天看到的事物都是重复的，会降低幼儿的探索欲。而处在一个环境丰富、充满新鲜感的环境中，就会引发幼儿提出无数"为什么"。环境支持是幼儿探索行为的首要前提。

第二，培养幼儿的探究意识，保持对世界的好奇心。教师和家长应当达成一致的目标，保护幼儿的好奇心。为幼儿探究行为起到引导作用，凡事多问一个为什么，可能换来的就是幼儿头脑中思绪的千变万化。当幼儿表现出对事物的好奇时，与幼儿一起探究，是训练幼儿思维方式、探寻解决问题途径的最佳方法。

三、绘本作者介绍

安娜·鲁斯曼，德国著名的童书作家，著有《牙齿大街的新鲜事》《肚子里有个火车站》《皮肤国的大麻烦》等，善于用孩子听得懂、感兴趣的方式，最幽默、最诙谐的方法告诉他们道理，曾获得奥地利青少年文学奖等多项国际大奖。她的作品诙谐幽默，妙趣横生，深受广大儿童读者的欢迎。

三、大班案例:《一园青菜成了精》

《一园青菜成了精》

一、绘本简介

书 名:《一园青菜成了精》

文:北方童谣

图:周翔

内容简介:出了大门往正东,一园青菜在农夫走后开始了大战,他们个个成了精。在农夫回来后,一园青菜已然熟透……本书通过幽默风趣及夸张的表现手法,朗朗上口的儿歌语言,演绎了一个菜园里的热闹故事,给予儿童无穷的想象空间。

二、大班绘本教学活动设计

(一) 设计背景

幼儿喜欢参与各种游戏活动,在游戏情境中开始模仿成人日常活动中做的事情,关注日常生活中的一些新奇的事物。《指南》中指出,5—6岁幼儿应"能察觉到动植物的外形特征、习性与生存环境的适应关系"。通过带幼儿一起阅读《一园青菜成了精》绘本后,他们经常围着教师说自己喜欢的蔬菜,为了抓住这个契机,我们开展了"蔬菜变变变"的主题活动,在主题活动开展的过程中,希望充分调动幼儿的各种感官,感知体验蔬菜的形状、大小、颜色特征,并且尝试描述这些日常所见的蔬菜的特性,激发幼儿的好奇心和探究意识,促使大班幼儿通过感知、观察和操作周围世界的物质,对食物泡发活动感兴趣,愿意动手尝试,最终获得蔬菜、水果的属性以及概念经验。

(二) 活动目标

① 了解不同蔬菜的特征。

② 能够运用多种材料进行感知和操作,拓展生活经验。

③ 对食物泡发活动感兴趣,愿意动手尝试。

(三) 活动准备

物质准备：绘本《一园青菜成了精》、幼儿常见的一些蔬菜、干木耳、干黄花、干银耳、透明杯、小毛巾、青菜图片、食物做成的视频。

经验准备：幼儿已有的对于常见蔬菜、干菜的生活经验。

(四) 活动重难点

重点：愿意尝试感知食物的泡发现象。

难点：在尝试过程中能理解新鲜食物和干食物的状态。

三、大班绘本教学活动过程

教学活动过程实录：

教师：(出示几种常见青菜图片)我带来了一些青菜，小朋友你们认识吗？

幼儿：认识！白菜、尖椒、胡萝卜……

教师：你们真厉害，还记得我们昨天读过的《一园青菜成了精》绘本吗？

幼儿：记得。

教师：今天呀，青菜们开联欢会，请很多小朋友参加，小朋友们谁想去啊？

幼儿集体：我想去。

教师：青菜宝宝首先要和我们做一个游戏，让我们观察其前后变化，猜猜看，青菜宝宝变身的样子。

游戏自然引入：出示几种干菜，观察泡发现象，感知木耳等泡发现象。

出示干木耳，进行感知、比较和猜想。

教师：你从蔬菜超市买来的干木耳是什么样子的？摸一摸、说一说，有什么感觉？现在是什么样子的？猜一猜怎么变成这样的？

引发探索兴趣，进行尝试体验。

幼儿猜想，引发兴趣。

教师：你们知道还有什么食物泡水之后也能变大呢？鼓励幼儿大胆猜想。

进行尝试体验，激发探索愿望。

教师：小朋友一会儿每人拿一个小杯子，去班里的"小超市"选择你想泡的各种食物，然后接点儿水，放到桌子上(引导幼儿选择的时候要排队，不拥挤)。通过观察和触摸等方式感知不同食物泡发后的变化。

教师:现在我们仔细看一看,哪个食物变了?变成什么样了?摸一摸有什么感觉?哪个食物没有变?

小结:简单了解干食物和新鲜食物的不同变化。

教师:木耳、银耳、黄花泡了之后会变软,变大,吃之前需要泡一泡。

看视频,引发幼儿送食物的愿望。

教师:我们泡好的木耳、银耳、黄花可以做成什么美味食物呢?快来看一看吧。

幼儿观看视频。

给厨房阿姨送食物。

教师:你们是不是也想尝一尝呢?那我们把泡好的木耳、黄花送到食堂,请阿姨帮我们做成美味的食物吧。(和幼儿一起将泡发的食物送至食堂,激发幼儿品尝的愿望。)

延伸活动:请食堂的阿姨帮忙将泡好的食物炒成木须肉,幼儿午饭时进行品尝,激发幼儿爱吃木耳的欲望。找一些成品菜的图片,放在区域中,引导幼儿辨别由什么菜组成,观察整体与局部的关系。

四、专家点评

第一,大班幼儿对周围事物好奇、好问,且有探究意识,针对这一年龄特点和认知水平,教师选择他们喜欢的游戏形式进行活动,而且与班级中的主题紧密结合,从语言活动中直接引出,自然而有趣。

第二,科学领域的材料是引发幼儿探索的刺激物,又是实现幼儿认识周围世界的桥梁。此次科学活动选择的材料是幼儿生活中见过的、新鲜的蔬菜块儿和一些干菜,所以他们的探索欲望和兴趣是非常高的,幼儿可以观察干菜,从干到泡发后的样子,一目了然地看到,还可以通过触摸比较泡发前后的不同,调动各种感官与食物进行亲密的接触。

第三,幼儿在活动中认真观察,逐渐发现变化,积极表达自己发现的秘密,并能用一些形容词描述出泡发后的状态,所以提供具有可操作性、丰富适宜的材料,可以让幼儿在与材料的互动中得到发展。

第四,针对有的幼儿出现难以区分蔬菜的情况,教师应该再提供一些不同种类的蔬菜,让幼儿通过具体的实物获得知识。教师要进行鹰架教学,幼儿已经基本具备对于事物特征的判别能力,提供较多的教学材料,帮助幼儿进一步深化对于"状态"的区分,感受状态的变化。

五、绘本《一园青菜成了精》拓展

（一）健康领域

1. 活动名称

营养丰富的青菜

2. 活动目标

① 了解常见的青菜，知道不同的青菜有不同的食用部分与营养价值。

② 能够观察、分析并表达青菜的不同特征。

③ 懂得多吃青菜身体好的道理，养成良好的饮食习惯。

3. 活动准备

物质准备：绘本《一园青菜成了精》PPT、各种青菜的图片、青菜制品、青菜教具。

经验准备：平时生活中幼儿已有的生活常识经验。

4. 活动过程

① 绘本阅读，谈话导入青菜的不同种类，引导幼儿观察不同的青菜图片。

② 边观察图片边提出问题，这是什么？长在哪里？能吃哪里？引导幼儿观察、思考不同青菜的特征及营养价值。

（二）语言领域

1. 活动名称

一园青菜成了精

2. 活动目标

① 结合画面，通过观察、想象并表达绘本的内容。

② 理解内容，感受绘本丰富有趣的想象及诙谐、幽默的语言特点。

③ 感受童谣蕴含的嬉戏意味。

3. 活动准备

物质准备：绘本《一园青菜成了精》、蔬菜图片。

经验准备：平时生活中幼儿已有的蔬菜认知经验。

4. 活动过程

① 通过观察、讨论封面，引出绘本主题，激发幼儿参与阅读的兴趣。

② 幼儿参与式阅读，引导幼儿发挥想象，分组讲述或表演绘本内容。

③ 完整地听一遍绘本故事，感受语言的趣味性。

(三) 科学领域

1. 活动名称

移栽青菜

2. 活动目标

① 知道有些植物是可以移栽的。

② 能使用小铲子,正确地把青菜移栽到土里。

③ 建立乐于观察青菜生长的兴趣及管理菜地的积极性。

3. 活动准备

物质准备:绘本《一园青菜成了精》、长大的青菜一颗(有根的、壮实的)、有根菜秧每人1—2棵、小铲子人手一把(最好分组进行)、装水的桶、小水舀若干(废旧小茶杯也行)。

经验准备:平时生活中幼儿已初步具有种蚕豆、洋花萝卜和在蛋糕盒或泡沫塑料盒中观察老师撒播青菜籽的经验,并有观察、管理菜秧生长的经验。

4. 活动过程

① 观察比较小菜秧和大青菜。提问:看看这两棵青菜有什么不同?怎样让这些小菜秧都能长得大大的?(引导幼儿知道每一棵青菜都需要有一个大一些的地方即空间)。

② 带幼儿到小园地学习移栽青菜。先看教师用铲子把小园地划分成行距、棵距相等的距离(挖一个小洞做标记),用小铲在标记处把洞挖深(把挖出的土堆在洞边,看看青菜秧的根有多长,洞就挖多深)。用左手拿住菜秧梗部,直直地把根放进洞中,手扶直菜秧。用小铲把土轻轻地填到洞中(注意菜秧根的四周都要填进土),再用手轻轻地把土压实。

③ 幼儿学习移栽青菜。给移栽的菜秧浇一点水,注意提醒幼儿把水轻轻地浇在菜的根部。

(四) 艺术领域

1. 活动名称

青菜王国

2. 活动目标

① 了解5种以上的青菜对人体的具体作用。

② 能运用捏、搓、团、压等方法捏造自己喜欢的青菜模型。

③ 喜欢手工活动,享受活动带来的快乐。

3. 活动准备

物质准备：绘本《一园青菜成了精》PPT、橡皮泥若干、泥工板若干、各种青菜PPT图片。

经验准备：平时生活中幼儿已有的手工经验。

4. 活动过程

① 观察绘本《一园青菜成了精》的青菜特征。

② 动手做泥工——青菜王国：呈现青菜（PPT）（请幼儿说出青菜名称）并用橡皮泥来做自己最爱吃的青菜（教师一边讲解一边示范操作的方法）。请幼儿排队来拿橡皮泥，选自己喜欢的颜色做自己最爱吃的青菜，做好之后把它摆在桌子上，同时还要想想为什么喜欢吃这种青菜，它对我们身体有什么好处。

③ 评价幼儿的作品，让幼儿分享自己的作品，教师视情况适当帮忙。

附：大班绘本教学活动操作指导

一、误区点拨

（一）常见误区

教师经常忽视日常生活中的一个小事件，忽视幼儿探究的兴趣。经常对幼儿说，不要再看蜘蛛网了，今天的课堂内容是观察春天的花儿，听老师讲课不要再乱插嘴……为了便于教学管理，教师常常将幼儿引领到预先设计好的课堂内容上来，无暇顾及幼儿的尝试和探究，缺少游戏环节，培养出来的是顺从、不会探究的孩子，这样的孩子缺少思考和创造性。

（二）迷津指点

要想改变教师的教育方式，解开对幼儿的束缚，教师需要先解开自身的束缚，让游戏精神贯穿整个幼儿园教学活动。在实际工作中，教师必须付出百分之百的努力，探寻让幼儿保持高度的学习兴趣、掌握学习方法的正确渠道，为幼儿的终身学习和持续发展奠定一个良好的基础。教师可以创造性地使用现有的主题课程，选择幼儿感兴趣、愿意进行的活动，并为幼儿提供能激发他们创造力和想象力的材料和环境，鼓励幼儿探索和学习新的方式，在更高的水平上与教师进行互动。

二、教育建议

第一，教师应支持幼儿在接触自然生活和现象中积累有益的直接经验和感性认识。比如和幼儿一起观察不同蔬菜的特征和材质,感知生物的多样性和独特性,以及生长发育、繁育和死亡的过程,给幼儿提供丰富的材料和适宜的工具,尤其是支持幼儿在游戏过程中探索并感知常见物质材料的特质和物体的结构特点。

第二,引导幼儿在探究中思考,尝试进行简单的推理和分析,发现事物之间明显的关系,比如引导幼儿关注和思考新鲜蔬菜和干菜的外部特征与生活环境以及它们不同状态下的样子。引导幼儿根据常见物质材料的特征和物体的结构特点推测和证实它们的用途。

第三,引导幼儿关注和了解自然、科技产品与人们生活的密切关系,逐渐懂得热爱尊重保护自然。与幼儿经常讨论常见的事物的用途、特征,增加其生活常识。

三、绘本作者介绍

周翔,1956年出生于陕西,最早一批将绘本引进中国的先驱人物。他积极培养绘本编辑,并以《东方娃娃》为平台致力于传播绘本理念。其创作的绘本多次获得国际大奖,绘本《小猫和老虎》1987年获全国儿童美术邀请赛优秀作品奖;《泥阿福》1992年获全国优秀少年儿童读物一等奖;《贝贝流浪记》获国际儿童读物联盟中国分会(CBBY)第一届小松树奖;《小青虫的梦》1992年获"五个一工程"奖。

第五节　艺术领域

一、小班案例:《柠檬不是红色的》

《柠檬不是红色的》

一、绘本简介

文/图:〔美〕劳拉·瓦卡罗·希格

译:余治莹

《柠檬不是红色的》
绘本分享

内容简介:这本书通过镂空重合的有趣形式,将孩子带进色彩和形状巧妙结合的世界里。在翻页中,衬托不同的背景,苹果、胡萝卜、火烈鸟、月亮、灯光的颜色,像变魔术一样发生改变,故意埋下的悬念藏在奇巧的设计里,孩子想象另外一种可能,获得期待中的惊喜。

二、小班绘本教学活动设计

(一) 设计背景

本班幼儿的年龄均为 3 周岁多不到 4 周岁,在颜色辨认上,70%的幼儿能够辨认一些基本的颜色,例如红色、黄色、黑色、白色,但是对于更细致的颜色大部分幼儿不能够辨认,比如粉红色、银色。在涂染方面个别耐心的小朋友可以涂得比较满,但是大部分幼儿还不能够将画面涂满。因此,现阶段应该丰富幼儿常见颜色词汇,区分更细致的颜色词。对于涂染方面我们应该给予幼儿充分的时间,引导幼儿进行细心的涂染。

(二) 活动目标

① 通过读绘本,辨别基本的颜色,并能够说出书中物体的颜色。
② 说一说最喜欢的颜色,用自己喜欢的颜色进行涂画。
③ 感受绘画的乐趣,尝试用不同的颜色进行绘画。

(三) 活动准备

物质准备:绘本《柠檬不是红色的》PPT,(紫色、红色、橙色、黄色、绿色)颜色板,镂空图片卡(茄子、樱桃、胡萝卜、柠檬、黄瓜),音乐。

经验准备:能够用手抓握彩笔进行涂画。

(四) 活动重难点

重点:辨别基本颜色。
难点:感受绘画的乐趣。

三、小班绘本教学活动过程

教学活动过程实录:
用轻快的音乐进行导入。

1. 阅读绘本,辨认颜色

教师:小朋友们,我们今天来阅读《柠檬不是红色的》这本书,老师想问问大家,柠檬不是红色的那是什么颜色的?

全体幼儿:是黄色的。

教师:那我们来看看书里面的柠檬是不是黄色的。

教师:哇!这里有好多好多的颜色,你们知道它们分别是什么颜色吗?

幼儿A:白色和黑色。

幼儿B:还有粉色。

幼儿C:红色和绿色。

幼儿D:还有蓝色。

教师:我们今天学的是柠檬不是红色的,那你们见过有什么物体是红色的呢?

幼儿A:草莓。

幼儿B:苹果。

教师:大家刚刚都说的是水果,还有没有其他的呢?

幼儿A:妈妈的口红。

教师:你能说出和大家不一样的,简直太酷了。

教师:那我们来看看书中红色的是什么,有没有大家猜中的呢?(翻开苹果的那页)

幼儿全体:哈哈哈,我们猜中了。

教师:我们接下来看下一个颜色。(翻开橙色的一页)这是漂亮的橙色!你们在生活中见到过什么东西是橙色的呢?

幼儿A:橙子。

幼儿B:油。

幼儿C:香蕉。

幼儿D:胡萝卜。

教师:(出示一下橙子和香蕉的那页)橙色和黄色有什么区别呢?

幼儿A:一个是橙子的颜色,一个是香蕉的颜色。

幼儿B:橙色是橙汁的颜色,黄色是香蕉。

教师:让我们来看看,橙色是不是比较暗,黄色比较明亮呢?像刚刚大家说的,橙色就是橙子的颜色,黄色就是香蕉的颜色。

教师:那我们来看看下面是什么颜色,请小朋友们一起说出来。

幼儿集体:紫色。

教师:你们见过哪些紫色的东西呢?

幼儿A:紫色的葡萄。

幼儿B:紫色的茄子。

教师:嗯嗯,看来你们知道不少紫色的物品呢!我们来看看书上有紫色的什么,有没有我们刚说过的呢?(后面故事讲述省略)

……

2. 谈论最喜欢的颜色，进行涂染活动

教师：请小朋友们说一说自己最喜欢的颜色是什么，可以告诉老师，也可以告诉周围的小朋友。

教师：那现在请小朋友们从这些卡片中挑选一个自己喜欢的，并且用你喜欢的颜色涂色。

教师：涂染的时候一定要都涂满哦！

幼儿集体：涂染自己的卡片。

3. 一起将自己的画张贴到教室的一个角落

教师：我们刚刚都涂了卡片，现在我们一起把它们贴到墙上吧！

幼儿集体：好的。

教师：注意安全呀！

四、专家点评

第一，培养艺术表现力与创造能力是幼儿在学前期教育中面临的一个重要任务。《指南》对于艺术表现与创造能力等方面也提出了具体的要求。针对幼儿的艺术发展，主要是"尊重幼儿自发的表现和创造，并给予适当的指导"。如：鼓励幼儿在生活中细心观察、体验，为艺术活动积累经验和素材；提供丰富的材料，让幼儿自主选择，用自己喜欢的方式去模仿或创作，成人不做过多要求。因此，从总体的教学上看，该教师的教学活动基本上符合这些精神。

第二，从教师回应上来说，教师对于幼儿的回应准确、及时，对幼儿起到了很好的鼓励作用。首先，教师对于幼儿的回应应该是准确的，不能简单说你说的真好，或者你说的真棒等鼓励性的话，应该具体指出幼儿哪些行为做的好。例如：案例中当所有的幼儿都在说有红色的苹果、草莓后，教师追问除了水果还有哪些东西是红色的，一个幼儿说了妈妈的口红，教师对此的回应是："你能说出和大家不一样的，简直太酷了。"这样的鼓励对于幼儿来说无疑是很有价值的。其次，当幼儿做出错误的回答时，教师不能给予幼儿消极的评价，而是委婉地指出幼儿的错误。比如案例中有的幼儿说香蕉是橙色的，所以教师就将橙色的橙子和黄色的香蕉做了对比，这不仅促进了该幼儿对于颜色的辨认，同时也保护了该幼儿的自尊心。

五、绘本《柠檬不是红色的》拓展

（一）健康领域

1. 活动名称

健康的柠檬

2. 活动目标

① 通过了解柠檬对身体的益处，知道蔬菜对于人体的好处。

② 能在别人的提醒下，吃有益于身体健康的水果、蔬菜。

3. 活动准备

物质准备：完整的柠檬、切开的柠檬、音乐。

经验准备：知道一些常见的水果、蔬菜。

4. 活动过程

① 通过欢快的音乐导入课堂。

② 尝一尝、摸一摸柠檬，说一下柠檬的味道，以及柠檬对人体的好处。

③ 总结柠檬的好处，鼓励幼儿可以多喝柠檬水。

（二）语言领域

1. 活动名称

食物的颜色

2. 活动目标

① 认识书中的食物，知道它们的主要特征，感受阅读的快乐。

② 尝试将颜色与食物配对，学说"××不是××色的，××是×色的"。

3. 活动准备

物质准备：自制立体大图书、各色香蕉、各色苹果、颜色操作板（紫色、红色、黄色、绿色）、镂空图片卡（葡萄、草莓、西瓜、樱桃、柠檬）、人手一份操作卡。

经验准备：认识各种常见颜色、知道一些常见蔬果的特征。

4. 活动过程

① 魔术变一变，变出颜色来（引出话题）。

② 魔术变一变，变出食物来（观察辨别）。

③ 魔术变一变，变出语句来（完整欣赏绘本）。学说"××不是××色的，××是×色的"。

(三) 科学领域

1. 活动名称

神奇的柠檬

2. 活动目标

① 通过品尝,知道柠檬是酸酸的。

② 观察柠檬的表皮特征。

③ 喜欢探究食物的味道、表皮特征等。

3. 活动准备

物质准备:完整的柠檬、幼儿专用小刀。

经验准备:能够用小刀切较大的物体。

4. 活动过程

① 通过观察、摸一摸等方式,说一说柠檬的外表特征。

② 切柠檬,谈一谈柠檬的口感。

附:小班绘本教学活动操作指导

一、误区点拨

(一) 常见误区

有人觉得教宝宝认颜色很简单,只要指着东西跟宝宝说"这是红色,那是黄色"就行。事实却恰恰相反,在教宝宝认颜色时稍不注意也会误中地雷。比如:孩子已经3岁了,可是他对颜色总是分不清楚,给他来了一个测试,就是很多绿色的辣椒中放一个红色的辣椒,可是他也不能一下子把那个红辣椒拿出来。平时教他颜色,过一会儿再问他,他就忘记了,又乱说颜色了。

(二) 迷津指点

刚开始教孩子认识颜色和形状时,家长一定要掌握用"是非强调法"。例如,看见几个彩色的气球,我们告诉他:"这个是红色,这个不是红色的。"通过"是"和"不是"一起来强调一个知识点——红色,等孩子不管看见什么东西都能一眼分辨出"红色"时,我们再用这种方法来教孩子认另一种颜色。这样以一个个知识点来帮助孩子加深记忆,巩固知识,才能达到事半功倍的效果。如果你告诉宝宝:"这个是红色,这个是蓝色,那个是绿色。""填鸭式"地一下让他接受这么多知识点,不但容易使他混淆概念,还会造成孩子对概念的模棱两可。所以,才会有很多家长反映:"这孩子其实什么颜色都知道,可是一问他就乱套了。"这就是因为让孩子一下子接受了这么多种颜色的名称,他无法真正弄清楚每种颜色的概念。

二、教育建议

第一,游戏是幼儿最喜欢的活动,这是由其年龄特征所决定的。马卡连柯说过,游戏是幼儿学习的一种教育形式,幼儿在游戏中认识周围生活,发展独立性、积极性、创造性和动手动脑的能力。《指南》中强调幼儿的学习是以直接经验为基础,在游戏和日常生活中进行的,要珍视游戏的独特价值。在该活动中,教师用音乐导入,但该音乐与此次活动的主题并无什么关系,而且在整个活动中也没有穿插与主题相关的游戏,只是讲和涂、画,活动缺少活力。

第二,从《指南》和《纲要》的角度解读这则案例。艺术是人类感受美、表现美和创造美的重要形式,也是表达自己对周围世界认识和情绪态度的独特方式。每个幼儿心里都有一颗美的种子。幼儿艺术领域学习的关键在于充分创造条件和机会,在大自然和社会文化生活中萌发幼儿对美的感受和体验,丰富其想象力和创造力,引导幼儿学会用心灵去感受和发现美,用自己的方式去表现美和创造美。幼儿对事物的感受和理解不同于成人,他们表达自己认识和情感的方式也有别于成人。幼儿独特的笔触和语言往往蕴含着丰富的想象和情感,成人应对幼儿的艺术表现给予充分的理解和尊重,不能用自己的审美标准去评判幼儿,更不能为了追求结果的完美对幼儿进行千篇一律的训练,以免扼杀其想象与创造的萌芽。

三、绘本作者介绍

劳拉·瓦卡罗·希格,美国杰出插画家,其图画书作品因简洁而富有创意深受小读者喜爱,并且她擅长使用翻翻书、洞洞书的技巧带给读者一次次的视觉惊喜。她自2001年至今出版了10余册绘本,其中《先有蛋》《绿》分别荣获2008年和2013年的凯迪克银奖,《我以前会害怕》也曾入围2015年凯迪克奖的候选名单。

二、中班案例:《母鸡萝丝去散步》

《母鸡萝丝去散步》

一、绘本简介

书名:《母鸡萝丝去散步》

文/图:〔英〕佩特·哈群斯

译:信谊编辑部

《母鸡萝丝去散步》
绘本解读

内容简介:《母鸡萝丝去散步》是一本外国经典绘本,它的文字与画面形成一种非常滑稽的对比:文字讲述的是母鸡萝丝去散步的平淡无奇的故事,而图画则讲述了狐狸追逐猎物却屡屡受挫的故事。作品色彩明媚,故事幽默、简单流畅,总是贴近孩子们的角度认真面对他们的问题,深受全世界儿童的喜爱。

二、中班绘本教学活动设计

(一)设计背景

《指南》中对4—5岁幼儿在艺术领域"表现与创造"板块的要求是"经常唱唱跳跳,愿意参加歌唱、律动、舞蹈、表演等活动"。本班幼儿对于音乐节奏的感知不明显,不敢创编舞蹈动作,不敢在人面前进行展示,缺少对于音乐的认识,不能准确感知音乐。本次活动以绘本《母鸡萝丝去散步》为线索进行展开,以绘本故事为导线引导幼儿感知音乐的情绪,吸引幼儿的兴趣,使幼儿在创编动作时形象更为具象化,降低创编的难度。通过角色游戏的形式增加幼儿的参与性,使幼儿在游戏中、舞蹈中体验到音乐的乐趣,乐于创编。

(二)活动目标

① 理解故事内容,欣赏音乐,区分乐曲段落。

② 倾听音乐,根据图谱进行角色扮演,表现音乐内容。

③ 通过游戏体验音乐带来的快乐。

(三) 活动准备

物质准备:绘本《母鸡萝丝去散步》PPT、音乐、图谱、狐狸头饰若干、母鸡头饰若干。

经验准备:幼儿认识狐狸和母鸡。

(四) 活动重难点

重点:幼儿能够区分乐曲段落。

难点:根据音乐变化大胆创编动作,表现音乐内容。

三、中班绘本教学活动过程

教学活动过程实录:

教师:(播放音乐)小朋友们我们听完了音乐,你们有什么感受吗?

幼儿A:好奇怪的感觉。

幼儿B:我感觉很欢快。

幼儿E:我感觉很着急。

教师:小朋友们听到音乐有不同的感受。其实,这首歌曲里面藏着一个有趣的故事,我们一起来听听吧!

教师:(出示PPT)小朋友你们看这是哪里啊?

幼儿集体:农场。

教师:这个故事就发生在农场里面,到底发生了什么有意思的故事呢?我们一起来看看。

教师:这片农场里都有谁啊?在干吗?

幼儿C:有母鸡,她正在散步呢。

幼儿D:有狐狸,他正躲在母鸡窝下面呢。

教师:你们猜一猜狐狸想干吗?

幼儿A:他想吃掉母鸡。

教师:那狐狸有没有得逞呢?我们一起来看一看。(教师讲故事省略)

教师:母鸡都走过了哪些地方啊?狐狸遭遇了什么呢?

幼儿A:母鸡走过院子的时候,狐狸被钉耙打倒了,没有吃到母鸡。

幼儿C:母鸡走过池塘的时候,狐狸掉进了池塘里。

幼儿D:母鸡走过干草堆的时候,狐狸跳进了草堆。

幼儿B:母鸡走过磨坊的时候,面粉压住了狐狸。

幼儿F:母鸡穿过了篱笆,可是狐狸跳到了拖车上。

幼儿E：拖车撞到了蜂窝，蜜蜂们都追着狐狸跑，母鸡直接从蜂窝下面钻出来了，回到了家。

老师：这就是母鸡萝丝的故事。小朋友们这个好玩的故事就藏在这段音乐中，我们再来听一遍吧！

教师：（图谱对照音乐节奏）现在是谁出场？你们怎么知道的？然后是谁？他们都发生了什么？

幼儿B：母鸡出来了，因为很欢快。

幼儿D：狐狸摔倒了，有一个下落的声音。

教师：小朋友，我们来根据这个音乐编一个舞蹈吧。

幼儿D：老师，我不会。

幼儿A：我也不会。

教师：没有关系，老师会跟你们一起，谁有好的想法就说出来。

教师：（播放音乐片段a）现在是母鸡在农场里悠闲地散步，母鸡怎么走路的，谁来模仿一下？

幼儿A：我觉得母鸡走路是前后摆的。

教师：那我们尝试一下前后摆走路。（幼儿练习）

教师：（播放音乐片段b）现在是狐狸来了，他要悄悄地跟在母鸡后面不能被发现，所以他应该怎么走？

幼儿C：他要踮着脚走。

幼儿A：手要这样。

教师：（幼儿练习后，教师播放音乐片段c）狐狸眼看着就要抓住母鸡了，心情是什么样的？会怎么笑？

幼儿E：哈哈哈哈地大笑。

幼儿C：不会不会，要小点声音不能被母鸡发现，捂住嘴偷偷笑。

教师：（播放音乐片段d）狐狸没有吃到母鸡，母鸡此时如果笑的话，应该怎么笑？

幼儿B：她会哈哈哈哈地笑。

教师：你们还记得这四个动作吗？我们来练习一下。（教师播放音乐，完整表演。）

教师：现在老师邀请一名小朋友跟我玩一个游戏，我来扮演狐狸，她来扮演母鸡，跟随音乐完成我们刚刚编的舞蹈。谁跟老师一起玩？

幼儿B：我要玩。

幼儿C:我也玩。

教师:一会都有机会玩哦,别着急。你们帮我们两个看看谁的表演好。(播放音乐,佩戴头饰表演。)

教师:学会舞蹈的小朋友,两两结组一个扮演狐狸、一个扮演母鸡,自己分配角色,寻找自己的同伴跳舞吧!(教师播放音乐,分配头饰。)

四、专家点评

第一,4—5岁的中班幼儿,动作能力有所发展。他们能更有效地控制肌肉活动,动作更加轻松、灵活,随着音乐做动作的经验也更加丰富,不仅对动作本身感兴趣,而且对用动作表现音乐更加有兴趣。他们在积极有效的音乐教育影响下,不仅懂得动作应该和音乐合拍,而且基本上做到动作和音乐合拍。此教学活动设计符合4—5岁幼儿的发展特点,教师在教学过程中注重动作和节奏相配合,通过让幼儿听音乐思考发生的情节为节奏培养起到奠基作用。

第二,4岁左右的幼儿开始进入"形象期",他们对表现自己的经验、情感和想象有明确的目的,能用简单形象逐渐深入表现越来越多的事物。4—5岁的幼儿,能看出绘本中各个对象之间可以直接感知到的关系。教师通过绘本中"狐狸"和"母鸡"的形象引导幼儿感知,符合正处于具体形象思维发展阶段的幼儿特点。最后通过角色游戏进行舞蹈动作的表演,仍然依据幼儿"形象期"的特点,通过角色认定增强幼儿体验的投入性。

五、绘本《母鸡萝丝去散步》拓展

(一)健康领域

1. 活动名称

遵守交通规则

2. 活动目标

① 认识最基本的交通标志和交通设施,了解与自己生活有关的交通安全常识。

② 遵守交通规则,有自我安全保护意识。

3. 活动准备

物质准备:交通标识影片、交通标识道具。

经验准备:熟悉《母鸡萝丝去散步》绘本故事。

4. 活动过程

① 复习导入,引导幼儿回忆"狐狸"的遭遇,引出不认真看路的话题。

② 教师播放"交通标识"影片,引导幼儿认识遵守交通规则的重要性。

③ 通过情境表演学习应用交通标识,培养幼儿安全保护意识。

(二) 社会领域

1. 活动名称

帮助他人我也行

2. 活动目标

① 能够通过合适的语言和行动帮助他人。

② 养成乐于助人的品质。

3. 活动准备

物质准备:"乐于助人"行为图卡。

经验准备:熟悉《母鸡萝丝去散步》绘本故事。

4. 活动过程

① 复习导入,回忆绘本中小动物的行为,补充小动物是如何提醒和帮助母鸡的。

② 出示不同的情境图片,引导幼儿学习如何帮助他人。

③ 引导幼儿大胆表述自己乐于助人的事件,培养幼儿乐于助人的良好品质。

(三) 艺术领域

1. 活动名称

有趣的线条

2. 活动目标

① 感受线条带来的视觉美。

② 探究绘本中装饰图案的排列规律。

③ 尝试用点线对画面进行装饰。

3. 活动准备

物质准备:纸、彩笔、绘本《母鸡萝丝去散步》PPT。

经验准备:认识点和线。

4. 活动过程

① 重温绘本,重点观察图画中的线条排列规律或特点,感受线条的组合而产生的美感。

② 幼儿用点、线等图案对画面进行装饰。

附：中班绘本教学活动操作指导

一、误区点拨

（一）常见误区

对于音乐舞蹈教学活动，教师最为常见的错误就是过于重视动作模仿得是否形象、准确，忽视幼儿在舞蹈中节奏感的培养以及对音乐的感知。长此以往不顾幼儿在舞蹈过程的体验，易导致幼儿对音乐活动的抵触心理，不利于幼儿均衡发展。

（二）迷津指点

《指南》中强调重视幼儿对音乐活动的感受和体验。教师仅重视舞蹈动作是否规范的观念是不正确的。教师应将关注重点放在幼儿创编动作的想象力发展、在舞蹈活动中的体验感。兴趣是最好的老师，幼儿对事物感兴趣才是其关键所在。

二、教育建议

第一，在仿编舞蹈动作中重视幼儿的创造力。在艺术领域教学目标中强调幼儿想象力和创造力的发展。艺术领域对幼儿来说更为有趣，符合幼儿活泼好动的年龄特点，为幼儿创造力发展提供了更为广阔的空间，将更多的机会交给幼儿，不能将仿编活动变成"教和学"的活动。

第二，在舞蹈教学中注重音乐节奏感的培养。学习音乐最重要的就是学习节奏感，教师应引导幼儿体验节奏带来的快乐。

三、绘本作者介绍

佩特·哈群斯，1942年生于英国，从小与乡间田野、林间动物为伍，培养了她深爱大自然的个性，也成为日后创作绘本的源泉。年少时在校学习，因成绩优异获得了艺术学院的奖学金，之后继续进修并获得国际设计证书。婚后随丈夫移居美国开始正式的创作。除《母鸡萝丝去散步》外，*The Wind Blew* 一书也备受读者喜爱，并获得了英国最负盛名的凯特·格林威奖的首奖。

三、大班案例:《我是一条快乐的鱼》

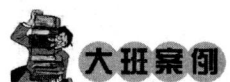

《我是一条快乐的鱼》

一、绘本简介

书名:《我是一条快乐的鱼》

文/图:〔法〕克罗蒂亚·贝林斯基

译:郑迪蔚

内容简介:《我是一条快乐的鱼》讲述的是鱼儿的世界,在大海里,有很大的鱼,也有很小的鱼。有的鱼圆圆的,有的鱼细细的;有的鱼一身雪白,有的鱼一身漆黑;有的鱼天生浪漫,还有的鱼天生蛮横……不管哪种鱼,每天生活在大海里都像过节一样快乐。

二、大班绘本教学活动设计

(一)设计背景

艺术教育的目标在于培养幼儿感受美、表现美和创造美的能力。5—6岁幼儿的有意想象和创造想象都处于初步发展的阶段,但也存在着明显的个体差异。因此,艺术活动中教师需要注意幼儿的自主性,发展其表现出来的创造力,鼓励幼儿大胆表达。本班幼儿活泼热情、好奇心强,喜欢用美术作品表达心情,所以选择了这本能够凸显幼儿创造力和对艺术热爱的绘本,创作不一样的鱼。

(二)活动目标

① 帮助幼儿了解鱼类不同的形状特征、色彩变化。

② 了解到海洋生物正在受到环境污染,获得保护环境的意识,养成不乱扔垃圾的习惯。

③ 在绘画中感受艺术的美,热爱艺术创作。

(三)活动准备

物质准备:绘本《我是一条快乐的鱼》PPT、各种各样的鱼的图片、海洋污染的相关图片、海底世界的图片。

经验准备:幼儿绘画鱼的已有经验。

(四)活动重难点

重点:掌握鱼的不同特征、特点。

难点:养成环境保护的意识,保护环境。

三、大班绘本教学活动过程

教学活动过程实录:

图片导入,先展示了几种常见的鱼,如金鱼、鲨鱼等,幼儿都能说出它们的名字。随后,教师展示出一些不常见的鱼。

教师:有没有小朋友认识这些鱼呀?现在我们请认识它们的小朋友告诉大家这是什么鱼。

每位幼儿介绍完鱼的名称,教师都会说:"谢谢你!"

教师:它们在做什么?(展示亲嘴鱼的画面。)

幼儿A:它们是在打架!

教师:它们在打架啊,我以为它们很友爱呢,谢谢你告诉我一个新鲜的事。

教师展示《我是一条快乐的鱼》绘本,引导幼儿对绘本的图画进行观察,并提问鱼的形状有什么不同,让幼儿积极回答。

教师用PPT播放一些海洋污染、小动物无家可归的照片,用提问的方式引导幼儿思考保护环境。

教师提问大部分属于封闭式问题,如"大海里有什么""小动物们开心吗""如果不扔垃圾会怎么样"等,从而让幼儿了解到保护环境需要大家共同努力。

为了使本案例与美术活动联系起来,教师让幼儿思考怎么才能让"大海妈妈"开心,没有人回答,教师提出建议:请大家把小鱼画下来,把照片送给大海妈妈。

绘画前,教师再次放出一张海底世界的图片,并让幼儿想一想,小鱼的头、身体、尾巴是什么样的。

教师:小鱼的头是什么形状的?

幼儿齐声说:三角形。

一名幼儿提出还有五角星的,教师告诉他五角星的是海星,小鱼是三角形的。绘画过程中,很多幼儿照着PPT上的图片画。

全班幼儿画完之后,一一上前展示,并介绍自己画了什么。几乎每个幼儿画的鱼都是三角形的,大部分没有颜色和线条的变化,也有一些幼儿还画了海洋里的其他生物,如海星、海豚等。有的幼儿说不出自己画了什么,教师鼓励他大胆地表达,并鼓励幼儿的艺术创作。

延伸活动:教师带领幼儿一起把作品贴到艺术区,让幼儿互相欣赏同伴的创作,并鼓励幼儿之间相互交流、讨论。

四、专家点评

第一,本案例中教师设定了"帮助幼儿了解鱼类不同的形状特征、色彩变化"这一目标,却没能将这一目标贯穿整个美术活动。这种虎头蛇尾的现象在很多活动中都存在,有些教师设置的导入环节非常生动,但在开发幼儿创造力时却要求幼儿"整齐划一"。在本次案例中,可以让幼儿运用多种感官,从不同层次观察不同鱼的形态、色彩,还可以关注鱼的线条变化等,结合生活中的已有经验,创造自己的海底世界。教师不应把"认识"环节与"绘画"环节割裂开,而是要将教学活动与幼儿的日常生活联系起来,从而帮助他们发现和感受生活中的美,表达美、创造美。

第二,这是一次艺术领域的活动,而第二个目标"了解到海洋生物正在受到环境污染,获得保护环境的意识,养成不乱扔垃圾的习惯"显然是科学领域的范畴,与此次艺术创造的主题没有关系,属于画蛇添足。这也要求教师在制定目标的时候一定要紧紧围绕活动的主题,不做无用功,以免眉毛胡子一把抓,没有重点,最后匆匆应付了事。

第三,案例中教师在绘画前先给幼儿看了海底世界的图片,并在整个绘画过程中都用PPT演示了图片,导致很多幼儿是照着图片画的,并没有进行自己的绘画创作,最终画出的海洋生物种类、形态相似。除了提供类似范画,教师还提问了幼儿鱼的头、身体、尾都是什么样的,并明确点出小鱼的头是三角形的。因此,几乎所有的幼儿画出的鱼都是教师"要求"的三角形。实际上在教师一开始展示的不同鱼的图片中,鱼的形态是多种多样的,有椭圆形、三角形、长条状等。教师并没有抓住这一点,鼓励幼儿回忆都有什么形状的鱼,以及幼儿想象中的海底世界是什么样的。幼儿自主表达创作过程中,教师不应做过多干预或把自己的意愿强加给幼儿,在幼儿需要时再给予具体的帮助,并且要鼓励幼儿在生活中细心观察、体验,为艺术活动积累经验与素材。

第四，本案例中的师幼互动主要由教师发起，表现为教师提问、幼儿回答，且问题多为封闭式问题，如：是不是应该不扔垃圾、受到污染的海洋妈妈开不开心。这类问题即使幼儿不知道答案，也很容易揣测教师的意图，从而回答出教师预设的"标准答案"。活动中教师的提问应该包含一些开放式问题，并且要根据幼儿的年龄适当增加难度，采用递进式的提问，逐步激发他们的兴趣，使其进入积极状态。另外，对于幼儿明显错误的回答，如一名幼儿认为亲嘴鱼在"打架"，教师不能给出模棱两可的回应，而是应该让幼儿仔细观察画面，让其意识到自己分析错了，或通过其他方式委婉地告诉幼儿正确的内容。

五、绘本《我是一条快乐的鱼》拓展

（一）健康领域

1. 活动名称

快乐最重要

2. 活动目标

① 认识到小鱼儿每天都很快乐。

② 能够控制自己的情绪，将不良情绪转变为快乐。

③ 愿意分享自己的快乐。

3. 活动准备

物质准备：绘本《我是一条快乐的鱼》、欢快的音乐。

经验准备：平时生活中幼儿已有快乐、不快乐的经验。

4. 活动过程

① 带领幼儿阅读绘本《我是一条快乐的鱼》，让幼儿感受鱼儿的快乐。

② 集体游戏，扮演一条快乐的鱼，在教室里快乐地游。

③ 鼓励幼儿分享自己最近快乐的事情，分享让自己变快乐的办法。

（二）语言领域

1. 活动名称

小小鱼儿

2. 活动目标

① 主动观察画面细节，感知画面内容。

② 尝试用自己的语言描述画面内容。

3. 活动准备

物质准备：绘本《我是一条快乐的鱼》PPT。

经验准备：平时生活中幼儿对鱼的已有经验。

4. 活动过程

① 问题导入：你们知道哪些鱼呢？请说出它的名字。

② 欣赏绘本，观察画面，大胆表述画面内容。

③ 尝试看图复述内容。

（三）社会领域

1. 活动名称

我是集体中的一份子

2. 活动目标

① 认识到鱼儿是海底世界的成员。

② 能够在集体活动中贡献自己的一份力量。

③ 积极、快乐地参与集体活动。

3. 活动准备

物质准备：绘本《我是一条快乐的鱼》PPT、整体与部分的图片。

经验准备：平时生活中幼儿已有的参与集体活动的经验。

4. 活动过程

① 阅读绘本《我是一条快乐的鱼》，引导幼儿知道鱼儿是海底世界的一份子。

② 展现一系列整体与部分的图片，让幼儿明白自己是班级里的一份子、是幼儿园的一份子、是社会的一份子，应该贡献自己的力量。

③ 列举当前班级中在课程或其他方面遇到的实际问题，让幼儿参与讨论，贡献自己的方法，为集体出一份力。

（四）科学领域

1. 活动名称

数数看，一共几条鱼

2. 活动目标

① 理解数量的关系。

② 借助实际情境和操作理解"加""减"的实际意义。

③ 愿意记录简单的数量关系。

3. 活动准备

物质准备：绘本《我是一条快乐的鱼》、鱼的卡片若干个（图片上有一条鱼、两条鱼、三条鱼等呈现方式）、白卡纸、记录表。

经验准备：平时生活中幼儿已有的数量、记录经验。

4. 活动过程

① 呈现绘本的图片，让幼儿数数看，一共几条鱼，并通过加减法知道加上几条鱼或者减去几条鱼就等于"8"。

② 提供一些鱼的图片，让幼儿随意摆放、组合，使每个组合等于8条鱼，并记录组合的过程。

③ 鼓励幼儿表达自己的组合，并说明组合的想法。

(五) 艺术领域

1. 活动名称

漂亮的海底世界

2. 活动目标

① 认识到海底世界是由不同的海洋生物组成的。

② 能够绘画出不同种类的海底生物。

③ 喜欢参加集体绘画活动，享受集体创作的快乐。

3. 活动准备

物质准备：绘本《我是一条快乐的鱼》PPT、一张3米长2米宽的白卡纸、若干绘画工具、双面胶。

经验准备：平时生活中幼儿已有的绘画经验。

4. 活动过程

① 带领幼儿观察《我是一条快乐的鱼》的图片，找出海底世界的特征。

② 将白卡纸铺到地上，幼儿与教师一起在白卡纸上绘画出一幅海底世界，分工合作。

③ 完成绘画后，教师引导幼儿介绍自己在作品中绘画的部分，并一起给作品起名字，一起粘到楼道墙上。

附：大班绘本教学活动操作指导

一、误区点拨

（一）常见误区

家长和教师在孩子身上承载了过多的期望，很多家长和教师的教育变了形，这让孩子本来充满兴趣的创造活动变得索然寡味。兴趣是孩子绘画的内在动力，孩子的绘画是对自然与生活的展示，是一种游戏，离开对自然和生活的发现与感受，便是无源之水、无本之木。还有一个误区就是，作为教师，总认为自己比孩子懂得多，居高临下、指手画脚成了习惯，与幼儿相比，教师是高大的，但教师有时会忘了工作的目的是什么，不去思考对幼儿发展而言什么最重要以及如何在实际工作中真正尊重幼儿。

（二）迷津指点

善于让孩子感受大自然的美、生活的美，并主动欣赏，自愿去表现。自然界的高山流水，在孩子眼中都是那么的生动有趣，教师吸引孩子去发现、去感受美丽的景色，动听的声音，让孩子充满了好奇心，驱使孩子去探索、去表现。大自然开阔了幼儿的视野，丰富了幼儿的生活，激发了幼儿对美术、音乐的向往与追求，幼儿感受美、理解美、创造美的能力就能得到提高。教师应放下身段，蹲下来以幼儿的视角看世界，与幼儿在同一个高度交流，在环境布置及摆放幼儿作品时，教师应该先蹲下来看看放在什么位置最适合幼儿观看，让环境发挥真正的作用，而不是装饰。在欣赏幼儿绘画时，不要用成人画的框框去套，要置换到幼儿的角度去观察、去理解，保护幼儿的创造激情和想象力。

二、教育建议

第一，教师要和幼儿一起感受、发现、欣赏环境和人文景观中美的事物，经常带幼儿参观园林等人文景观，讲讲有关历史故事，与幼儿一起讨论和交流对美的感受，和幼儿一起发现美的事物的特征，感受和欣赏美，引导幼儿用自己的语言、动作等表述它们美的方面，如颜色、形状、形态等。引导幼儿用自己的方式来表达对音乐的强弱、快慢的感受，支持幼儿收集喜欢的物品，并和他一起欣赏。

第二，教师还应创造机会和条件，支持幼儿自发的艺术表现和创作。教师应提供丰富的、便于幼儿取放的材料、工具或物品，支持幼儿进行自主绘画、手工、歌唱、表演等艺术活动，经常和幼儿一起唱歌、表演、绘画制作，享受共同分享艺术作品的乐趣。

三、绘本作者介绍

克罗蒂亚·贝林斯基,法国知名作家、画家,至今已创作十多本图画书,包括《我是一条快乐的鱼》等。贝林斯基画风活泼生动,文字幽默有趣,故事充满创意,深受读者喜爱。

参 考 文 献

[1]〔日〕松居直.我的图画书论[M].郭雯霞,徐小洁,译.乌鲁木齐:新疆青少年儿童出版社,2017.

[2] 郝广才.好绘本如何好[M].南昌:二十一世纪出版社,2009.

[3] 彭懿.世界图画书:阅读与经典[M].南昌:二十一世纪出版社,2006.

[4] 苏书巧,陈蕊.幼儿园绘本阅读教程[M].石家庄:河北少年儿童出版社,2020.

[5] 方素珍.绘本阅读时代[M].杭州:浙江少年儿童出版社,2013.

[6] 康长运.幼儿图画故事书阅读过程研究[M].北京:教育科学出版社,2007.

[7] 中华人民共和国教育部.幼儿园教育指导纲要(试行)[M].北京:北京师范大学出版社,2001.

[8] 李季湄,冯晓霞.《3—6岁儿童学习与发展指南》解读[M].北京:人民教育出版社,2013.

[9]〔日〕松居直.幸福的种子:亲子共读图画书[M].刘涤昭,译.南昌:二十一世纪出版社,2013.

[10] 周兢.给0—3岁孩子的60本图画书[M]深圳:海天出版社,2016.

[11] 吴念阳.绘本是最好的教科书:跟着儿童心理学家读绘本[M].北京:北京大学出版社,2015.

[12] 田兴江,李传英,涂玲.在绘本教学中促进幼儿深度学习的策略[J].学前教育研究,2021(2).

[13] 吴驰,李佳霖.教师读图能力:来自幼儿园绘本教学的基本要求[J].学前教育研究,2019(12).

[14] 陈雅典.幼儿绘本多元阅读教学的实施策略[J].学前教育研究,2015(10).

[15] 杨春菊,张喜梅.体验式幼儿绘本阅读的价值:从读写萌发到视觉素养[J].学前教育研究,2019(8).

[16] 陈英姿.回归儿童本位的幼儿绘本阅读教学实践[J].江苏教育研究,2015(13).

[17] 梁斌.后现代主义视角下的儿童绘本创作及其教育价值[J].学前教育研究,2020(11).

[18] 宗颖.基于儿童体验的幼儿园园本课程[J].学前教育研究,2018(10).

[19] 张红霞.绘本阅读与幼儿审美心理发展[J].学前教育研究,2018(5).

[20] 孙瑛.幼儿园绘本游戏课程的目标与实施[J].学前教育研究,2017(2).

[21] 刘健,支娜,张颖,刘妮娜.2—3岁婴幼儿绘本选择偏好影响因素分析[J].学前教育研究,2016(7).

[22] 刘江艳.幼儿园绘本教学的价值与实施策略[J].学前教育研究,2015(7).

[23] 程璐璐,冯德煜,尚晓明.儿童绘本中的多模态转喻形式与类型[J].学前教育研究,2020(10).

[24] 岳亚平,刘琦.儿童视角下中美幼儿绘本的比较[J].学前教育研究,2020(7).

[25] 颜晓燕.基于儿童视角的图画书赏析与阅读指导[J].幼儿教育研究,2018(5).

[26] 王丽丽,陈晨.图画书在幼儿早期阅读中的作用[J].大舞台,2014(11).

[27] 刘宝根,李林慧.早期阅读概念与图画书阅读教学[J].学前教育研究,2013(7).

[28] 冯雅静.运用提问,提高幼儿绘本阅读质量[J].教育探索,2014(10).

[29] 徐虹.符码分析理论视角下图画书阅读教学的理念及策略[J].学前教育研究,2012(3).

[30] 叶明芳.幼儿绘本阅读教学的艺术同构策略[J].学前教育研究,2011(6).

[31] 周俐.儿童绘本中的图、文、音——基于系统功能多模态语篇研究及社会符号学理论的分析[J].外国语文,2014(3).

[32] 陈蔚.基于绘本载体的儿童阅读推广模式研究[J].图书馆杂志,2013(12).

[33] 夏平.绘本的界说与类别[J].编辑之友,2013(5).

[34] 王津,周兢.知识类图画书的概念、价值及其阅读指导策略[J].学前教育研究,2013(5).

[35] 刘斯凝.绘本阅读与幼儿相关能力培养[J].河北大学学报:哲学社会科学版,2012(4).

[36] 姜艺,郑薏苡.基于图画书特质的幼儿园图画书阅读教学策略[J].学前教育研究,2011(5).

[37] Ihab H. Pluralism in Postmodern Perspective[J]. Critical Inquiry,1986(3).

[38] Montag,J. L. Differences in Sentence Complexity in the Text of Children's Picture Books and Child-directed Speech[J]. First Language,2019(5).

[39] Carol D. Wolfenbarger & Lawrence R. Sipe. A Unique Visual and Literary Art Form:Recent Research on Picture Books[J]. Language Arts,2007(3).

[40] Serafini Frank & Coles Richard. Humor in Children's Picture Books[J]. The Reading Teacher,2015(8).

[41] Bateman J. Multimodality and Genre:A Foundation for the Systematic Analysis of Multimodal Document[M]. Hampshire:Palgrave Macmillan,2008.

[42] David Lewis. Reading Contemporary Picturebooks:Picturing Text[M]. Lon-

don and New York: Routledge, 2001.

[43] Bobbie Kabuto. A Semiotic Perspective on Reading Picture Books: The Case of Alexander and the Wind-up Mouse[J]. Linguistics and Education, 2014(25).

[44] Lesley Roth & Trudelle Thomas. Spirit Books: Promoting Conversation with Picture Books[J]. International Journal of Children's Spirituality, 2013(4).

[45] E. Maager & G. L. Stbye. Do Worlds Have Corners? When Children's Picture Books Invite Philosophical Questions[J]. Children's Literature in Education, 2012(4).

北京大学出版社
教育出版中心 精品图书

21世纪高校广播电视专业系列教材

书名	作者
电视节目策划教程（第二版）	项仲平
电视导播教程（第二版）	程晋
电视文艺创作教程	王建辉
广播剧创作教程	王国臣
电视导论	李欣
电视纪录片教程	卢炜
电视导演教程	袁立本
电视摄像教程	刘荃
电视节目制作教程	张晓锋
视听语言	宋杰
影视剪辑实务教程	李琳
影视摄制导论	朱怡
新媒体短视频创作教程	姜荣文
电影视听语言——视听元素与场面调度案例分析	李骏
影视照明技术	张兴
影视音乐	陈斌
影视剪辑创作与技巧	张拓
纪录片创作教程	潘志琪
影视拍摄实务	翟臣

21世纪信息传播实验系列教材（徐福荫 黄慕雄 主编）

书名	作者
网络新闻实务	罗昕
多媒体软件设计与开发	张新华
播音与主持艺术（第三版）	黄碧云 睢凌
摄影基础（第二版）	张红 钟日辉 王首农

21世纪数字媒体专业系列教材

书名	作者
视听语言	赵慧英
数字影视剪辑艺术	曾祥民
数字摄像与表现	王以宁
数字摄影基础	王朋娇
数字媒体设计与创意	陈卫东
数字视频创意设计与实现（第二版）	王靖
大学摄影实用教程（第二版）	朱小阳
大学摄影实用教程	朱小阳

21世纪教育技术学精品教材（张景中 主编）

书名	作者
教育技术学导论（第二版）	李芒 金林
远程教育原理与技术	王继新 张屹
教学系统设计理论与实践	杨九民 梁林梅
信息技术教学论	雷体南 叶良明
信息技术与课程整合（第二版）	赵呈领 杨琳 刘清堂

书名	作者
教育技术学研究方法（第三版）	张屹 黄磊

21世纪高校网络与新媒体专业系列教材

书名	作者
文化产业概论	尹章池
网络文化教程	李文明
网络与新媒体评论	杨娟
新媒体概论（第二版）	尹章池
新媒体视听节目制作（第二版）	周建青
融合新闻学导论（第二版）	石长顺
新媒体网页设计与制作（第二版）	惠悲荷
网络新媒体实务	张合斌
突发新闻教程	李军
视听新媒体节目制作	邓秀军
视听评论	何志武
出镜记者案例分析	刘静 邓秀军
视听新媒体导论	郭小平
网络与新媒体广告（第二版）	尚恒志 张合斌
网络与新媒体文学	唐东堰 雷奕
全媒体新闻采访写作教程	李军
网络直播基础	周建青
大数据新闻传媒概论	尹章池

21世纪特殊教育创新教材·理论与基础系列

书名	作者
特殊教育的哲学基础	方俊明
特殊教育的医学基础	张婷
融合教育导论（第二版）	雷江华
特殊教育学（第二版）	雷江华 方俊明
特殊儿童心理学（第二版）	方俊明 雷江华
特殊教育史	朱宗顺
特殊教育研究方法（第二版）	杜晓新 宋永宁 等
特殊教育发展模式	任颂羔

21世纪特殊教育创新教材·发展与教育系列

书名	作者
视觉障碍儿童的发展与教育	邓猛
听觉障碍儿童的发展与教育（第二版）	贺荟中
智力障碍儿童的发展与教育（第二版）	刘春玲 马红英
学习困难儿童的发展与教育（第二版）	赵微
自闭症谱系障碍儿童的发展与教育	周念丽
情绪与行为障碍儿童的发展与教育	李闻戈
超常儿童的发展与教育（第二版）	苏雪云 张旭

21世纪特殊教育创新教材·康复与训练系列

书名	作者
特殊儿童应用行为分析（第二版）	李芳 李丹

书名	作者
特殊儿童的游戏治疗	周念丽
特殊儿童的美术治疗	孙 霞
特殊儿童的音乐治疗	胡世红
特殊儿童的心理治疗（第三版）	杨广学
特殊教育的辅具与康复	蒋建荣
特殊儿童的感觉统合训练（第二版）	王和平
孤独症儿童课程与教学设计	王 梅

21世纪特殊教育创新教材·融合教育系列

书名	作者
融合教育本土化实践与发展	邓 猛等
融合教育理论反思与本土化探索	邓 猛
融合教育实践指南	邓 猛
融合教育理论指南	邓 猛
融合教育导论（第二版）	雷江华
学前融合教育（第二版）	雷江华 刘慧丽
小学融合教育概论	雷江华 袁 维

21世纪特殊教育创新教材（第二辑）

书名	作者
特殊儿童心理与教育（第二版）	杨广学 张巧明 王 芳
教育康复学导论	杜晓新 黄昭明
特殊儿童病理学	王和平 杨长江
特殊学校教师教育技能	昝 飞 马红英

自闭谱系障碍儿童早期干预丛书

书名	作者
如何发展自闭谱系障碍儿童的沟通能力	朱晓晨 苏雪云
如何理解自闭谱系障碍和早期干预	苏雪云
如何发展自闭谱系障碍儿童的社会交往能力	吕 梦 杨广学
如何发展自闭谱系障碍儿童的自我照料能力	倪萍萍 周 波
如何在游戏中干预自闭谱系障碍儿童	朱 瑞 周念丽
如何发展自闭谱系障碍儿童的感知和运动能力	韩文娟 徐 芳 王和平
如何发展自闭谱系障碍儿童的认知能力	潘前前 杨福义
自闭症谱系障碍儿童的发展与教育	周念丽
如何通过音乐干预自闭谱系障碍儿童	张正琴
如何通过画画干预自闭谱系障碍儿童	张正琴
如何运用ACC促进自闭谱系障碍儿童的发展	苏雪云
孤独症儿童的关键性技能训练法	李 丹
自闭症儿童家长辅导手册	雷江华
孤独症儿童课程与教学设计	王 梅
融合教育理论反思与本土化探索	邓 猛
自闭症谱系障碍儿童家庭支持系统	孙玉梅
自闭症谱系障碍儿童团体社交游戏干预	李 芳
孤独症儿童的教育与发展	王 梅 梁松梅

特殊学校教育·康复·职业训练丛书（黄建行 雷江华 主编）

书名	作者
信息技术在特殊教育中的应用	
智障学生职业教育模式	
特殊教育学校学生康复与训练	
特殊教育学校校本课程开发	
特殊教育学校特奥运动项目建设	

21世纪学前教育专业规划教材

书名	作者
学前教育概论	李生兰
学前教育管理学（第二版）	王 雯
幼儿园课程新论	李生兰
幼儿园歌曲钢琴伴奏教程	果旭伟
幼儿园舞蹈教学活动设计与指导（第二版）	董 丽
实用乐理与视唱（第二版）	代 苗
学前儿童美术教育	冯婉贞
学前儿童科学教育	洪秀敏
学前儿童游戏	范明丽
学前教育研究方法	郑福明
学前教育史	郭法奇
外国学前教育史	郭法奇
学前教育政策与法规	魏 真
学前心理学	涂艳国 蔡 艳
学前教育理论与实践教程	王 维 王维娅 孙 岩
学前儿童数学教育与活动设计	赵振国
学前融合教育（第二版）	雷江华 刘慧丽
幼儿园教育质量评价导论	吴 钢
幼儿园绘本教学活动设计	赵 娟
幼儿学习与教育心理学	张 莉
学前教育管理	虞永平
国外学前教育学本文献讲读	姜 勇

大学之道丛书精装版

书名	作者
美国高等教育通史	[美]亚瑟·科恩
知识社会中的大学	[英]杰勒德·德兰迪
大学之用（第五版）	[美]克拉克·克尔
营利性大学的崛起	[美]理查德·鲁克
学术部落与学术领地：知识探索与学科文化	[英]托尼·比彻 保罗·特罗勒尔
美国现代大学的崛起	[美]劳伦斯·维赛
教育的终结——大学何以放弃了对人生意义的追求	[美]安东尼·T.克龙曼
世界一流大学的管理之道——大学管理研究导论	程 星
后现代大学来临？	[英]安东尼·史密斯 弗兰克·韦伯斯特

大学之道丛书

书名	作者
以学生为中心：当代本科教育改革之道	赵炬明
市场化的底限	[美]大卫·科伯
大学的理念	[英]亨利·纽曼
哈佛：谁说了算	[美]理查德·布瑞德利
麻省理工学院如何追求卓越	[美]查尔斯·维斯特

书名	作者
大学与市场的悖论	[美]罗杰·盖格
高等教育公司：营利性大学的崛起	[美]理查德·鲁克
公司文化中的大学：大学如何应对市场化压力	[美]埃里克·古尔德
美国高等教育质量认证与评估	[美]美国中部州高等教育委员会
现代大学及其图新	[美]谢尔顿·罗斯布莱特
美国文理学院的兴衰——凯尼恩学院纪实	[美]P.F.克鲁格
教育的终结：大学何以放弃了对人生意义的追求	[美]安东尼·T.克龙曼
大学的逻辑（第三版）	张维迎
我的科大十年（续集）	孔宪铎
高等教育理念	[英]罗纳德·巴尼特
美国现代大学的崛起	[美]劳伦斯·维赛
美国大学时代的学术自由	[美]沃特·梅兹格
美国高等教育通史	[美]亚瑟·科恩
美国高等教育史	[美]约翰·塞林
哈佛通识教育红皮书	哈佛委员会
高等教育何以为"高"——牛津导师制教学反思	[英]大卫·帕尔菲曼
印度理工学院的精英们	[印度]桑迪潘·德布
知识社会中的大学	[英]杰勒德·德兰迪
高等教育的未来：浮言、现实与市场风险	[美]弗兰克·纽曼等
后现代大学来临？	[英]安东尼·史密斯等
美国大学之魂	[美]乔治·M.马斯登
大学理念重审：与纽曼对话	[美]雅罗斯拉夫·帕利坎
学术部落及其领地——当代学术界生态揭秘（第二版）	[英]托尼·比彻 保罗·特罗勒尔
德国古典大学观及其对中国大学的影响（第二版）	陈洪捷
转变中的大学：传统、议题与前景	郭为藩
学术资本主义：政治、政策和创业型大学	[美]希拉·斯劳特 拉里·莱斯利
21世纪的大学	[美]詹姆斯·杜德斯达
美国公立大学的未来	[美]詹姆斯·杜德斯达 弗瑞斯·沃马克
东西象牙塔	孔宪铎
理性捍卫大学	眭依凡

学术规范与研究方法系列

书名	作者
如何为学术刊物撰稿（第三版）	[英]罗薇娜·莫瑞
如何查找文献（第二版）	[英]萨莉·拉姆齐
给研究生的学术建议（第二版）	[英]玛丽安·彼得 等
社会科学研究的基本规则（第四版）	[英]朱迪斯·贝尔
做好社会研究的10个关键	[英]马丁·丹斯考姆
如何写好科研项目申请书	[美]安德鲁·弗里德兰德等
教育研究方法（第六版）	[美]梅瑞迪斯·高尔等
高等教育研究：进展与方法	[英]马尔科姆·泰特
如何成为学术论文写作高手	[美]华乐丝
参加国际学术会议必须要做的那些事	[美]华乐丝
如何成为优秀的研究生	[美]布卢姆
结构方程模型及其应用	易丹辉 李静萍
学位论文写作与学术规范（第二版）	李 武 毛远逸 肖东发
生命科学论文写作指南	[加]白青云
法律实证研究方法（第二版）	白建军
传播学定性研究方法（第二版）	李 琨

21世纪高校教师职业发展读本

书名	作者
如何成为卓越的大学教师	[美]肯·贝恩
给大学新教员的建议	[美]罗伯特·博伊斯
如何提高学生学习质量	[英]迈克尔·普洛瑟等
学术界的生存智慧	[美]约翰·达利等
给研究生导师的建议（第2版）	[英]萨拉·德拉蒙特等
高校课程理论——大学教师必修课	黄福涛

21世纪教师教育系列教材·物理教育系列

书名	作者
中学物理教学设计	王 霞
中学物理微格教学教程（第三版）	张军朋 詹伟琴 王 恬
中学物理科学探究学习评价与案例	张军朋 许桂清
物理教学论	邢红军
中学物理教学法	邢红军
中学物理教学评价与案例分析	王建中 孟红娟
中学物理课程与教学论	张军朋 许桂清
物理学习心理学	张军朋
中学物理课程与教学设计	王 霞

21世纪教育科学系列教材·学科学习心理学系列

书名	作者
数学学习心理学（第三版）	孔凡哲
语文学习心理学	董蓓菲

21世纪教师教育系列教材

书名	作者
青少年心理发展与教育	林洪新 郑淑杰
教育心理学（第二版）	李晓东
教育学基础	庞守兴
教育学	余文森 王 晞
教育研究方法	刘淑杰
教育心理学	王晓明
心理学导论	杨凤云
教育心理学概论	连 榕 罗丽芳
课程与教学论	李 允
教师专业发展导论	于胜刚
学校教育概论	李清雁
现代教育评价教程（第二版）	吴 钢
教师礼仪实务	刘 霄
家庭教育新论	闫旭蕾 杨 萍
中学班级管理	张宝书
教育职业道德	刘亭亭
教师心理健康	张怀春

书名	作者
现代教育技术	冯玲玉
青少年发展与教育心理学	张清
课程与教学论	李允
课堂与教学艺术（第二版）	孙菊如 陈春荣
教育学原理	靳淑梅 许红花
教育心理学（融媒体版）	徐凯
高中思想政治课程标准与教材分析	胡田庚 高鑫

21世纪教师教育系列教材·初等教育系列

书名	作者
小学教育学	田友谊
小学教育学基础	张永明 曾碧
小学班级管理	张永明 宋彩琴
初等教育课程与教学论	罗祖兵
小学教育研究方法	王红艳
新理念小学数学教学论	刘京莉
新理念小学音乐教学论（第二版）	吴跃跃
初中历史跨学科主题学习案例集	杜芳 陆优君
青少年心理发展与教育	林洪新 郑淑杰
名著导读12讲——初中语文整本书阅读指导手册	文贵良
小学融合教育概论	雷江华 袁维

教师资格认定及师范类毕业生上岗考试辅导教材

书名	作者
教育学	余文森 王晞
教育心理学概论	连榕 罗丽芳

21世纪教师教育系列教材·学科教育心理学系列

书名	作者
语文教育心理学	董蓓菲
生物教育心理学	胡继飞

21世纪教师教育系列教材·学科教学论系列

书名	作者
新理念化学教学论（第二版）	王后雄
新理念科学教学论（第二版）	崔鸿 张海珠
新理念生物教学论（第二版）	崔鸿 郑晓慧
新理念地理教学论（第三版）	李家清
新理念历史教学论（第二版）	杜芳
新理念思想政治（品德）教学论（第三版）	胡田庚
新理念信息技术教学论（第二版）	吴军其
新理念数学教学论	冯虹
新理念小学音乐教学论（第二版）	吴跃跃

21世纪教师教育系列教材·语文教育系列

书名	作者
语文文本解读实用教程	荣维东
语文课程教师专业技能训练	张学凯 刘丽丽
语文课程与教学发展简史	武玉鹏 王从华 黄修志
语文课程学与教的心理学基础	韩雪屏 王朝霞
语文课程名师名课案例分析	武玉鹏 郭治锋等
语用性质的语文课程与教学论	王元华
语文课堂教学技能训练教程（第二版）	周小蓬
中外母语教学策略	周小蓬

书名	作者
中学各类作文评价指引	周小蓬
中学语文名篇新讲	杨朴 杨旸
语文教师职业技能训练教程	韩世姣

21世纪教师教育系列教材·学科教学技能训练系列

书名	作者
新理念生物教学技能训练（第二版）	崔鸿
新理念思想政治（品德）教学技能训练（第三版）	胡田庚 赵海山
新理念地理教学技能训练（第二版）	李家清
新理念化学教学技能训练（第二版）	王后雄
新理念数学教学技能训练	王光明

王后雄教师教育系列教材

书名	作者
教育考试的理论与方法	王后雄
化学教育测量与评价	王后雄
中学化学实验教学研究	王后雄
新理念化学教学诊断学	王后雄

西方心理学名著译丛

书名	作者
儿童的人格形成及其培养	［奥地利］阿德勒
活出生命的意义	［奥地利］阿德勒
生活的科学	［奥地利］阿德勒
理解人生	［奥地利］阿德勒
荣格心理学七讲	［美］卡尔文·霍尔
系统心理学：绪论	［美］爱德华·铁钦纳
社会心理学导论	［美］威廉·麦独孤
思维与语言	［俄］列夫·维果茨基
人类的学习	［美］爱德华·桑代克
基础与应用心理学	［德］雨果·闵斯特伯格
记忆	［德］赫尔曼·艾宾浩斯
实验心理学（上下册）	［美］伍德沃斯 施洛斯贝格
格式塔心理学原理	［美］库尔特·考夫卡

21世纪教师教育系列教材·专业养成系列（赵国栋 主编）

书名	作者
微课与慕课设计初级教程	
微课与慕课设计高级教程	
微课、翻转课堂和慕课设计实操教程	
网络调查研究方法概论（第二版）	
PPT云课堂教学法	
快课教学法	

其他

书名	作者
三笔字楷书书法教程（第二版）	刘慧龙
植物科学绘画——从入门到精通	孙英宝
艺术批评原理与写作（第二版）	王洪义
学习科学导论	尚俊杰
艺术素养通识课	王洪义

博雅教学服务进校园

教辅申请说明

尊敬的老师：

您好！如果您需要北京大学出版社所出版教材的教辅课件资源，请抽出宝贵的时间完成下方信息表的填写。我们希望能通过这张小小的表格和您建立起联系，方便今后更多地开展交流。

教师姓名		学校名称		院系名称	
所属教研室		性别		职务		职称	
QQ				微信	
手机（必填）				E-mail（必填）	
目前主要教学专业、科研领域方向					
希望我社提供何种教材的课件					
书　　号		书　　名		教材用量（学期人数）	
978-7-301-					
您对北大社图书的意见和建议					

填表说明：

（1）填表信息直接关系课件申请，请您按实际情况**详尽、准确、字迹清晰**地填写。

（2）请您填好表格后，将表格内容拍照发到此邮箱：pupjfzx@163.com。咨询电话：010-62752864。咨询微信：北大社教服中心客服专号（微信号：pupjfzxkf，可直接扫描下方左侧二维码添加好友）。

（3）如您想了解更多北大版教材信息，可登录北京大学出版社网站：www.pup.cn，或关注北京大学出版社教学服务中心的官方微信公众号"北大博雅教研"（微信号：pupjfzx，可直接扫描下方右侧二维码关注公众号）。

北大社教服中心客服专号

"北大博雅教研"微信公众号